الإدارة العامة الحديثة

أيمن عوده المعاني
كلية الأعمال
الجامعة الأردنية

دار وائل للنشر

الطبعــة الأولى
2010

رقم الايداع لدى دائرة المكتبة الوطنية : (2010/5/1736)
المعاني ، أيمن عوده
الإدارة العامة الحديثة / أيمن عوده المعاني.
– عمان: دار وائل للنشر والتوزيع ، 2010 .
(307) ص
ر.إ. : (2010/5/1736)
الواصفات: الإدارة العامة
* تم إعداد بيانات الفهرسة والتصنيف الأولية من قبل دائرة المكتبة الوطنية

****

رقم التصنيف العشري / ديوي : 350
ISBN 978-9957-11-900-3 (ردمك)

* الإدارة العامة الحديثة
* أيمن عوده المعاني
* الطبعــة الأولى 2010

دار وائــل للنشر والتوزيع

* الأردن – عمان – شارع الجمعية العلمية الملكية – مبنى الجامعة الاردنية الاستثماري رقم (2) الطابق الثاني
هـاتف : 00962-6-5338410 – فاكس : 00962-6-5331661 – ص. ب (1615 – الجبيهة)
* الأردن – عمـان – وسـط البلـد – مجمـع الفحيص التجـاري- هـاتف: 00962-6-4627627
www.darwael.com
E-Mail: Wael@Darwael.Com

إن الإدارة التي تستطيع تحقيق الأهداف بجدية وبكلفـة أقل وزمن أقصر، هي الإدارة الحصيفة، التي تقـوم علـى إيجاد مؤسسات متخصصة فاعلة تعمل بروح الفريق الواحد، وتتـوفر لها قيادات إدارية كفؤة نزيهـة، تقـدم الصالح العـام علـى أي اعتبار آخر، وتتصف بالعدالـة والمبـادرة والإبـداع، وتركـز علـى العمل الميداني، وتتصدى للمعاضل قبل وقوعهـا أو حـين يكون من السهل التعامل معها قبل أن تتفاقم، وتنأى عـن الانحـراف والعبث والاستغلال والمحسوبية.

صاحب الجلالة الملك عبد الله الثاني المعظم

المحتويات

قائمة المحتويات

الموضوع | الصفحة

قائمة الأشكال

المقدمـــة

الإدارة العامة هي أحدى حقول الإدارة بشكل عام تختص بتنظيم الموارد المتاحة وتوجيهها لتحقيق السياسة العامة. وهي بأجهزتها المتمثلة بالوزارات والادارات المركزية والمؤسسات العامة تتولى تحقيق أهداف الدولة في شتى مجالات الحياة التي تهم المواطنين بكفاءة وفاعلية. وقد شهد هذا الحقل عبر العصور تطوراً كبيراً يتناسب مع تزايد الاحتياجات من الخدمات والسلع تزايداً كمياً ونوعياً مما ألقى على الـدول بمختلف ايدولوجياتها عبءً كبيراً استدعاها للاهتمام المتزايد بتنمية مجتمعاتهم فضاعف من مهامها وارتقى بأهدافها مـن مجرد حامٍ للأمن ومحقق للعدل إلى ساعٍ لتوفير الرفاه وتوزيع الثروات وتقـديم الخـدمات العامـة. فلم تَعُد الدولة دولة حراسة وإنما أصبحت تُدعى دولة إدارة.

إن التغييرات السياسية والاقتصادية والاجتماعية الواسعة التي شهدها العالم في أواخر القرن العشرين مثل: انحسـار النـظم الشـمولية، وبـروز ظاهرة العولمـة، وزيـادة حجـم التجارة العالميـة، وزيـادة حـدة المنافسـة، وسرعـة انتقـال المعلومـات، وسـهولة انتقال رؤوس الأمـوال والعاملين بين دول العالم المختلفة كلها شكلت ضغوطاً متزايدة على المنظمات العامة لتحسين جودة منتجاتها من السلع والخدمات وتقليص كلفتها، فكان لزاماً على المنظمات لمواجهة تلك التحديات البحـث عـن أساليب إدارية حديثة تمكنها من البقاء والاستمرارية وزيادة قدرتها على تحقيق أهدافها بكفاءة وفاعلية. وظهر العديد من النماذج التي تنادي بالاصلاح الإداري مثل أنموذج إعادة اختراع الحكومة في الولايات المتحدة

الأمريكيــة، ونمـــاذج التميّـز في كـل مـن بريطانيـا والأردن، وأنمـوذج الحكمانية الذي نادى به البنك الدولي وغيرها. كـما ظهـرت العديد مـن الفلسفـات الإدارية الحديثة التي تهـدف في مجملهـا إلى تجويـد مستوى الخدمات والسلع التي تقدمها الإدارة العامة، والحد من الهدر في الموارد، وخفض شكاوى المواطنين، وتذمر الموظفين.

يحتـوي هذا الكتاب على إثنـي عشرـ فصـلاً موزعـاً في بابين، يتنـاول البـاب الأول أُسس ومفاهيـم الإدارة العامـة ويتكـون مـن الفصـول الأربعـة الأولى، يستعـرض الفصـل الأول ماهيـة الإدارة العامـة وخصائصهـا ومبادئهـا والبيئة التي تعمل فيها والفرق بينها وبين إدارة الأعمال. ويتناول الفصـل الثاني البيروقراطية في الإدارة العامة. أما الفصل الثالث فيتطرق إلى القطاع العام من حيث نشأته وتطوره. ويبين الفصل الرابع التنظيم الإداري للدولة فيبحث في المركزية الإدارية واللامركزية وصورهما ومزاياهما ومثالبهما.

أما البـاب الثاني فيتحدث عن الاتجاهات الحديثة التي ظهرت ابتداءً من أواخر القرن العشريـن في حقـل الإدارة العامـة، حيـث يتنـاول الفصـل الخامس من هـذا البـاب موضـوع التخاصيـة، فيعرف المفهـوم ويبيّـن آراء المؤيدين والمعارضين لـه، كما يستعـرض أساليب التخاصية وأهـم الأسـاليب المطبقة في الأردن. وفي الفصل السادس يتحدث عن موضوع إعادة هندسة نظـم العمـل، فيعرّفـه مبينـاً عنـاصره ومراحـل تطبيقـه ومبينـاً فوائده ومعوقـات تطبيقـه. وفي الفصـل السابع يتنـاول التمكين الإداري، فيبيّـن مفهومـه وفوائده وخطوات إحداثه وأهـم عنـاصره ومعوقـات تطبيقـه. وفي الفصـل الثامن يستعـرض إدارة الجـودة الشـاملة مبينـاً مفهومهـا وفوائـد تطبيقهـا في القطـاع العام والمرتكزات الأساسية لنجاحها ومراحل تطبيقهـا، ومبيناً أهم أنظمة وجوائز الجودة مثل: جائزة بالدريج، والجائزة الأوروبية للجودة،

وجـائزة ديمـنج، وجـائزة الملـك عبـد الله الثـاني لتميّـز الأداء الحكـومي والشـفافية، ونظـام إدارة الجـودة (ISO 9000 : 2000) ثـم يسـتعرض معوقـات تطبيـق إدارة الجـودة الشـاملة في القطـاع العـام. وفي الفصـل التاسع يتناول موضوع إدارة المعرفة مبينـاً مفهومهـا وفوائـدها وأنواعهـا وأبرز عناصرها ومعوقات تطبيقها في تلك المنظمات. وفي الفصل العـاشر يتحـدث عـن الحكمانيـة ومفهومهـا ومكوناتهـا وعناصرهـا. وفي الفصـل الحادي عشر يستعرض الحكومة الالكترونية فيعرفها ويبيّن أهم معوقات وجودها ومراحل تطبيقها وأهم مزاياها ومثالبها. وفي الفصل الثاني عشر- الأخير يبحث في إعادة اختراع الحكومة ويعرف أبرز نماذج اصلاح الإدارة العامة في العصر الحديث كمثل أنموذج الإدارة العامة الجديدة، وأنمـوذج إعادة اختراع الحكومة، وأنموذج تميّز الأداء الحكومي.

وهكـذا تطـورت الإدارة في سـيرتها التاريخيـة وسـتظل تتطـور في مفاهيمهـا وأنظمتهـا وخصائصـها وفـق تطـور الأمـم ونمـو احتياجاتهـا ومتطلباتهـا. الإدارة حركـة متمّـردة عـلى الجمـود والسـكينة والسـلبية ومتطلعة إلى الأفق الواسع والمدى الأبعد.

الباب الأول

الإدارة العامـــة
أسس ومفاهيـم

1

الفصل الأول
الإدارة العامة : مفاهيم أساسية

يُمكننا القول إنه ليس هناك دول متخلفة اقتصادياً،
بل هي دول متخلفة إدارياً فقط. فكـل مـا أُجـري
مـن تجـارب الـدول الناميـة تؤكـد أن الإدارة هـي
المحـرك الأسـاسي للتنميـة. وبغـير الإدارة لا يمكـن
تحقيق التنمية ولو توافرت عناصر الانتاج الأخرى.
بيتر دركر

الفصل الأول
الإدارة العامة
مفاهيم أساسية

أولاً: ماهية الإدارة :

مارس الناس الإدارة منذ قديم الزمان، فقد تواصلوا في البدء لتحقيق أهداف محددة عن طريق الأسر، ثم عن طريق القبائل، وبعد ذلك في وحدات تنظيمية وسياسية أكثر تعقيداً. فأقيمت الأهرامات، والمعابد، والأضرحة، والمدن، والزراعة، والتجارة وغيرها من النشاطات الاجتماعية المدروسة باستخدام التقنيات والعمليات الإدارية، ذلك لأن الإدارة الجيدة كانت تقف وراء كل نجاح وإنجاز وتفسر التقدم أو التخلف في أي مجتمع. فعندما قامت الثورة البلشفية في روسيا عام 1917 وتحقق لها الاستقرار، قال رئيس الولايات المتحدة الأمريكية وقتئذ: إن النظام الشيوعي قد قام في الشرق، ولدى أمريكا نظامها في الغرب، وأي النظامين يتفوق سيكون بسبب أفضلهما إدارة (درويش وتكلا، 1980).

ويقول "بيتر دركر" * كانت الأدوار النجومية في الاقتصاد العالمي في الماضي تقوم دائماً على التفوق في الاختراعات التكنولوجية. فقد أصبحت بريطانيا العظمى قوة اقتصادية في أواخر القرن الثامن عشر وأوائل القرن التاسع عشر من خلال التجديد في المحرك البخاري، وصناعة المنسوجات، والسكك الحديدية،

* بيتر دركر Peter drucker (1909-2005) يعتبر الأب الروحي لعلم الإدارة الحديثة، ويعتبره البعض الرجل الذي اخترع الإدارة. وهو أول من تحدث عن ثورة المعلومات وتأثيرها على حقل الاقتصاد والأعمال. وقد كان استاذاً للإدارة في كلية كليرمونت للدراسات العليا في كاليفورنيا في الولايات المتحدة الأمريكية (Wikipedia,2010)

وصناعة الحديد، والتأمين. وارتفع نجم ألمانيا الاقتصادي في النصف الثاني من القرن التاسع عشر بفضل اختراعاتها في ميادين الكيمياء والكهرباء والإلكترونيات والبصريات والفولاذ، وبفضل اختراع المصرف الحديث. وبزغت الولايات المتحدة كقوة اقتصادية في نفس الوقت نتيجة القيادة الإبداعية في مجال الفولاذ والكهرباء والاتصالات اللاسلكية والالكترونيات والسيارات والزراعة والمعدات المكتبية والطيران. أما اليابان فتعتبر القوة الاقتصادية الوحيدة العظيمة التي بزغ نجمها في القرن العشرين ولم تكن رائداً تكنولوجياً في أي حقل معين من الحقول، وإنما كان صعودها مبنياً على مباشرة القيادة في فن الإدارة وبخاصة فيما يتعلق بإدارة الناس باعتبارهم مورداً أكثر منه تكلفة. فكيفوا إدارة الغرب لكي تتوافق وقيمهم وتقاليدهم، كما تبنوا نظرية التنظيم لكي يصبحوا أكثر ممارسي اللامركزية احترافاً في العالم (باور، 1997).

لقد تعددت التعريفات التي تشرح مفهوم الإدارة تبعاً لتعدد الباحثين والزوايا التي ينظرون منها: فقد عرفها بعضهم بأنها " كل جهد إنساني يجمع الناس* من ذوي المعرفة والمهارات المتنوعة في مؤسسة واحدة " (باور، 1997). وعرفها آخرون بأنها " إنجاز الأشياء بوساطة الأشخاص وعن طريقهم " (ماتيسون وايفا نسيفش، 1999). وعرفهافردريك تايلو** Frederick Taylor بأنها " المعرفة

---

* يقول رئيس أمريكا الأسبق جيرالد فورد Gerald Ford (1913-2006) : لقد أمضيت حياتي كلها وأنا أحاول الجمع بين الناس. وحاولت دوماً ايجاد بيئة للعمل كفريق، سواء في الرياضة، أو على ظهر السفينة في البحرية، أو في السياسة. واعتقد أن هذه هي الطريقة الوحيدة لانجاز العمل (بينيس ، 1996).

** فردريك تايلور Frederick Winslow Taylor (1856-1915) عالم إدارة أمريكي، وهو رائد مدرسة الإدارة العلمية Scientific Management (Wikipedia, 2010).

الصحيحة لما يُراد أن يقوم به الأفراد، والتأكد مـن أنهـم يفعلونه بأحسـن طريقـة وأرخـص تكلفـة " (القريوتي ⁽¹⁾، 2006). وعرفهـا (Kinicki and Williams, 2006) بأنها " إنجاز أهداف المنظمة بأسلوب يتميّـز بالكفـاءة والفاعليـة مـن خـلال التخطيـط والتنظيـم والقيـادة والرقابـة للمـوارد التنظيمية ". وعرفها (Robbins & Coutler, 2003) بأنها " عملية تنسيق وتكامل أنشطة العمل من أجل إنجاز الأهداف بكفاءة وفاعلية عن طريق الأفـراد ". ويعرفهـا (العواملـة، 2002) بأنهـا " تجميـع منسـق للطاقـات البشرية والمادية لتحقيق أهداف مرسومة مسبقاً " . وعرفهـا (Hitt et al, 2009) بأنها " جمع الموارد وتوجيهها من أجل تحقيق أهداف المنظمة ".

ويعرفهـا (القريوتي ⁽¹⁾، 2006) بأنهـا: "اسـتغلال المـوارد المتاحـة عـن طريق تنظيم الجهود الجماعية وتنسيقها بشكل يحقق الأهـداف المحـدّدة بكفايـة وفاعليـة وبوسـائل إنسانية وضمن المشـروعية". ومـن اسـتقراء هـذا التعريف يمكن استخلاص العناصر التالية لأي عمـل إداري جيـد (القريـوتي ⁽¹⁾، 2006):

1- الصفة التنظيميـة: تعتبر الإدارة عملاً مـنظماً بعيداً عـن العشوائية تقوم على توليف جهود العاملين لتحقيق أهداف المنظمة بكفـاءة، وتعمد إلى التوفيق بين العديد من المتناقضات، فالمنظمة لها أهدافها التي تسعى إلى تحقيقها وموارد مادية محـدودة، وللأفراد حاجاتهـم وأهدافهم الشخصية، وهم ذوو شخصيات متغايرة وبيئـات مختلفـة. ولذلك فقد عرفت الإدارة بأنها "فن جمع المتناقضات".

2- الصفة الهدفية: تنشأ المنظمة عادة لتحقيق هدف محـدد، وتعمـل الإدارة على توجيه جهود العاملين فيها لتحقيق هـذا الهـدف بأقـل جهد وكلفة وأسرع وقت وبأحسن نوعية ممكنة.

3- الصفة الجماعية: تعرف الإدارة بأنها جمع جهود العاملين لتحقيق هدف مشترك. فالإدارة لا تؤمن بالعمل الفردي والجهد المبعثر. ومع أنَّ التنظيمات توظف أفراداً لأداء العمل فيها، إلاّ أن هؤلاء الأفراد يعملون ضمن أقسام وإدارات أو جماعات يتفاعلون معها ويؤثرون بقيمها ومبادئها ويتأثرون أنفسهم بها.

4- الكفاءة والفاعلية: ويقصد بالكفاءة Efficiency العمليات التي يقوم التنظيم من خلالها بتحقيق الحد الأعلى من الأهداف باستخدام الحد الأدنى من الموارد. أما " الفاعلية " Effectiveness فيقصد بها مدى تحقيق التنظيم لأهدافه من خلال الموارد المتوافرة. وقد تزايد اهتمام التنظيمات بعنصري الكفاءة والفاعلية نظراً لندرة الموارد المتاحة وزيادة توقعات الناس في الحصول على منتجات ذات جودة عالية وخدمات متميزة بأسعار منافسة.

5- إنسانية الوسائل: تم التركيز على هذه الصفة بعد ظهور المدرسة السلوكية التي ركزت على وجوب ابتعاد الإدارة عن الظلم والتسلط، والاهتمام بمعاملة العاملين بوسائل إنسانية تحفظ للإنسان كرامته لما لذلك من أثر إيجابي على روحه المعنوية، وعلى المناخ التنظيمي الذي يسود المنظمة، مما ينعكس إيجاباً على إنتاجية العاملين ومستوى رضاهم وولائهم التنظيمي.

6- المشروعية: لابد أن تكون الوسائل المتبعة في تحقيق الأهداف مشروعة قانوناً، فالغاية هنا لا تبرّر الوسيلة.

ثانياً: مجالات الإدارة:

تعمـل الإدارة في قطاعـات المجتمـع الثلاثـة؛ العـام والخـاص والتطـوعي. ففـي القطـاع الخـاص تعمـد إلى إدارة النشـاط الاقتصـادي لتحقيق الربح كهدف أسـاسي، بيـنما في القطـاع العـام تسـعى الإدارة إلى تنفيذ السياسة العامة للدولة وتقـديم الخـدمات. وفي القطـاع التطـوعي تسعى الإدارة إلى تقديم الأعمال الخيرية والتطوعية الهادفة إلى معالجـة الاختلالات الاجتماعية، ومساعدة الأجهزة في القطاع العـام للقيـام بهـذه الأعباء ذات التكاليف الكبيرة. إن كثيراً من مؤسسات هذا القطـاع يخـدم المصـلحة العامـة عـن طريـق تقـديم بضـائع وخـدمات عامـة شـبيهة بالخدمات الحكومية ويتلقى تمويلاً شعبياً، وكونها تعمل في مجال الرعاية العامة فإنها تخضع للقواعد والتنظيمات التي تفرضـها الحكومـة وتعمـل تحت الرقابة العامـة (كـاير وويسـلر، 1996). وعـلى المسـتوى الخـارجي فهناك إدارة المؤسسات الإقليمية، مثل: جامعة الدول العربيـة، ومنظمـة المـؤتمر الإسـلامي، والإتحـاد الإفريقـي وغيرهـا. وكـذلك إدارة المؤسسـات الدولية مثل: الأمم المتحدة ووكالاتها المختلفة. إلاّ أننا سنقصر حـديثنا في هذه الدراسة على موضوع الإدارة العامة.

ثالثاً: الإدارة العامة:

تعود نشأة الإدارة العامة ككيـان تنظيمـي هـادف إلى نشـوء الحضـارات الإنسانية وظهور المجتمع المـدني. ويـرى بعـض البـاحثين أن بـوادر دراسـة حقـل الإدارة العامة تعود في جذورها إلى العصور الوسطى في بروسـيا (أفنـدي، 1998). بينما يعود ظهور علم الإدارة العامة كحقل دراسي متخصص إلى عام 1887 في

الولايات المتحدة الأمريكية حيث نشر ـ الرئيس الأمريكي الأسبق ودرو ويلسون˙ Woodrow Wilson مقالةً له بعنوان "دراسة الإدارة العامة" دعا فيها إلى إتباع الأسس العلمية في أداء الأعمال الحكومية بما يضمن حُسن استغلال الموارد العامة، ويحقق أهداف المجتمع. (ياغي، 2010).

ولقد شُبهت الإدارة العامة بالحياة في مستنقع بسبب الغموض الذي يكتنفها، فالحكومة تتدخل في معظم الأعمال التي يقوم بها الناس لأنها المصدر الأساسي للخدمات الذي يُبقي المجتمع متماسكاً والحَكَم النهائي الذي يضمن أن نشاط شخصٍ ما لا يضر بالآخرين (كاير و ويسلر، 1996) وهذا ما يجعل حدودها غير واضحة المعالم مما يشكل تحدياً في وضع تعريف واضح ومحدد لما تعنيه الإدارة العامة. ولذلك تعددت التعريفات التي تبحث في هذا المفهوم بتعدد الباحثين والزوايا التي ينظرون منها: فقد عرفها ليونارد وايت˙˙ Leonard White بأنها "العمليات التي تستهدف تنفيذ السياسة العامة للدولة " (محمد، 2006). وعرفها (phiffner & persthus, 1967) بأنها " تنسيق المجهودات الفردية والجماعية لتنفيذ السياسة العامة للدولة ". وعرفها (ياغي، 2010) بأنها " تحقيق الأهداف العامة عن طريق استخدام القوى البشرية والموارد المادية المتاحة بأساليب علمية لرفع الكفاية الإنتاجية في الأجهزة الحكومية ".

˙ ودرو ويلسون Woodrow Wilson (1856-1924) عمل استاذاً في جامعة برنستون Princeton الأمريكية ثم رئيساً لها. وفي عام 1913 انتخب رئيساً للولايات المتحدة الأمريكية (Wikipedia, 2010) .

˙˙ ليونارد وايت Leonard White (1891-1958) مؤرخ أمريكي في مجال الإدارة العامة (Wikipedia, 2010) .

ويرى بعض البـاحثين أن صـعوبة تقديم تعريـف مختصرـ وشـامل لمفهوم الإدارة العامة دفع بعض المفكرين إلى تقديم تعريف مفصل يشمل العديد من الخصائص ومنها (Nigro, 2000) ، (العواملة، 2002):

1- الإدارة العامة هي عمل جماعي تعاوني في إطار عام.

2- الإدارة العامـة تتضـمن نشـاطات السـلطات الحكوميـة الثلاثـة: التنفيذية والتشريعية والقضائية.

3- الإدارة العامة تلعب دوراً مؤثراً في مجـال رسـم السياسـات العامـة public policy، فهي تعتبر جزءاً أساسياً من العمليـة السياسـية في الدولة.

4- لـلإدارة العامـة خصـائص مميـزة عـن إدارة الأعمـال بـالرغم مـن اشتراكهما في أساسيات وأصول الإدارة بشكل عام.

5- تتفاعـل الإدارة العامـة- كنظـام مفتـوح- مـع فعاليـات مجتمعيـة عديدة في إطار الصالح العام للدولة والمجتمع.

رابعاً: خصائص الإدارة العامة:

يمكن إجمال خصائص حقل الإدارة العامة بما يلي (عواملة، 2002):

1- تعتبر الإدارة العامة ظاهرة تسود كافة المجتمعات المدنيـة عـلى اختلاف أيدلوجياتها كونها تؤدي وظائف محددة لا يمكن إلاَّ الوفاء بها.

2- قـدرة الإدارة العامـة عـلى ممارسـة السـلطة وفـرض سياسـاتها بـالقوة القانونية.

3- تحظى نشاطات الإدارة العامـة بالأولويـة بالنسبة لغيرهـا مـن المصـالح الخاصة.

4- تمثل الإدارة العامة أكبر منظمة متعددة الأغراض والخدمات تقدم طائفة واسعة من الخدمات والسلع.

5- تتحمـل الإدارة العامـة مسـؤولية نشـاطاتها وأدائهـا أمـام القيـادة السياسية العليا في الدولة.

6- خضوع الإدارة العامـة للتأثيرات السياسية العامـة بمـا في ذلك مـن محددات وفرص.

7- ارتفاع مستوى التوقعات الاجتماعية الملقاة على عاتق الإدارة العامة من حيث رفع سوية الأداء.

خامساً: مبادئ الإدارة العامة:

إنّ أبرز المبـادئ التـي تحكـم عمـل الإدارة العامـة في أي مجتمـع معاصر ما يلي (عوامله، 2002):

1- الشرـعية القانونيـة Legitimacy: أي أن الأصل في ممارسـة كافـة الأعمال والأنشطة هو استنادها إلى القوانين والأنظمة.

2- المؤسسية Institutionalization: وهـي سـيادة العمـل التنظيمـي القانوني المنضبط بالإجراءات والقواعد الموضوعية المحايدة البعيـدة عن التأثيرات والأحكـام والأمزجـة الشخصية المتغيرة، ممـا يضمـن درجة مقبولة من الاستمرارية والثبات والموضوعية.

3- المسـؤولية العامـة Responsibility: الالتـزام الموضـوعي بأهـدافٍ ومتطلبات وواجبات محددة بموجب القوانين والأعراف والتقاليد التـي تحكم العمل العام، حيث يتم تعزيز هذه المسؤولية من خلال إجراءات ووسائل قانونية محددة بالإضافة إلى الرقابة الذاتية للأفراد.

4- المسـاءلة Accountability: الوقـوف عـلى إمكانيـة التحقيـق وبيـان مسؤولية الأفراد والمؤسسات وتحديد الأخطـاء تمهيـداً لاتخاذ الإجـراء المناسب بشأنها.

5- الخدمة العامة Public Service: النظـر إلى العمـل الحكومي كخدمـة وواجب مجتمعـي وليـس كمنصـب لممارسـة القـوة والنفـوذ وتحقيـق المآرب الذاتية والعائلية.

6- المهنية Professionalization: اعتبار الإدارة العامة حقل مهني مُتميّز المتطلبات والمهارات والتأهيل العلمي والفني والسلوكي وغيرها.

7- نظـام الجـدارة Merit System: أي وضع الشخص المناسب في الموقـع الملائم وفقاً لمؤهلاته وخبراته ضمن إطار المعايير القانونيـة والموضوعية المتبعة.

8- النظـرة النظاميـة المفتوحـة Open Systems View لنشـاطات الإدارة العامـة ومشـكلاتها وعلاقاتهـا عـلى كافـة المسـتويات، وبالتـالي الاهـتمام بعلاقاتها البيئية المحلية والخارجية.

9- النظرة المستقبلية الفاحصـة: وتعنـي استشراف المسـتقبل بنـاءً عـلى خطط واستراتيجيات ملائمة للمستجدات وتقـدير مستقبل الأحداث بناء على نظام معلومات معاصر وشامل.

10- الإبداع في المفاهيم والأساليب والتكنولوجيا المناسبة للإنجاز الأفضـل المتميز.

سادساً: النظام البيئي للإدارة العامة:

تعمل الإدارة العامة في محيط بيئي شامل ومفتوح وديناميكي، وتعتبر تنظيماتها أنظمة حيوية مفتوحة تتسم بالتفاعل والتأثير المتبادل مع النظام البيئي المحيط بها. ويتشكل النظام البيئي* من مجموعة متكاملة من الأنظمة الفرعية المترابطة والمتفاعلة تُكّون في مجموعها وعلاقاتها هوية النظام البيئي. ويمكن تشبيه البيئة البيروقراطية بسلسلة من الحلقات مركزها يُمثل البيروقراطية وأصغر حلقاتها أكثرها تأثيراً. ويمكن تمثيل الحلقة الأولى بالنظام السياسي والحلقة الثانية بالنظام الاقتصادي ثم النظام الاجتماعي (هيدي،2002)، (القريوتي (2)، 2006):

1- النظام السياسي: تؤثر طبيعة النظام السياسي السائد من حيث كونه نظاماً مركزياً أو فيدرالياً، ومن حيث درجة ديمقراطية نظام الحكم ودرجة استقراره السياسي، على البيروقراطية بشكل كبير. ففي النظم الفيدرالية** تمارس أجهزة الإدارة العامة استقلالاً أكبر، حيث تنحصر اختصاصات الحكومة في العاصمة على المجالات ذات العلاقة بالسيادة والشؤون الخارجية، تاركة للحكومات في الولايات حق تصريف شؤونها الداخلية بما يناسب بيئاتها، أما في الدول ذات النظم السياسية الموحدة فتكون الإدارة أكثر مركزية.

* يرجع البعض منهج البيئة في دراسة الإدارة العامة إلى كتابات العالم الأمريكي جون جوس John M. Gaus عام 1947.

** دولة فدرالية اتحادية Federal State تمارس أعمال السيادة الخارجية فيها حكومة مركزية، بينما تستقل حكومات الولايات الأعضاء في الاتحاد بممارسة أعمال السيادة الداخلية.

كما أن نوع الحكم ومدى ديمقراطيتـه يـنعكس عـلى نمـط الإدارة العامة فيه. ففي النظام الـديمقراطي يُسـمح للمواطنين أو مـن يمـثلهم بالرقابـة عـلى الإدارة الحكوميـة ونشـاطاتها للتـأثير عـلى سـلوك وأداء الموظف العام؛ فيسـود بين الموظفين العامين مفهوم الخدمـة العامـة، وأن الوظيفة العامة تعتبر تكليفاً لا تشريفاً. ومن أكثر الوسـائل تـأثيراً في هـذا المجال الجماعات المنظمـة مثل الأحـزاب السياسـية وجماعـات الضغط وجماعات المصالح (محمد، 2006).

كما يؤثر الاستقرار السياسي على الجهـاز الإداري فتكتسـب الإدارة العامة في ظله صفة الاستمرارية والمهنية. كما أن حيادية القوى السياسية وعـدم تـدخلها في الشـؤون الإداريـة يمنح الإدارة قـدراً مـن الحريـة والاسـتقلالية يسـاعدها عـلى أداء مهامهـا وواجباتهـا الفنيـة والإداريـة المتخصصة بمستوى من الفعالية الإدارية.

2- النظام الاقتصادي: تؤثر طبيعة النظـام الاقتصادي السـائد في الدولة فيما إذا كان نظاماً رأسمالياً أم شمولياً على البيروقراطية فيها. ففي الدول الرأسمالية يعتبر الجهاز الإداري الحكومي أقل حجماً منه في الدول ذات النظم الشمولية لأن كثيراً من الأعمال التي تؤديها الحكومـة في الأنظمـة الشمولية يقوم بها القطاع الخـاص في الـدول الرأسـمالية. كـما أن لمـوارد الدولة أثراً عـلى جهازها الإداري؛ إذ نجـد أن الـدول الغنيـة في مواردهـا توفر الإمكانات الماديـة والبشرـية لأجهزتهـا ممـا ينعكس عـلى مسـتوى الخدمات التي تقدمها للمواطنين والحد من الاتجاه نحو الفسـاد الإداري والمالي. كما أن ندرة الموارد يلقي على الإدارة العامة عبءً ثقيلاً في تسـيير الأمور ومحاولة الاستفادة المثلى من الموارد المتاحة.

3- **النظام الاجتماعي:** ويقصد بذلك منظومة القيم والعادات والتقاليد التي تسود في المجتمع وتنعكس على الإدارة وتؤثر في مدى فاعليتها. فالمجتمع الذي تسوده قيم العدالة واحترام الوقت والعمل والجدارة والكفاءة يؤثر بشكل إيجابي على سلوك العاملين في أجهزة الإدارة العامة فيجعله منضبطاً فتكون الإدارة مرآةً للمجتمع.

ومما سبق نخلص إلى أنه لا يمكن فهم طبيعة الإدارة العامة وعملها في أية دولة بمعزل عن دراسة البيئة التي تعمل فيها. بل إن مفهوم البيئة الإدارية لم يعد قاصراً على العوامل الداخلية فحسب بل تجاوزها ليشمل البيئة الدولية خاصة ونحن نعيش في عصر العولمة* Globalization التي جعلت من العالم قرية صغيرة (Dermott, et al, 1998). ومن النادر أن يتمكن نظام إداري من أن يقتبس تنظيماً بأكمله من حضارة أخرى مختلفة. فلو أن نظاماً إدارياً صادف نجاحاً في مجتمع ما في وقت معين، فإن هذا لا يعني أنه سوف يلاقي ذلك النجاح إذا اتبعناه في بيئة أُخرى (درويش وتكلا، 1980).

* العولمة Globalization تعني زيادة الاعتماد المتبادل فيما بين الناس حول العالم، وهي عملية اندماج كل من الاقتصاد، والثقافات، والتكنولوجيا.

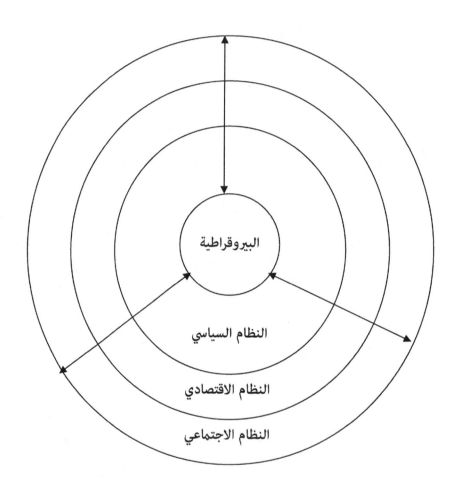

البيروقراطية

النظام السياسي

النظام الاقتصادي

النظام الاجتماعي

شكل (1)

النظام البيئي للإدارة العامة

سابعاً: العلاقة بين الإدارة العامة وإدارة الأعمال:

تختص الإدارة العامة بتنفيذ السياسة العامة للدولة عـن طريـق الأجهزة الحكوميـة المختلفـة كالوزارات والإدارات المركزيـة والمؤسسـات العامة، حيث تقوم هذه الأجهزة بالتخطيط والتنظيم والتوجيه والرقابـة لتحقيق الأهداف المطلوبة منها. إن المسؤوليـة الأولى للإدارة العامـة هـي أن تخـدم المجتمـع الـذي تعمـل فيـه، بأحسـن الوسـائل التـي تناسـب احتياجات هذا المجتمع. أمـا إدارة الأعمـال فتسعى إلى تسـيير الأنشطة ذات الطابع الاقتصادي التي تتناول إنتاج السلع أو الخدمات الضرورية لإشباع الحاجات سعياً لتحقيق الربح. ويـرى بعـض البـاحثين أن المبـادئ الأساسية التي تحكم الإدارة العامة والخاصة هي مبادئ واحدة. فهنـري فايول Henri Fayol* يقول "إن معنى الإدارة لا يشمل الخدمات العامة فحسب ولكـن يشـمل جميـع المشـروعات مهـما كـان حجمهـا ووضـعها وجميع المنظمات عامة كانت أو خاصة التي تتطلب التخطيط والتنظيم والتنسيق والتوجيه والرقابة. فنحن لم نعد أمام عدة علوم إدارية، ولكـن أمـام علـم واحـد يمكـن أن يطبـق عـلى الأعـمال العامـة والخاصـة" (ياغي،2010). وكذلك يـرى ليونارد وايـت Leonard white أنه عـلى الرغم من أن الإدارة العامة والخاصة تختلفان في عدة نقاط إلاّ أن هنـاك تشابهاً إن لم يكن تماثلاً في الأساس (ياغي، 2010). ورغم أن أوجه التشابه بين الإدارة العامة وإدارة الأعمال هي أكبر بكثير مما يمكن تصوره، إلاّ أن البعض يرى أن هناك فروقاً أساسية بين الإدارتين أهمها ما يلي:

---

* هنري فايول Henri Fayol (1841-1925) عالم إدارة فرنسي، وهو رائد مدرسة التقسيمات الإدارية Departmentalization Management (Wikipedia, 2010) .

1- هـدف الإدارة العامـة الأساسي تقديم الخـدمات العامـة لتحقيـق المصلحة العامة ورفاه المواطنين في حدود الموارد والإمكانات المادية والبشرية المتاحة لها، بينما يعتبر الربح أحد الأهداف الأساسية الذي يُحفز النشاطات الاقتصادية في القطاع الخاص.

2- يتصف نشاط الإدارة العامة بالاحتكارية ويكمل بعضه البعض حيث يصعب وجود تنافس بين مختلف القطاعـات والأنشطة الحكوميـة لأن ذلـك يعتـبر ازدواجيـة في العمـل ويتنـافى مـع أُصـول التنظيـم الإداري السليم. بينما تقوم إدارة الأعمال على المنافسة * وذلـك لأن الأصل الفكري الذي تنبع منه مستمد من الفلسفة الرأسمالية التـي تقوم على الحرية التجارية مما يجعلها أكثر مرونة.

3- الإدارة العامة محكومة بالاعتبارات السياسية والاجتماعية عند اتخـاذ القرارات مما يؤثر في درجة رشـدها، بينـما القـرارات والتصرفات في نطاق إدارة الأعمال يحكمها الربح، وهي تتمتع بدرجة رشد عاليـة تمكنها من انتقاء أفضل الوسائل لتحقيـق أهـدافها وأبعـاد العوامـل غير الموضوعية.

4- تعمـل الإدارة العامـة بدرجـة أكبرفي ظل التشريـعات لأنهاتتصل أساسـاً بتنفيذالسياسات العامة في الدولة.بينما يكون عمل إدارةالأعمال محكوماً

---

* يقول رئيس وزراء اليابان الأسبق ياسوهيرو ناكاسوني Yasuhiro Nakasone يخشى المدراء التنفيذيون للشركات اليابانية من مجرد النظر إلى صحف الصباح، خوفاً من أن يطالعهم إعلان عن منتج جديد من أحد منافسيهم. هذا هو مدى شدة المنافسة. والمنافسة هي السبب في زيادة الانفاق على الأبحاث (بينيس، 1996).

بقرارات مجالس الإدارة التي تتبعها تلك المنظمات وبالتعليمات التي يصدرها المديرون مما يُعطيها قدراً أكبر من المرونة في مزاولة أعمالها.*

5- المسؤولية التي تقع على كاهل الإدارة العامة تجاه الجمهور مسؤولية شاملة. وتتحقق المسؤولية العامة بالرقابة التشريعية أو التنفيذية أو الشعبية، أما العاملون في إدارة الأعمال فغالباً ما تنحصر مسؤوليتهم أمام أصحاب المشروع الذي يعملون فيه وهي بطبيعة الحال مسؤولية تعتبر أقل شمولاً.

6- يعمل الموظف العام بصفته الرسمية، فلا يستطيع أن يميز في المعاملة بين متلقي الخدمة كونه خادماً عاماً للجمهور يتلقى راتبه من المال العام، بينما يعمل الموظف في القطاع الخاص بصفته الشخصية أو يعمل ممثلاً لأصحاب المشروع مما يمكنه من تقديم معاملة تفضيلية لبعض الزبائن تبعاً لتقديره لأهميتهم في تحقيق الربح للتنظيم الذي يعمل فيه.

7- تلتزم الإدارة العامة تزويد المواطنين بالمعلومات التي تُمكنهم من الرقابة على أجهزتها أخذاً بمفهوم الشفافية باعتبار أنهم دافعو الضرائب وممولو هذه الأجهزة. أما إدارة الأعمال فلها الحق في الاحتفاظ بأسرار عملها كونها تعمل في أجواء تنافسية، وقد يكمن سرُ نجاحها في أسلوب عملها الذي لا تبوح به.

---

* يقول الرئيس الأمريكي الأسبق جيرالد فورد Gerald Ford: يصاب الكثير من رجال الأعمال بالاحباط عندما ينتقلون إلى منصب حكومي، فهم معتادون على سلطات أوسع في العمل، كما أن بيئة العمل في الحكومة مختلفة. ففي الحكومة يجب عليهم أن يتبعوا إجراءات وتعليمات صارمة بمجرد انضمامهم لها، وهو وضع يصعب عليهم التكيف معه. لقد رأيت العديد من كبار رجال الأعمال يرفعون أيديهم مستسلمين ويهددون بالخروج من الحكومة بعد بضعة أشهر من انضمامهم لها (بينيس، 1996).

8- يقاس نجاح الإدارة العامة غالباً بمـدى رضا الجمهـور عـن الخـدمات التي تقدمها وهو أمر يصعب قياسه، إذ من الصعب الوقوف عـلى حقيقة الرأي العام أو قياس اتجاهاته في كل وقت. كما أن الجمهور قلما يذكر بالثناء العمل الحكومي الناجح وقـد يجـأر بالشكوى في حالات كثيرة لأسباب شخصية، بينما تقاس كفاءة منظمات الأعمال في الغالب بمؤشر الربحية باعتباره المؤشر الرئيسي- لحسن الأداء، وهي عمليات يسهل قياسها.

9- تمتاز الإدارة العامـة بتضخم حجـم جهازهـا الإداري بالمقارنـة مـع تنظيمات القطاع الخاص، ذلك أن حجم أي مشروع خاص مهما كان كبيراً يتضاءل أمام حجم الجهاز الإداري الحكومي.

10- يعتبر العاملون في أجهزة الإدارة العامة موظفين عـامين وبالتالي فإن العلاقة التي تحكم الموظف العام بالدولة علاقة تنظيمية، بينما العلاقة التي تحكم العاملين في القطاع الخاص مـع منظماتهم علاقـة عقدية. وبذلك تستطيع الإدارة العامة تعديل مضمون مركز الموظف النظامي بزيـادة المزايـا المقررة للموظفين العمـوميين أو زيـادة التزاماتهم الوظيفية دون حاجة لموافقة الموظفين المسبقة حيث لا يملك هؤلاء حق الاحتجاج بالحقوق المكتسبة (خطار، 2003).

11- أسلوب تمويل النشاط الحكومي يختلف عنه في القطاع الخاص. فالدوائر الحكومية ليس لها رأسمال مستثمر، وإنما يتم تمويلها عن طريق الاعتمادات (المخصصات) التي ترصد لها في الموازنة العامة للدولة. وكذلك لا توجد علاقة مباشرة بين إيرادات الدوائر الحكومية ونفقاتها حيث أن النفقات لا

تسـتخدم بالضـرورة لجلـب الايـرادات، وانمـا لتقـديم خـدمات مجانية، أو مقابل رسوم متدنية قياساً بتكلفتها، فنشاط الوحدات الإدارية العامة مرهون بما يخصص لها من اعتمادات من الخزينة العامة للدولة بموجب قانون الموازنة العامة* (المبيضين،1999).

12- تتمتع أجهزة الإدارة العامة بامتيازات القانون العـام كسـلطة فـرض رسوم معينة، أو حق نـزع الملكيـة الفرديـة لصـالح المنفعـة العامـة (الاستملاك)، وتعتبر أموالهـا أمـوالاً عامـة وتخضـع بالتـالي للنظام القانوني الذي يحكم هذه الأموال، مثل عدم قابليـة الأمـوال العامـة للحجز عليها، وعدم خضوع ديونها لطرق التنفيـذ العاديـة، وكـذلك تعتبر قراراتها قرارات إدارية يمكن الطعن بهـا أمـام القضـاء الإداري المختص، بينما تخضع إدارة الأعمال لأحكام وقواعد القانون الخاص (خطار، 2003).

---

* هذا الأمر لا ينطبق على المؤسسات العامة كونها تتمتع باستقلال مالي ولها موازناتها الخاصة بها.

2

الفصل الثاني
البيروقراطية في الإدارة العامة

تسيطر المؤسسة البيروقراطية عـلى المجتمـع الحديث
شـديد التعقيـد. وهـي نتيجـة لـرد الفعـل الايجـابي
للمجتمع الصناعي الذي دعـا الحكومـة إلى التوسـع في
جميع أنشطة المجتمع. وبالرغم مما يسـود مـن اتهـام
للمؤسسـة البيروقراطيـة بـين النـاس بالتوسـع وعـدم
الكفاءة والعجز، فما يزالون يتوقعون منها التوسـع في
تقديم الخدمات. وحتى لـو فضـلوا تقليص الخدمات
فانهم يرغبون تقليصها لأناس آخرين.

جوزف كاير

الفصل الثاني

البيروقراطية في الإدارة العامة

تعود البيروقراطية في جذورها الأولى إلى العهد الفرعـوني في مصر- لأربعة آلاف عامٍ قبل الميلاد، واستخدمت في فرنسا في القرن الثامن عشر- للإشارة إلى عمل الحكومة، ثم انتقلت إلى ألمانيـا في القـرن التاسـع عشر- ومن ثَمَّ اتسع انتشارها ليعم دول العالم المختلفة. ومن الناحيـة اللغويـة تعنـي كلمـة بيروقراطيـة Bureaucracy ذات الأصـول اللاتينيـة حكـم المكتب أو الحكم عن طريق المكاتب. ويرتبط هذا المصطلح من الناحية العلميــة والنظريــة بعــالم الإجــتماع الألمــاني مــاكس فيــبر* Max Weber الـذي اعتـبر المؤسسـة البيروقراطيـة شـكلاً مـن أشـكال التنظيم الهرمي والموضوعي والرسـمي يرتكـز عـلى التخصـص والقـوانين والموضوعية. واعتبرها من أكثر الطرق عقلانية في انجاز أي نشاط عـام أو خاص (كاير وويسلر، 1996). وينظر في المعنى الشـعبي إلى البيروقراطيـة نظرة سلبية ونقديـة حيـث تعتـبر مصـدراً لتعقيـد الإجـراءات وصـعوبة التعامل مع الجمهور والنزعة إلى السيطرة وإساءة استعمال السلطة.

لقـد تعـددت التعريفـات التـي تبحـث في هـذا المفهـوم بتعـدد الباحثين، فقد عرفها شارلز جاكوب Charles Jacob بأنها " نظـام مكـون مـن الأشـخاص والمكاتـب والأسـاليب والسـلطة تسـتخدمه المـنظمات أو الأجهزة الكبرى لتحقيق أهدافها" (ياغي 2010).

* ماكس فيبر Max Weber (1864-1920) عالم اجتماع الماني ويعتبر رائد المدرسة البيروقراطية Bureaucratic Management (Wikipedia, 2010) .

وعرفها قاموس ويبستر بأنها " الإدارة الحكومية عن طريق الأجهزة التي تشغلها مجموعة من الموظفين باستخدام روتين غير مرن ". كما عرفها بيتر بلاو Peter Blau بأنها " التنظيم الذي يحقق أقصى حد ممكن من الكفاءة الإدارية" (Heady, 2001). وعرفها ماكس فيبر Max weber بأنها " التنظيم الضخم المتواجد في المجتمع السياسي المعقد المتحضرـ لتحقيق الأهداف القومية، وإخراج السياسة العامة إلى حيّز الوجود " (ياغي، 2010). وعرفها آخرون بأنها " التنظيم المنطقي للأعمال في هيكل مُعيّن يؤدي إلى تحقيق الكفاية في ظل العمل الجماعي " (عبد الفتاح، 1987).

خصائص النظرية البيروقراطية (هيدي، 2002)، (القريوتي [2]، 2006)، (ماتيسون وايفانسيفش، 1999):

تعتبر النظرية البيروقراطية أنموذجاً افتراضياً أو مثالياً Ideal Type للتنظيم يتصف بعدة خصائص هيكلية وسلوكية تجعله أكثر كفاءة في تحقيق أهدافه. ويرى فيبر أن التنظيم المثالي هو الذي تكون كافة علاقات السلطة فيه مدروسة مسبقاً بأسلوب علمي ومقررة كتعليمات رسمية ملزمة للجميع. ففي هذه الحالة يعمل الجميع على تنفيذ تلك التعليمات مما يُحقق العقلانية والاستقرار. إن تنظيماً كهذا سيعمل بطريقة واحدة مستقرة وثابتة حتى لو تم استبدال جميع العاملين فيه، فالموظفون الجدد سينفذون التعليمات نفسها مما يضمن استمرارية التنظيم (برنوطي، 2005).

أ- **الخصائص الهيكلية Structural Characteristics** ، ومن أبرزها:

1- تسلسل سلطوي دقيق يتمثل في وجود مستويات إدارية متفاوتة في التنظيم بحيث يتبع كل مستوى للمستوى الأعلى، ويتوقف عدد المستويات التنظيمية على حجم التنظيم ونطاق الإشراف فيه.

2- تقسيم العمل والتخصص الوظيفي.

3- نظام من القواعد يُغطي حقوق شاغل الوظيفة وواجباته.

4- نظام من الإجراءات لمعالجة أوضاع العمل.

5- اللاذاتية في العلاقات بين العاملين داخل التنظيمات حيث تسود العلاقات الرسمية البعيدة عن العواطف والتحيّز وعدم الموضوعية.

6- تعيين الموظفين على أساس المؤهلات التقنية؛ بموجب إمتحانات، أو بيان شهادات علمية تشهد بالتدريب الذي حصلوا عليه أو بالاثنتين معاً.

7- الوظيفة بمثابة مهنة. وهناك نظام ترقيات حسب الأقدمية أو الإنجازات أو كليهما، وتعتمد الترقية على حكم الرؤساء في العمل.

8- الفصل بين الحياة الشخصية والوظيفية للموظف.

9- نظام للسجلات. تقوم المؤسسات البروقراطية على تدوين الأهداف والقرارات والوقائع في سجلات وقيود وتقارير يتم حفظها في ملفات خاصة بها. ويجمع البيروقراطيون المعلومات التي يحتاجونها للقيام بأعمالهم، ويعملون على تنظيمها وتدقيقهاوترتيبهامما يشكل مصدراً هاماً

للقوة البيروقراطية، ويعمل الموظفون على تأمين وصول هذه المعلومات للمسؤولين الذين يحتاجونها للقيام بواجباتهم.

10- الإعتقاد بمبدأ الرشد في تصرفات أعضاء التنظيم. ويكمن ذلك في تحقيق أهداف محددة باستخدام طرق وأساليب يتم اختيارها بدقة، والأخذ بالمنهج العلمي في تفسير الأمور ورفض كل الأساليب والمعتقدات غير العلمية.

11- يتلقى الموظف البيروقراطي عادة راتباً محدداً، وتدفع الرواتب بالنقد، ويتدرج سلم الرواتب حسب الرتبة في الهرم الإداري، وقد تؤخذ مسؤوليات المنصب ومتطلبات شاغله في الاعتبار. ويكون للموظفين في أغلب الأحيان حقوقاً تقاعدية، ويحق للسلطة الموظفة في حالات معينة فقط أن تُنهي تعيين الموظف.

12- يعتبر المنصب على أنه الوظيفة الوحيدة لشاغله، أو الوظيفة الأساسية بالنسبة له.

ب- الخصائص السلوكية Behaviora Characteristics : درس الباحثون هذه الخصائص من زاويتين هما:

1- الخصائص الفعالة المرغوبة: وهي التي ترتبط بتحقيق أهداف التنظيمات البيروقراطية مثل الموضوعية، والدقة، والاستمرارية، والوضوح. وهي خصائص واضحة تتصل بمهمة اتخاذ الموظفين الإداريين للإجراءات.

2- الخصائص السلوكية التي تؤدي إلى الاختلال الوظيفي: وهي التي تحول دون تحقيق البيروقراطية لأهدافها وتعتبر بمثابة أمراض التنظيم مثل التزّمت، وعدم المرونة، والسرية الزائدة، وعدم الرغبة في تفويض الصلاحيات،

والإمتنـاع أو الـتردد في ممارسـة الصـلاحيات. وغالبـاً مـا ينـتج هـذا السلوك البيروقراطي عن المبالغة في التأكيد عـلى عقلانيـة التنظـيم. ويـرى فـيرل هيـدى Ferrel Heady أن الخصـائص السـلوكية تُميـز بيروقراطية عـن أخـرى بشـكل أكـبر مـن الخصـائص الهيكليـة. وأن هناك اتفاقاً كبيراً بين الباحثين حول الخصائص التنظيميـة الأساسـية للبيروقراطية، واتفاق أقل فيما يتعلق بالخصائص السلوكية المرتبطة بهـا. ويلاحـظ أن سـلوك البيروقـراطيين يختلـف بـاختلاف المكـان والزمان. وهذا أمر طبيعي إذ أن سلوك الناس في بيئة ثقافية معينـة يصطبغ بالقيم والاعتقادات السائدة في تلك البيئة (هيدي، 2002).

لقـد أوضـح مُنْظِّـرْ البيروقراطيـة مـاكس فيـبر مزايـا تنظيمـه البيروقراطي بما يلي (بوحوش، 1982)، (ياغي،2010):

1- الدقة في العمل.

2- السرعة في التنفيذ.

3- الكفاءة والمعرفة الفنية.

4- الوضوح.

5- الاستمرارية في العمل، وعـدم توقـف النشـاط الإداري بعـد تغّير القيادة.

6- المعرفة الكاملة بالوثائق والمستندات.

7- الخضوع الكامل للرؤوساء.

8- خفض كلفة العمل.

9- تقليل الاحتكاك بين العاملين في التنظيمات.

ويـرى فيبر أن الشـكل المسـتبد مـن البيروقراطيـة Monocratic قادر على تحقيق أعـلى درجـات الكفـاءة، وهـو أفضل طريقـة لتحقيـق السيطرة الضرورية على الكائنات البشرية. فهي تعلو على أي شـكل آخر من ناحية الدقـة والاسـتقرار وصرامـة انضباطها ومـدى الاعـتماد عليهـا. وهي بالتالي تجعل من الممكن تحقيق درجة عالية من النتائج المحسوبة لرؤسـاء المنظمة والأشخاص الذين لهم علاقة بها. كما تعتبر الأفضل سـواء من ناحية مـدى كفاءتهـا أو أهـداف عملياتهـا، وامكانيـة تطبيقهـا عـلى جميع أشكال المهمات الإدارية (ماتيسون وايفانسيفش، 1999).

عيوب النظرية البيروقراطية:

لقد تعرض النموذج البيروقراطي الفيبري لانتقـادات عديـدة مـن أهمها:

1- يعتبر النموذج البيروقراطي نمطاً مثالياً Ideal Type لا يمثل الواقع بل كان تجريداً نظرياً أو بناءً فكرياً Structural Model.

2- اهتمامه بشكل كبير بالتنظيم الرسمي وإهماله للتنظيم غير الرسمي.

3- افترض أن أعضاء التنظيم يتصرفون وفقاً لأهداف التنظيم ورغباتـه. وبذلك يكـون قـد أغفـل الطبيعـة النفسـية والاجتماعيـة للإنسـان، واعتبره كالآلة الأمر الذي قد يؤدي إلى خفض كفاءة التنظيم.

4- التزام أعضاء التنظيم بالقواعد والإجراءات الرسمية بشكل متشدد يضعف روح المبادأة والابتكار والنمو الشخصيـ ويـؤدي إلى جمـود في السـلوك مـن شأنه أن يخلق بعض المشكلات بين العـاملين في المنظمـة والمتعـاملين معهـا. وغالباً مـا يصف النـاس البيروقراطيين بأنهم لا يكترثون إلاّ باتبـاع القوانين

والتعلـيمات لأنــه عنـدما لا تتكيـف حالـة فرديـة مـع القـوانين والتعلـيمات لا يـرى البيروقراطـي في الغالـب طريقـة لمعالجتهـا. وبالنسبة للفرد الذي يبحث عـن خدمـة يبـدو البيروقراطـي متبلـد الإحساس وقاسـياً. وفي العـادة يقـع اللـوم عـلى الـروتين الحكـومي بسبب انعدام القدرة على الاستجابة للحالة الفردية (كاير وويسـلر، 1996).

-5 اعتـبر المنظمـة نظامـاً مغلقـاً close system فتجاهـل الاعتبـارات الخارجية والتغيرات التي تطرأ على بيئة التنظيم التي لا يمكن عزلـه عنها. لأن نجاح التنظيم لا يعتمد عـلى العوامـل الداخليـة فحسـب وإنما لابد وأن يتفاعل مع البيئة الخارجية التي يعيش فيهـا. ويؤكـد فيـبر عـدم امكانيـة القيـام بعمـل إداري متصـل في أي حقـل مـن الحقول بطريقة غير طريقة عمل المـوظفين ضـمن مكاتـب. فـنمط الحياة اليومية كله صُنِعَ ليلائم هذا الاطار. فالإدارة البيروقراطية إذا ما قورنت بالوسائل الأخرى هي من وجهة النظر التقنيـة والرسـمية أكثر الطرق عقلانية، ولا يمكن الاستغناء عنهـا في تلبيـة الاحتياجـات الإدارية واسعة النطاق. والخيار الوحيد أمامنا في مجـال الإدارة هـو أن نختار بين البيروقراطية وعمـل الهـواة (ماتيسـون وايفانسـيفش، 1999). وبينما اعتقد فيبر أن المؤسسة البيروقراطية في تركيبها المثالي هــي أكـثر طـرق التنظـيم معقوليـة وكفـاءة، يركـز الآخـرون عـلى جوانب الاختلال الوظيفي وغـير المنطقيـة للمؤسسـة البيروقراطيـة. وسواء اعتقد النـاس أن المؤسسـة البيروقراطيـة هــي أفضـل بـديل للتنظيم أو اعتقدوا أنها أداة سيئة ، فـإن المؤسسـة البيروقراطيـة تُسيطر على المجتمع الحديث . وهي نتيجة منطقية لرد الفعل

الإيجابي للمجتمع الصناعي* الذي دعا إلى توسع الحكومة في جميع أنشطة المجتمع بشكل عملي. وفي الوقت الذي يُكثر فيه الناس من اتهام المؤسسة البيروقراطية بعدم الكفاءة والعجز والميل نحو المحافظة ومقاومة التغيير وبأنها كبيرة الحجم ويتذمرون من شرورها، فإنهم يتوقعون أيضاً من الحكومة أن تقدم لهم خدمات. حتى لو فضلوا تقليص الخدمات فإنهم يريدون وقف الخدمات المقدمة لأناس آخرين يطلبونها. وعلى الرغم من أن المؤسسة البيروقراطية تنطوي على مشاكل وصعوبات للحكومة إلاّ أنه يصعب تصور حكومة تعمل بدونها. ومن المؤكد أن المؤسسة البيروطقراطية ستكون جزءاً من مجتمعنا الحديث في المستقبل المنظور. وقد يكون خيارنا الوحيد هو تعلم التعايش معها وتسخيرها لخدمة احتياجاتنا وتطوير الأساليب لتخفيف سلبياتها (كاير وويسلر، 1996).

* مرت المجتمعات بمراحل التطور التالية : العصر- البدائي Nomadic Age ، العصر- الزراعي Agrarian Age، العصر التجاري Mercantile Age ، العصر الصناعي Industrialized Age ، العصر المعرفي Knowledge Age . ويطلق على العصور الثلاثة الأولى عصور ما قبل الثورة الصناعية Pre-Industrial Revelation.

3

الفصل الثالث
التنظيم الإداري للدولة

كلما ترسخت أصول الديمقراطيـة في دولـة مـن الدول ازدهرت اللامركزية الإدارية فيها.

الفصل الثالث
التنظيم الإداري للدولة

تختلف أساليب أنظمة الـدول الإداريـة تبعـاً لظروفها المختلفـة: السياسية والاقتصادية والاجتماعية والثقافية. غير أنها في مجملها لا تخرج في إتباعهـا عـن أحـد النظـامين الإداريـين المركـزي أو اللامركزي أو المـزج بينهما.

أولاً: المركزية الإدارية Administrative Centralization:

وهـي جمـع مظاهـر النشـاط الإداري بيـد السـلطة المركزيـة التـي تمارسه في جميع أنحاء الدولة. وعلى جهاز الحكومـة المركزيـة في العاصمـة وفروعه في مختلف المناطق القيام بانجاز كافة الوظائف (كسرواني، 1996).

وعليه فإن المركزية الإدارية تقوم على أمرين هما:

أ- حصر الوظيفة الإدارية بالحكومة المركزية . إذ تتولى الحكومة المركزية مهمـة إصـدار القـرارات النهائيـة في مختلـف المواضيـع الداخلـة ضـمن اختصاصها، ولا تشاركها في ذلك أية هيئة إدارية أخرى.

ب- قيام التنظيم الإداري عـلى أسـاس السـلطة الرئاسـية، وعـلى التبعيـة الإدارية.

وتشير السلطة الرئاسية إلى ما يتمتع به الرئيس من الاختصاصـات التي يواجه بها الرئيس مرؤوسيه الذين يرتبطون بـه بربـاط الخضوع والتبعية. فتتعدد وحدات الجهاز الإداري المركزي في العاصمة وتنتشر في الأقاليم ولكنها تظل دائماً في إطار جهاز واحد (كنعان، وألبنا، 1984).

وتظهر المركزية الإدارية في الصور التالية:

أ- التركيز الإداري Concentration*:

وهي الصورة الإدارية البدائية الأقدم ظهوراً التي تضمن للدولة وحدتها وسلطتها من أجل القيام بوظائفها المختلفة، حيث يكون النشاط الإداري جميعه محصوراً بالإدارة المركزية ولا يسمح للفروع في الأقاليم الانفراد باتخاذ القرارات فيه (كشاكش، 1997).

إن الدول التي تتبع نظام المركزية المطلقة ترمي إلى تحقيق ما يلي:

1- وحـدة الإدارة وتجانس الأسـاليب التـي تتبعها في جميـع أرجـاء الدولة.

2- توجيه مواردها بشكل أمثل.

3- بسط نفوذ الدولة وتوطيد أركانها.

4- إقامة المرافق العامة التي تتطلب إمكانات بشرية عاليـة الكفـاءة وإمكانات مادية بالغة.

5- تحقيق المسـاواة بـين سكان الدولـة في الحصـول عـلى الخـدمات وتحمل تكاليفها.

إلا أن هذا النمط من النظام يصاحبه كثير من المساوىء ومنها ما يلي:

1- تعقيد إجراءات إنجاز العمل بسبب ما يصاحبها من "الروتين".

---

* وتدعى كذلك: الوزارية، المركزية البحتة، المركزية المتشددة، المركزية المطلقة.

2- إثقال كاهل جهاز الدولة المركزي بأعباء المهام وانشغاله في أمور فرعية تضعف من قدرته على التخطيط والتنسيق.

3- إضعاف روح المبادرة والإبداع لدى المواطنين سياسياً واجتماعياً الـذين يركنـون إلى الإتكاليـة والاعـتماد عـلى الدولـة في تـوفير الخـدمات وفرص العمـل ممـا يتعـارض مـع ضرورات التنميـة السريعة.

4- إن بعد متخذي القرارات عن المناطق المحلية، وعدم وقوفهم على حاجات سكانها يجعل تلك القرارات غير متفقة مع تطلعاتهم .

5- تقليص مساءلة المواطنين للمسؤولين وعدم قدرتهم عـلى تحديـد مسؤولياتهم ومحاسبتهم عليها.

6- تحميل المواطنين عناء الإنتقال من أمـاكن سكناهم إلى العاصمة للحصول على الخدمات الضرورية.

ونظراً لتزايد النشاط الإداري للدولة وتعدد مهامها واتساع نطاق واجباتها أصبح من الصعوبة تطبيق هذا النظام المركزي المتشدد الـذي لم يعرف إلا في فترات زمنية بعيدة وفي أضيق نطاق.

ب- عدم التركيز الإداري * Deconcentration:

تتوزع الوظيفة الإدارية بمقتضى هذا النظام فيما بـين الإدارة المركزية في العاصمة وبين فروعها في مناطق الدولة. وهذا يتطلب تفويض الموظفين الممثلين للوزارات والدوائر المركزية في أقاليم الدولة صلاحية اتخاذ بعض القرارات والبت

---

* وتدعى كذلك: اللاتركيزية، المركزية المخففة، اللاوزارية، المركزية المعتدلة.

في بعض الأمور الإدارية، مما يكون له الأثر الواضح في التخفيف عن كاهل السلطة المركزية مع الإبقاء على رابطة التبعية الإدارية لهؤلاء الموظفين لرؤسائهم في الوزارات والدوائر المركزية الموجودة في الدولة. وقد بدأت المركزية المعتدلة في إدارة الدول الحديثة في أوروبا عندما تبناها نابليون كي يعيد تنظيم فرنسا إدارياً إلى مقاطعات يتولاها مسؤولون في الحكومة يتمتعون بسلطات واسعة تمكنهم من الحفاظ على ولاء هذه المقاطعات للدولة الفرنسية الموحدة (Schmidt, 2007).

وتعتبر فروع الوزارات والدوائر المركزية المنتشرة في المحافظات والألوية والأقضية الأردنية كمديريات الصحة والزراعة والتربية والتعليم والأحوال المدنية والجوازات مثالاً للمركزية المعتدلة.

إن اتباع عدم التركيز الإداري يحقق ما يلي:

1- الحفاظ على وحدة الدولة الإدارية بإتباع مبدأ التسلسل الرئاسي، حيث ترتبط الفروع بأجهزتها الرئيسة في الدولة.

2- ملاءمة القرارات الإدارية للواقع المحلي لانطلاقها من ذلك الواقع.

3- نقل الخدمة إلى المناطق المحلية مما يحد من عناء المواطنين وما يبذلونه في سبيل ذلك من جهد ومشقة.

4- الإسهام في إعداد قيادات إدارية جديدة قادرة على تحمل المسؤولية (خطار، 2007).

أما عيوب هذا النظام فهي:

1- صعوبة مراقبــة المركـز الرئيسـي- لفروعـه المنتشـرة في الأقـاليم وبخاصة إذا ما كانت الدولة ذات أقاليم عديدة.

2- صعوبة التنسيق بين فروع الجهاز المركزي المختلفة وذلك بسبب اختلاف مرتكزات القرار الإداري تبعاً للظروف المحلية.

3- زيادة التكلفة الماليـة التـي تتطلبهـا إدامـة العمـل في مثل تلـك الفروع.

ثانياً: اللامركزية الإدارية Administrative Decentralization:

تتمثل اللامركزيـة الإداريـة في توزيـع الوظيفـة الإداريـة فيما بـين الجهاز الإداري المركزي وشخصيات معنوية عامة أخرى في الدولة- محلية أو مرفقيـة – تبـاشر وظيفتهـا تحت رقابـة وإشراف السـلطة المركزيـة (المعاني، 2010). وبذلك نجد أن اللامركزية تستند إلى أمرين هما:

1- الاستقلال في الإدارة.

2- إشراف السلطة المركزية ورقابتها.

ويعتبر هـذا الاتجـاه العـالمي نحـو الإدارة اللامركزيـة إجـراءً تصحيحياً للمركزية المفرطة التي رافقت بناء الدول الحديثة في القرن التاسـع عشر- وأوائـل القرن العشرين (Agnew, 1990). ولذلك أخذت دول العالم المختلفة تتوسع في هذا الاتجاه منذأوائل السبعينات من القرن العشرين عندماأدركت أن إدارة الموارد

وتـوفير الخـدمات يصـعب حصـرها في إدارة مركزيـة واحـدة. وتظهـر اللامركزية الإدارية في إحدى الصور التالية:

أ- اللامركزية المرفقية* Utility Decentralization*:

وهي أسلوب من أساليب إدارة المرافق العامة** يقصد بها إدارة مرفق عام بواسـطة هيئـة إداريـة يمنحهـا القانون الشخصية القانونيـة، وتكون مستقلة عن السلطة التي أنشأتها إدارياً ومالياً. وهـي مـا تسـمى بـالأردن وفي بعـض الـدول بالمؤسسـات العامـة Public Corporation. فالمؤسسة العامة منظمة شبيهة بالمؤسسـات الخاصـة تتمتـع بالاسـتقلال المـالي والإداري ويتمتـع أعضـاؤها بالسـلطة اللازمـة لإدارتهـا وتحقيـق أهدافها. وعلى الرغم من الاستقلالية التي تتمتع بها تلك المؤسسـات إلا أنها مرتبطة عضوياً بجهاز الدولة الإداري. وتعرف "المؤسسة العامة" بأنها "منظمة تملكها السلطات العامة المركزية أو المحلية بنسبة 50% أو قـد تزيد" (بوم، 1985). ويمكن تعريفها أيضاً بأنها "مشروع اقتصادي تملكه الدولة وتمنحه الشخصية المعنوية وتديره بأسـاليب تختلـف عـن إدارتهـا التقليديـة غايتـه إشباع حاجات العامـة ومصالحهم" (الفرحـان، والمعـاني، وأبو فارس، 2001) كمـا يمكـن تعريفهـا بأنهـا " الوعـاء الـذي تمتـزج فيـه الحريـة الاقتصادية والكفايـة الإنتاجيـة مـع المسـؤولية العامـة والرقابـة الذاتية " (حمور، 2000). ويعرفها العواملة بأنها "كيـان تنظيمـي عـام مستقل عن جهاز الدولة التقليدي تملكه الدولة كلياً أو جزئياً وتخضعه

---

* وتدعى كذلك: اللامركزية المصلحية، اللامركزية الفنية، اللامركزية الوظيفية، اللامركزية الخاصة.

** المرفق العام Public Utilitie : نشاط تباشره سلطة عامة للوفاء بحاجة ذات نفع عام.

للرقابـة التنفيذيـة والتشرـيعية لضـمان كفاءتـه وفاعليتـه في اسـتخدام الأموال العامة للصالح العام (العواملة، 2002).

أما في الأردن فقد عرف الديوان الخاص بتفسير القوانين المؤسسة العامة بأنها "شخص إداري أنشىء بقانون خاص لممارسـة نشـاط مـالي أو صناعي أو تجاري أو زراعي له استقلاله المالي وحقوقه وأمواله المسـتقلة عن حقوق الدولة وأموالها" (الجريدة الرسمية، العدد 2109، 1968).

وتتعـدد المعايـير التنظيميــة التـي يمكـن أن نصـنف بموجبهـا المؤسسات العامة وأهمها:

1- **المعيار الهدفي:** وتصنف المؤسسات العامة بموجبه وفقاً للهدف الـذي تسعى إلى تقديمه كما يلي:

أ- مؤسسات عامة للخدمات: وهدفها تقديم خدمات ذات نفع عـام. ويجوز لها أن تحقق عوائد تغطي تكاليف الخدمة التي تقدمها كلها أو جزء منها أو حتى تحقيق عوائد ربحية.

ب- مؤسسات عامة إنتاجية: وهي التي تزاول أنشطة اقتصادية، وتتبـع في أعمالها أسس المحاسبة التجارية، وتهدف بشكل أساسي إلى تحقيق أرباح.

2- **معيار طرق إنشاء المؤسسات:** تنشـأ المؤسسـات العامـة بطرق عـدة منها:

أ- الإنشاء الجديد: حيث تنشأ المؤسسات نشوءاً جديداً بمبادرة مـن الدولة أو بناءً على مطالبـة مجموعـة مـن أفراد المجتمـع ايجـاد منظمـة تقـوم بـأعمال محـددة يحتـاج لهـا المجتمـع . وتنشـؤها الدول عادة بموجب قانون خاص لكل منها يحدد كافة الأمور

التنظيمية والإدارية والمالية التي تضمن قيامها بعملها على أكمل وجه. وتقوم في دول أخرى بإصدار قانون عام يحكم إنشاء جميع المؤسسات العامة في الدولة تحدد بموجبه الخطوط العريضة لعمل جميع تلك المؤسسات، على أن تنشأ كل مؤسسة منها بموجب نظام خاص بها. وغاية ذلك إعطاء المؤسسات العامة قدراً أكبر من المرونة وسرعة الاستجابة للمتغيرات البيئية. كما تقوم بعض الدول بإنشاء المؤسسات العامة بموجب أنظمة تصدر عن السلطة التنفيذية فيها بهدف ضمان إحداث التعديلات اللازمة على نظامها دون اللجوء إلى السلطة التشريعية تفادياً للتأخير والتعقيد في الإجراءات المصاحبة لعملية إصدار القوانين أو تعديلها. وتعزيزاً لقدرة المؤسسة على الاستجابة السريعة لأية متغيرات بيئية.

ب- الإنشطار: حيث تتشكل مؤسسة عامة نتيجة أنفصال قسم أو دائرة عن التنظيم الأم التي قد تكون وزارة أو دائرة مركزية. وهنا يمكن أن يكون الانفصال ناجماً عن قيام مجموعة من الموظفين في الدائرة الأم بإطلاق فكرة لعمل جديد يعتقدون بأن على دائرتهم أن تؤديه، فهم يشكلون خلية لإثارة التغيير ويرون أنهم غير قادرين على اسغلال قدراتهم الاستغلال الأمثل في الدائرة الأم. فيسعى هؤلاء الموظفون إلى الانفصال عن الدائرة الأم وتشكيل مؤسسة جديد تنبثق عنها. ويتوقف نجاحها على كمية الدعم الذي يحصلون عليه من البيئة الخارجية وعلى مقدار الدعم الذي تستطيع تلك المجموعة جلبه. فإن المؤسسة الجديدة قد تتأسس بشكل سريع أو تأخذ سنوات طويلة من المعاناة والصراع.وقديكون الإنفصال بسبب اهتمام السلطةالمركزيةبأهداف قسم معين ترى من الأفضل فصله لتحقيق تلك الأهداف عن الدائرة الأم

بإنشاء مؤسسة عامة تتمتع بالإستقلال الكـافي والتخصـص والمرونـة
والقدرة على تحقيق الأهداف بشكل أكثر كفاءة وفعالية. ومن الأمثلة
على ذلك في الأردن انفصـال دائـرة المواصفات والمقاييس عـن وزارة
الصناعة والتجارة وتشـكيل كيـان جديـد اسـمه مؤسسـة المواصفات
والمقاييس.

ج- التأميم[*]: ويكون التأميم بنزع ملكية القطاع الخاص لاعتبارات عديدة
منها اعتبارات أيدلوجية تتمثل بالرغبـة في سيطرة القطاع العـام أو
لاعتبارات موضوعية هـدفها تحقيـق المصـلحة العامة. وتنشـأ عـادة
مؤسسات عامة لإدارة النشاطات التي تم تأميمها بطريقة تضمن لهـا
حسن الإدارة والكفاءة في تحقيق الأعـمال والنشـاطات المطلوبـة. وفي
الأردن تم إنشاء بعض المؤسسات العامة لإدارة بعض النشاطات التـي
تم تأميمها بهدف تحقيق المصلحة العامة مثل مؤسسة النقل العـام،
ومؤسسة عالية (الملكية الأردنية)، ومؤسسة التسويق الزراعي^{**}.

د- الـدمج التنظيمـي: ويتمثل في دمـج مؤسسـة عامـة في مؤسسـة أو
منظمة عامة أخرى تمارس نشاطاً مماثلاً لأسباب عديدة منها تحقيق
الأهداف بدرجة أفضل أو تقليص التكاليف أو الحد من عـدد أجهـزة
القطاع العام ومنع الإزدواجية في العمل. وينشـأ عـن عمليـة الـدمج
ظهور مؤسسة جديدة تحقق الغايات التـي تـم الـدمج لأجلها. وقـد
اتبعت هذه الطريقة في الأردن فتم إنشاء مؤسسة الإسكان والتطوير
الحضري بدمج مؤسسة الإسكان مع دائرة التطوير الحضري وأصبح

---

[*] التأميم Nationalization : نقل ملكية منظمة اقتصادية من القطاع الخاص إلى ملكية الأمة لاستثمارها
فيما يحقق المصلحة العامة.
^{**} تم لاحقاً إلغاء مؤسسة التسويق الزراعي، وخصخصة مؤسستي النقل العام، والملكية الأردنية.

الكيان الجديد يقوم بالمهام التي كان يؤديها كلا التنظيمين السابقين. وكذلك مؤسسة الإذاعة والتلفزيون الأردني التي تكونت مـن دمـج مؤسسة التلفزيون الأردني مع دار الإذاعة.

3- **معيار مدى مساهمة الدولة في ملكية المؤسسة:** تصنف المؤسسات العامة وفق هذا المعيار إلى:

أ- مؤسسات تعود ملكيتها الكاملة للدولة.

ب- مؤسسات تساهم الدولة في رؤوس أموالها بنسب معينة، ويشترط بعض الباحثين أن لا تقل هذه النسبة عن 50%. وفي هذه الحالة فإن الدولة تشترك مع القطاع الخاص في ملكية هذه المؤسسات وإدارتها.

4- **معيار طبيعة النشاط:** يعتمد هـذا التصنيف عـلى طبيعـة النشاط الذي تؤديه المؤسسة العامة وتصنف وفقاً لذلك إلى:

أ- المؤسسات العامة الاقتصادية: وهـي المؤسسات التي تمارس نشاطاً صناعياً أو تجارياً أو زراعياً. ومـن أمثلـة ذلـك في الأردن المؤسسـة الاستهلاكية المدنية.

ب- المؤسسـات العامـة الماليـة: وهـي التـي تتـولى تمويـل المجهـودات التنموية بوساطة القروض الميسرة. ومثالها في الأردن مؤسسة الإقراض الزراعي، وبنك تنمية المدن والقرى، وصندوق التنمية والتشغيل.

ج- المؤسسات العامة الاجتماعية: وهـي مؤسسـات التضـامن والتكافـل الاجتماعي مثل المؤسسة العامة للضمان الإجتماعي، وصندوق المعونة الوطنية، وصندوق الزكاة.

د- المؤسسات العامة الإعلامية: وهي التي تتولى المسؤولية الإعلامية مثل مؤسسة الإذاعة والتلفزيون الأردني.

هـ- المؤسسـات العامـة التعليميـة والثقافيـة: وهي التي تتولى تقديم خدمات التعليم العالي والبحث العلمي مثل الجامعات الرسمية.

و- المؤسسات العامة الإدارية: وهي المؤسسات التي تقـوم بأحـد أوجـه النشاطات التقليدية للدولة، حيث تقتصر أعمالها على مجرد تقديم الخدمات مثل سلطة المياه.

5- **المعيار الجغرافي:** حيث تنقسم المؤسسات العامة وفقاً لهذا المعيار إلى قسمين:

أ- مؤسسات عامة تقدم خدماتها لكافة أرجاء الدولة وأقاليمها.

ب- مؤسسات عامة تقتصر خدماتها على إقليم معين من أقاليم الدولـة. وتهدف الدولة من وراء ذلك إلى الارتقاء بمسـتوى الخدمـة والتنظيم لإقليم معين ترى أهميته وواجب تطويره ورفع سـوية الخدمـة فيـه وتحسين بنيته التحتية فتنشىء مؤسسة عامة يقتصر عملها على هـذا الإقليم دون سواه مثل سلطة أقليم البتراء، وسلطة العقبة الاقتصادية الخاصة، وسلطة وادي الأردن.

6- **معيار الارتباط:** تختلف الجهات المركزية التي تـرتبط بهـا المؤسسـات العامة تبعاً لأهمية الـدور والنشـاط الـذي تؤديـه تلـك المؤسسـات مـن وجهة نظر السلطة المركزية. فقد تـرتبط بعـض المؤسسـات بمـدير دائـرة مركزية أو بـالوزير المخـتص أو بـرئيس الـوزراء أو بمجلـس الـوزراء وقـد ترتبط برئيس الدولة مباشرة.

7- **معيار السوق** : تمارس المؤسسات العامة نشاطها وفق مجالات تسويقها. فبينما تحتكر بعضها تقديم خدمة أو سلعة معينة وتنفرد في تسويقها، نجد غيرها تعمل في ظل تنافسية هدفها كسر الاحتكار والحد من غلاء الأسعار والسعي لرفع سوية السلع أو الخدمات المقدمة مثل المؤسسة الاستهلاكية المدنية.

ويتم اللجوء إلى اللامركزية المرفقية من أجل ما يلي (المعاني، 2005):

1- الابتعاد عن الروتين والتعقيدات المصاحبة للعمل في وزارات الدولة وما يترتب على ذلك من تأخير في الإنجاز وبطء في الإستجابة للمستجدات وظروف البيئة المحيطة.

2- استقطاب الكفاءات والمهارات الفنية اللازمة لانجاز العمل بشكل فاعل.

3- تقليص حجم البطالة بزيادة فرص العمل.

4- حاجة الدولة لمشروعات تحقق أرباحاً تدعم بها موازنتها.

5- الحد من الاحتكار والغلو في تحقيق الأرباح الذي تلجأ إليه بعض مؤسسات القطاع الخاص.

6- تمكين بعض المرافق الفنية من اختيار أساليب العمل التي تلائمها دون التقيد بالأساليب المتبعة في وزارات الدولة وأجهزتها المركزية.

7- العمل على تنمية أقاليم الدولة التي تحتاج للتطوير وتحسين مستوى معيشة مواطنيها والعمل على استقرارهم والحد من هجرتهم.

8- توفير المناخ المناسب لاستثمار الثروات القومية والطاقات التي تحقق عوائد اقتصادية مجزية وتنشيط الاقتصاد الوطني وربطه بسياسـات التنمية وخططها.

ورغم الفوائد العديدة لهذا الأسلوب يرى بعضهم عدم التوسع في إنشاء المؤسسات العامة لأن كثيراً مـن هـذه المؤسسـات- في نظرهم- وبخاصة في الدول النامية تكون متعثرة وتـزاحم* القطاع الخاص الـذين يطالبون بتحويلها إلى مؤسسات تطوعية في حالة المشروعات غير الهادفة للربح، أو إلى القطاع الخاص في حالة المشروعات الربحية. كما أن البعض يرى بأنها تخلق نوعاً من الحساسية بين الموظفين في الدولة لأن الرواتب التي تـدفعهـا هـذه المؤسسـات لكوادرهـا عاليـة إذا مـا قورنت برواتب نظرائهم في أجهزة الدولة الأخرى.

ب- اللامركزية الإقليمية Regional Decentralization:

وتقوم على توزيع الوظيفة الإدارية للدولة بين الحكومـة المركزيـة وبـين هيئـات محليـة منتخبـة تمـارس نشـاطاتها تحـت إشراف ورقابـة الحكومة المركزية (Mawhood, 1983). وبهذا يكون مصطلح اللامركزية الإقليمية مرادفاً لمفهوم الإدارة المحلية، ذلك التنظيم الإداري القائم عـلى وجود مصالح محلية تتميز عن المصالح القومية يسعى لتحقيقهـا ضـمن المنطقة المحلية وفي حدود الاختصاصات التي حـددها القانون وتحـت رقابة خاصة وإشراف من السلطة المركزية.

---

* المزاحمة : قدرة المؤسسات العامة في الحصول على الموارد المتاحة واستيراد السلع والمنتوجات بشكل أكبر من القطاع الخاص بسبب ما تتمتع به من سلطة.

إن إتباع اللامركزية الإقليمية يحقق المزايا التالية:

1- تفهم المواطن لأسلوب الإدارة الذاتية، وتحمله الأعباء والمسؤوليات، ومبادرته في التصرف وعدم الاتكال على الأجهزة المركزية (المصري، 1986).

2- تربية المواطنين تربية سياسية، والإسهام في تنشئة القيادات المحلية وتدريبها.

3- تعزيز الإنسجام والتوافق بين السكان، حيث يتاح للسكان المحليين وممثليهم فرصة اكتساب الخبرة في مجال حل الأزمات والصراعات في إطار مجتمع محلي يمكن إدارته (سالم،1996).

4- مراعاة حاجات السكان المحليين ورغباتهم حسب ظروف مناطقهم الخاصة والتخطيط للمشروعات وتنفيذها، وتنويع أساليب النشاط الإداري حسب تنوع تلك الحاجات المحلية.

5- توفير فرص عمل جديدة في المناطق المحلية والحد من الهجرة للمدينة مما يخفض من معدلات البطالة التي تتفاقم في معظم دول العالم، ويخفف من أعباء التضخم الوظيفي.

6- تحقيق العدالة الضريبية كون منطقة الإيراد هي المخصوصة بالإنفاق، مما يولد الرضا لدى السكان تجاه الدولة.

7- تخفيف العبء عن كاهل الحكومة المركزية بعد اتساع نشاط الدولة وتعدد ميادينه وتعقد الحياة في كل مجالاتها.

وعلى الرغم من هذه الفوائد العديدة فهناك عيوب من أهمها:

1- إن قيام وحدات إدارية ذات استقلال داخل الدولة قد ينجم عنـه غرس بذور التجزئة والإخلال بوحدة الدولة وكيانها.

2- قيام الهيئات المحلية قد يؤدي إلى تغليب الصالح المحلي على الصالح العام*.

3- عدم قدرة بعض الهيئات المحلية علـى النهـوض بخدمات المجتمـع المحلي وإشباع احتياجات السكان بسبب ضعف الإمكانـات الماديـة والبشرية واقتصار دور هذه الإدارات على بعض الأعمـال الهامشـية والدعائية.

4- قد ينتج عـن وجـود الإدارة المحليـة في بعـض المجتمعـات المحليـة بعض الصراعات والنزاعات نتيجة لقلة الوعي لدى السكان مما يثير الشقاق والنزاعات التي تحـد مـن التعـاون والمشـاركة التي تعتبـر الأسـاس الـذي تعتمـد عليـه الإدارة المحليـة في انجازهـا لأعمالهـا المختلفة.

5- قد ينتج عن وجود الإدارات المحلية هدر للمال العام نتيجة زيـادة النفقات الإدارية المختلفة.

وبسبب هذه العيوب يرى بعضهم أن نجـاح الإدارة المحليـة أمـر مشـكوك فيـه (قبـاني، 1981)، فطبيعـة العصرـ الـذي نعيـش تتطلـب إدارات ذات كفـاءة علمية خبيرة وموارد تضمن انجاز العمل المطلوب ضمن مقتضيات الكفاية والفاعلية.

---

* الصالح العام Public Interest : مجموعة الأفكار والنشاطات والخدمات والمشاريع ذات النتائج المفيدة لمعظم المواطنين في الدولة.

ويرون أن هذه المتطلبات غير متاحة للمجالس المحلية، ولكن على الرغم من ضعف الموارد المادية والبشرية للإدارة المحلية إلا أن هذه المقتضبات يمكن علاجها بتوخي توفير العناصر البشرية الكفؤة المدربة والمؤهلة للعمل في المجالس المحلية، والعمل على تحسين الشروط الواجب توافرها في المرشحين لعضوية المجالس المحلية من حيث توافر المؤهلات العلمية أو الخبرة العملية وكذلك التركيز على تنمية الموارد الذاتية للمجالس المحلية لتوفير الأموال اللازمة التي تمكنها من القيام بدورها الهام تجاه مواطنيها.

بعد استعراض المركزية الإدارية واللامركزية الإدارية والتعرف على الفوائد والعيوب التي تنجم عن تطبيقهما، نلاحظ أن المركزية المتشددة المطلقة لا تسمح بقيام نظام للإدارة المحلية أو مؤسسات عامة ولا تعترف بها بسبب حرصها على حصر النشاط الإداري بيد جهاز الدولة المركزي. وأن التنظيم الذي يقوم على عدم التركيز الإداري رغم ما فيه من تفويض للموظفين العاملين في فروع الأجهزة المركزية المنتشرة عبر المناطق المحلية في الدولة وتمكينهم من اتخاذ بعض القرارات في شؤون معينة لا تعتبر إدارة محلية أو مؤسسات عامة وذلك لاختلافها من وجوه عديدة أهمها (المعاني، 2010) :

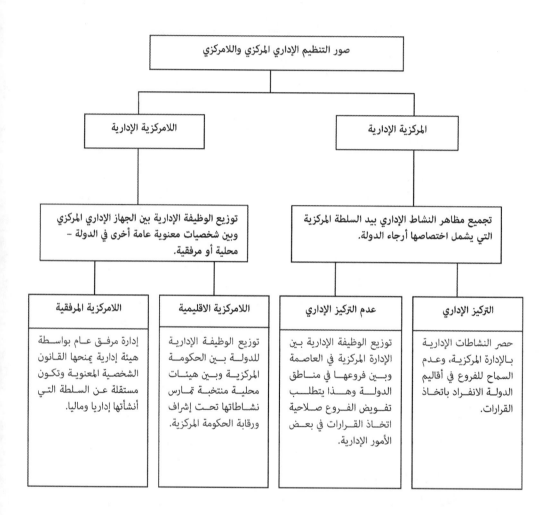

صور التنظيم الإداري المركزي واللامركزي

اللامركزية الإدارية

المركزية الإدارية

توزيع الوظيفة الإدارية بين الجهاز الإداري المركزي وبين شخصيات معنوية عامة أخرى في الدولة – محلية أو مرفقية.

تجميع مظاهر النشاط الإداري بيد السلطة المركزية التي يشمل اختصاصها أرجاء الدولة.

اللامركزية المرفقية

اللامركزية الاقليمية

عدم التركيز الإداري

التركيز الإداري

إدارة مرفـق عـام بواسطة هيئة إدارية يمنحها القانون الشخصية المعنوية وتكون مستقلة عـن السلطة التـي أنشأتها إداريا وماليا.

توزيع الوظيفة الإدارية للدولـة بـين الحكومـة المركزيـة وبـين هيئـات محليـة منتخبـة تمـارس نشـاطاتها تحـت إشراف ورقابة الحكومة المركزية.

توزيع الوظيفة الإدارية بـين الإدارة المركزيـة في العاصمة وبـين فروعهـا في مناطق الدولـة وهـذا يتطلـب تفـويض الفـروع صلاحية اتخـاذ القرارات في بعـض الأمور الإدارية.

حصر النشاطات الإدارية بـالإدارة المركزيـة، وعـدم السماح للفروع في أقاليم الدولـة الانفـراد باتخـاذ القرارات.

شكل (2)

1- موقعها على خارطة التنظيم الإداري: فالإدارة المحلية والمؤسسات العامة تقعان ضمن دائرة التنظيم الإداري اللامركزي، فهما تعبران عن صور اللامركزية الإدارية، بينما عدم التركيز الإداري يقع ضمن دائرة التنظيم الإداري المركزي، ويعبر عن الصورة المتطورة للمركزية الإدارية.

2- الصلاحيات: نجد أن الإدارة المحلية والمؤسسات العامة لهما صلاحيات واختصاصات أصيلة محددة قانوناً. بينما التنظيمات القائمة في ظل عدم التركيز الإداري تفوض لها الصلاحيات من خلال الأجهزة المركزية التي ترتبط بها.

3- الرقابة: فإن الإدارة المحلية والمؤسسات العامة تخضعان لرقابة إدارية خاصة (وصاية إدارية) تقوم بها الأجهزة المركزية المخولة، وفي الحدود التي يرسمها القانون، بينما تخضع الفروع لرقابة رئاسية تتمثل في رقابة الرئيس على مرؤوسيه.

4- تصدر القرارات الإدارية وتبرم العقود في ظل عدم التركيز الإداري باسم الدولة بينما تصدر القرارات الإدارية وتبرم العقود في ظل الإدارة المحلية والمؤسسات العامة باسمهما (خطار، 2007).

ومن جهة أخرى فلا يمكن أيضاً اعتبار اللامركزية المصلحية إدارة محلية رغم أنها تعتبر من صور اللامركزية الإدارية وذلك للاعتبارات التالية:

1- تمارس الهيئات المحلية اختصاصها ضمن منطقة محلية معينة لا تتجاوزها بينما قد يمتد نشاط الإدارة المرفقية ليشمل أرجاء الدولة بأسرها.

2- تمارس الهيئات المحلية اختصاصاً شاملاً لجميع الشؤون المحلية ضمن المنطقة التي حددت لها والاختصاصات التي منحها القانون، بينما في حالة اللامركزية المصلحية يكون لكل مرفق من المرافق اختصاصات محددة لا تتعداها.

3- يعتبر الانتخاب المباشر - كأسلوب من أساليب اختيار المجالس المحلية- شرطاً أساسياً لوجود الإدارة المحلية بينما لا يشترط ذلك لوجود اللامركزية المصلحية.

4- يتسم النظام القانوني الذي يحكم الهيئات المحلية بالوحدة والتجانس، فيخضع الفئات المتماثلة لنظام تشريعي موحد، أما مفهوم المؤسسة العامة فهو مفهوم نوعي ومن المنطقي أن يكون هناك نظام قانوني نوعي خاص لكل نوع أو لكل فئة من فئات المؤسسات العامة، ويلاحظ بأن النظام القانوني الذي يحكم المؤسسات العامة يتسم بالتعدد والتنوع (خطار، 2003). ففي الأردن مثلاً يوجد قانون واحد يحكم البلديات الأردنية كافة، بينما يوجد لكل مؤسسة من المؤسسات العامة الأردنية تشريع خاص بها ينظم شؤونها.

5- تعتبر اللامركزية الإقليمية أسلوباً من أساليب تنظيم الدولة يتبع استجابة للضغط الشعبي وإرضاء الرأي العام من الناحية السياسية. فهي ظاهرة سياسية الهدف الأساسي منها يتمثل في تطبيق الديمقراطية على الصعيد المحلي ليتمكن سكان الوحدة المحلية من إدارة شؤونهم الخاصة بأنفسهم. أما المؤسسات العامة فهي مجرد تنظيم داخلي للأجهزة الإدارية فهي ظاهرة إدارية تتخذ إستجابة لمطالب وضغوط الفنيين والمتخصصين. ويكون الهدف الأساسي من إنشاء المؤسسات العامة هدفاً إدارياً يتمثل في تحقيق استقلال بعض المرافق العامة مالياً وإدارياً لتحريرها من الروتين المصاحب للأجهزة المركزية (خطار، 2003).

6- يمكن للهيئات المحلية أن تنشيء مؤسسات عامة محلية تتمتع بالشخصية القانونية لإدارة بعض مرافقها تكون خاضعة لإشرافها ورقابتها، بينما لا يمكن للمؤسسات العامة أن تنشيء إدارات محلية.

معايير التميز بين اللامركزية الاقليمية والمرفقية واللاتركيزية

وجه المقارنة	اللامركزية الاقليمية	اللامركزية المرفقية	اللاتركيزية
موقعها على خارطة التنظيم الاداري	احدى صور اللامركزية	احدى صور اللامركزية	احدى صور المركزية
الهدف الرئيسي لانشائها	هدف سياسي، فهي ظاهرة سياسية هدفها ترسيخ مبادئ الديمقراطية	هدف إداري، فهي ظاهرة ادارية هدفها ادارة بعض المرافق العامة باستقلالية	ظاهرة إدارية، هدفها تخفيف العبء عن السلطة المركزية وتسهيل تقديم الخدمة للمواطنين
الرقابة	وصائية	وصائية	رئاسية
الصلاحيات	اختصاصات اصيلة	اختصاصات أصيلة	اختصاصات مفوضة
أسلوب اختيار مجالسها	الانتخاب المباشر	لا يشترط الانتخاب	—
النطاق الجغرافي للعمل	تمارس اختصاصاتها ضمن منطقة محلية محددة	يمتد نشاطها ليشمل ارجاء الدولة	تمارس اختصاصاتها ضمن منطقة محلية محددة
شمولية الاختصاصات	تمارس اختصاصات شاملة لجميع الشؤون المحلية المحددة في القانون	لكل مؤسسة عامة اختصاصاً محدداً بموجب قانون انشائها	تمارس اختصاصاً محدداً تبعاً لاختصاص الجهاز المركزي الذي ترتبط به
اصدار القرارات وابرام العقود	تصدر القرارات وتبرم العقود باسمها	تصدر القرارات وتبرم العقود باسمها	تصدر القرارات وتبرم العقود باسم الدولة
الاستقلال الاداري والمالي	مستقلة	مستقلة	غير مستقلة

شكل (3)

تنظيم الإدارة العامة في الأردن :

تتكون الإدارة الحكومية في المملكة الأردنية الهاشمية مـن ثلاث سلطات هي:

1- **السلطة التشريعية**: وتناط بمجلس الأمة والملك، ويتألف مجلس الأمة من مجلسي الأعيان والنواب (الدستور الأردني، مادة 25)، ويُعيّن الملك أعضاء مجلس الأعيان بحيث لا يزيد عددهم عـن نصـف عـدد النـواب ويُعيّن من بينهم رئيساً له ويقبل استقالاتهم، فيما يتألف مجلس النـواب من أعضاء منتخبين انتخاباً عاماً سرياً ومباشراً (الدستور الأردني، المواد 36 ، 63 ، 67) .

ويقوم البرلمان بثلاث وظائف؛ تشريعية: تتمثل في اقتراح القوانين واقرارهـا وتعـديلها (الدسـتور الأردني، المـواد 91 ، 95). ومالية: كفرض الضرائب والرسوم، واعطاء الامتيـازات باستثمار المنـاجم أو المعـادن أو المرافق العامة، وإقرار موازنة الدولة (الدستور الأردني، المواد 111 ، 112 ، 117)، وسياسية: حيث يراقب البرلمان السلطة التنفيذية من ناحية أدائها للإختصاصات المخولة لها في الدستور. لقد نصت المادة 51 مـن الدسـتور على أن "رئيس الوزراء والوزراء مسؤولون أمام مجلس النـواب مسـؤولية مشتركة عـن السياسـة العامـة للدولة، كما أن كـل وزيـر مسـؤول أمـام مجلس النواب عن أعمال وزارته"، وقد مُنح البرلمان هذا الحق الهام لأنـه يمثل إرادة الشعب ويعبر عن رغباته. وتتخذ رقابة البرلمان للحكومة صوراً

متعددة منها*: حـق السـؤال، والاستجواب، والتحقيـق، وإبداء الرغبـة، وسماع العرائض، والمسؤولية الوزارية.

2- **السلطة القضائية:** وتتولاها المحاكم عـلى اختلاف أنواعهـا ودرجاتهـا، وتصدر جميع الأحكام وفق القانون بإسم الملك (الدستور الأردني، مادة 27)، وتقسـم المحـاكم إلى الأقسـام التاليـة (الدسـتور الأردني، المـواد 99، 100):

أ- المحاكم النظامية: ويقصد بها المحاكم العادية التي لها حق القضاء في القضايا المدنية والجزائية وهي محـاكم البدايـة والصلـح والاستئناف والتمييز.

السؤال: أي استفهام عضو البرلمان من رئيس الوزراء أو الوزراء عن أمر يجهله في شأن مـن الشـؤون التـي تدخل في اختصاصاتهم أو رغبته في التحقق من حصول واقعة معينة، أو استعلامه عن نية الحكومة في أمـر من الأمور.

الاستجواب: أي محاسبة الوزارة أو أحد الوزراء عن تصرفه في شأن من الشؤون العامة.

التحقق : أي حق البرلمان في اجراء تحقيقات بقصد الوصول إلى معرفة أمور معينة.

ابداء الرغبة : أي حق أعضاء البرلمان في تقديم اقتراحات للسلطة التنفيذية للقيـام بـأي عمل ذي أهميـة يدخل في اختصاصها.

سماع العرائض: وهي المطالب والشكاوى التي تقدم للبرلمان من قبل المواطنين حول أمورهم الشخصية أو ما له صلة بالشؤون العامة.

المسؤولية الوزارية: وهي ثلاثة أنواع:

أ- المسؤوليـة السياسية وبموجبها تكون هيئة الوزارة مسؤولة تضامنياً أمـام مجلس النـواب عـن السياسـة العامة للدولة، كما أن كل وزير مسؤول أمام مجلس النواب عن أعمال وزارته. وبالتالي فإن الـوزارة التـي لا تفوز بثقة البرلمان لا تبقى في الحكم ويجب أن تتخلى عنه، وكذلك الأمر بالنسبة للوزير.

ب- المسؤولية المدنية: أي التزام الوزراء بتعويض الضرر الناتج عن تصرفاتهم أثناء أدائهم لوظائفهم.

ج- المسؤولية الجنائية: أي محاكمة الوزراء عما ينسب إليهم من جرائم ناتجة عـن تأديـة وظائفهم بعـد اتهامهم من قبل مجلس النواب. ومن هذه الجرائم الخيانة العظمى، واساءة استعمال السـلطة، والاخلال بواجب الوظيفة.

ب- المحاكم الإدارية: تعتبر محكمة العدل العليا المحكمة الإدارية الوحيدة في الأردن وتنظر في مجال المنازعات الإدارية.

جـ- المحاكم الدينية: وتقسم إلى محاكم شرعية، ومجلس الطوائف الدينية الأخرى (الدستور الأردني، مادة 104).

د- المحاكم الخاصة: مثل محكمة ضريبة الدخل، ومحكمة الجمارك، ومحاكم البلديات وغيرها.

3- **السلطة التنفيذية**: يعتبر الملك رأس السلطة التنفيذية ويتولاها بوساطة وزرائه وفق أحكام الدستور، فهو يعين رئيس الوزراء ويقيله ويقبل استقالته ويعين الوزراء ويقيلهم ويقبل استقالاتهم بناء على تنسيب رئيس الوزراء (الدستور الأردني، المواد 26، 35).

ويمارس الملك صلاحياته باعتباره رئيساً للإدارة العامة بإرادة ملكية، وتكون الإرادة الملكية موقعه من رئيس الوزراء والوزير أو الوزراء المختصين، ويبدي الملك موافقته بتثبيت توقيعه فوق التواقيع المذكورة (الدستور الأردني، مادة40).

ويتألف مجلس الوزراء من رئيس الوزراء ومن عدد من الوزراء حسب الحاجة والمصلحة العامة ويتولى مسؤولية إدارة جميع شؤون الدولة الداخلية والخارجية، باستثناء ما قد عهد أو يُعهد به من تلك الشؤون إلى أي شخص أو هيئة أخرى (الدستور الأردني، 41، 45)، وهو يستمد اختصاصاته من طبيعة الوظيفة التنفيذية ومن أبرزها تقرير وتنفيذ السياسة العامة للدولة على الصعيدين الداخلي والخارجي مع ممارسة كافة الاختصاصات اللازمة لذلك والإشراف

والرقابة على جميع أعمال الدولة في ظل السياسة العامة المقرّة، وإسداء المشورة وتحمل المسؤولية عن الملك أمام البرلمان، وتسير المرافق العامة طبقاً للمبادىء والأسس المقرّة في الدستور والتشريعات.

وتتكون السلطة التنفيذية من الوزارات والدوائر المركزية والمؤسسات العامة. أما الوزير فهو مسؤول عن إدارة جميع الشؤون المتعلقة بوزارته وعليه أن يعرض على رئيس الوزراء أي مسألة خارجة عن اختصاصه. (الدستور الأردني، مادة47).

العلاقة بين السلطات الثلاث (الحياري، 1972): رغم أن الدستور الأردني أخذ بمبدأ الفصل بين السلطات Separation of Powers ، لكنه لم يأخذ به بصورة مطلقة، بل أوجد بينها تعاوناً وتعاضداً، ومن مظاهر تعاون السلطتين التشريعية والتنفيذية اشتراك السلطة التشريعية بأعمال السلطة التنفيذية بطريق غير مباشر وذلك من خلال القوانين التي تسنها لتنظيم مختلف أعمال السلطة التنفيذية، وإبداء الملاحظات والإقتراحات بشأن سير العمل في مصالح الدولة. ورقابة البرلمان للحكومة مما يمكنه من توجيه مجريات الأمور في الدولة.

أما السلطة التنفيذية فإنها تشترك في عملية التشريع عن طريق اقتراح القوانين وحق التصديق عليها وإصدارها ونشرها، وإصدار القوانين المؤقتة في حالة قيام الضرورة وعدم انعقاد البرلمان أو حله، كما تملك السلطة التنفيذية مجموعة من الوسائل التي تستطيع بموجبها التأثير على البرلمان ومراقبته ، ومن هذه الوسائل : إجراء الانتخابات الخاصة بمجلس النواب، ودعوة البرلمان للإنعقاد في الدورات

العادية وغير العادية والاستثنائية، وحق تأجيل وارجاء وفض جلسات البرلمان، وحق حل البرلمان، وحق تعيين أعضاء مجلس الأعيان. أما بالنسبة للسلطة القضائية فلها أيضاً علاقات متبادلة مع السلطتين التشريعية والتنفيذية، فالسلطة التشريعية هي التي تضع القوانين التي تنظم وضع السلطة القضائية، كما تصدر القوانين التي تطبقها المحاكم المختلفة في النزاعات المطروحة أمامها، كذلك يستطيع البرلمان التدخل في أحكام المحاكم عن طريق إصدار قانون للعفو العام بحيث يمحو وصف الجريمة والعقوبة بالنسبة لطائفة من الناس، أو بالنسبة لطائفة من الجرائم. أما فيما يتعلق بالسلطة التنفيذية فهي تشارك في تعيين القضاة وترقيتهم وتأديبهم وعزلهم. ولها حق تصديق بعض الأحكام كحكم الإعدام الذي لا ينفذ إلاّ بعد تصديق رئيس السلطة التنفيذية. كما أن لرئيس السلطة التنفيذية حق إصدار العفو الخاص وتخفيف العقوبة في بعض الأحكام القضائية.

ومن جهة السلطة القضائية نجد أنها تقوم برقابة السلطتين التشريعية والتنفيذية، فهي تراقب أعمال السلطة التشريعية وتمتنع عن تطبيق كل قانون يخالف الدستور، كما تراقب أعمال السلطة التنفيذية المتعلقة بعمل الأنظمة وإصدار القرارات الإدارية، لأنها تفحص دستورية وقانونية تلك الأنظمة والقرارات الإدارية. وتستطيع الحكم بإلغائها في حالة مخالفتها للدستور أو القوانين.

هيكل

4

الفصل الرابع
القطاع العام : نشأته وتطوره

شـهدت بـدايات القرن العشرـين اتسـاع مهـام العمل الحكـومي اتسـاعاً كبـيراً فتحولـت مهمـة الدولـة مــن مفهـوم الحراسـة وضـمان الأمـن والعدل إلى دولة الإدارة حيث أخذت تتدخل في حياة المواطنين الاقتصادية والاجتماعيـة وذلك بسـن التشرـيعات المختلفـة واقامـة المشـاريع الانمائية ورفع مستوى الخدمات.

الفصل الرابع
القطــاع العــام
نشأته وتطوره

شهدت بدايات القرن العشرين اتساع مهام العمل الحكومي اتساعاً كبيراً، فشمل نشاط الدولة قطاعات وميادين كانت في السـابق مقصورة على القطاع الخاص كالصناعة والتجارة والزراعة وغيرها، وأصبحت هـذه الظاهرة تسـود الكثير مـن مجتمعـات العـالم عـلى اختلاف أيدلوجياتها باعتبارها تدخلاً إيجابياً غايته توفير الخدمات الضرورية للسكان، أو تنظيم النشاط الاقتصادي وتوجيهـه وتحقيـق العدالـة الاجتماعيـة. وقد تنوعـت طرق التدخل فشملت التملك والتنظيم والرقابة والمعاونة والتشجيع، وتحولت مهمة الدولة من مفهوم الحراسة وضمان الأمن والعدل إلى دولـة الإدارة Administrative state حيث أخـذت تتدخل في حيـاة المواطنين الاقتصادية والاجتماعيـة وذلـك بسـن القـوانين والتشريـعات المختلفـة والمشاريع الإنمائية ورفع مستوى الخدمات* .

ففي المجتمعات الرأسمالية التي تقوم فلسفتها عـلى بقاء نشاط الإدارة العامة عند حده الأدنى وعدم المساس بحقوق الأفراد الثابتة، أخذت تتراجع بفلسـفتها وأخـذ النظـام الرأسـمالي يتدخل في النشاط الاقتصادي وتوجيهه، وبخاصة في أوقات الأزمات الاقتصادية وظروف الحـرب الكونيـة التي مرت بها والفـترة التي أعقبتها، وما خلفتـه مـن مشاكل اقتصادية واجتماعيـة كانتشـار الفقـر والبطالـة والاحتكار والكسـاد، مـما اسـتدعى التـدخل مـن أجـل تصـحيح المسـار الاقتصادي وحمايـة الصـالح العـام (حمـور،2000). وظهـرت الـدعوة إلى تـدخل الدولـة شريكاً في عمليـات

---

* القطاع العام: تدخل الدولة عن طريق تنفيذ وإدارة بعض المشاريع الإنتاجية والخدمية.

الاستثمار والإنتاج، ورفد الاقتصاد بالدعم المالي الحكومي لتجاوز الأزمات الاقتصادية* (حمور، 2000).

وقد تمثل ذلك التدخل بإنشاء العديد من المشاريع الحكومية العامة، وتأميم العديد من المرافق الحيوية كالفحم والكهرباء والغاز والنقل من أجل تحقيق العدالة الاجتماعية ودعم الاقتصاد وتوفير فرص العمل، ومنح الامتيازات والبرامج الاجتماعية كالقروض والمنح الدراسية للطلبة، وبرامج الإسكان لذوي الدخول المنخفضة، وبرامج الرعاية الطبية، وتوفير الوجبات الغذائية، ومساعدة المعوزين، والتأمين ضد العجز، وبرامج التدريب المختلفة وغيرها (وولف، 1996).

وفي الدول الاشتراكية سادت الملكية العامة فهيمنت الدولة على مقدرات البلاد الاقتصاديةوأشرفت على جميع عمليات الإنتاج والتوزيع بغيةتحقيق العدالة

* في خريف عام1929 شهد العالم أزمة اقتصادية ومالية استمرت حتى عام 1935. اضطرت خلالها الدول إلى الاقتصاد في الانفاق وخاصة رواتب الموظفين مما أضعف القوة الشرائية لديهم، وزاد من خطورة الأزمة الصناعية، فانخفضت أسعار البضائع والمنتجات الزراعية والتجارة الخارجية بنسبة الثلث، كما انخفضت أسعار المواد الأولية إلى النصف مما أدى إلى أزمة بطالة في الدول الصناعية بلغت عام 1932 (30 مليون عامل). وساد جو من عدم الثقة في النظام الرأسمالي وزادت المطالبة بالأخذ بالاقتصاد الموجه؛ أي بنظام تشرف فيه الدولة على حجم الإنتاج، ومراقبة الأسعار، ومدة العمل بشكل تتجنب فيه الفوضى الاقتصادية. ففي الولايات المتحدة طبق الرئيس فرانكلين روزفلت Franklin Roosevelt ما عرف بالبرنامج الجديد New Deal وبموجبه اتخذت عدة اجراءات منها: تعيين حدٍ أدنى للأجور، وتحديد ساعات العمل بثلاثين ساعة أسبوعياً، وعدم جواز فصل العمال المسجلين في النقابات. كما وضع برنامجاً للأشغال العامة فتم إنشاء السكك الحديدية، والطرق، والموانىء، وبناء البواخر، والسدود بهدف تنشيط الإنتاج الصناعي والحد من البطالة. ورصد لهذه المشاريع ما يزيد على ثلاثة مليارات دولار، كما تضمن البرنامج إصلاحات اجتماعية فوضع نظاماً للتأمين على البطالة والشيخوخة. مما حدى بالبعض اتهام الرئيس روزفلت بأنه يطبق سياسة اشتراكية (رونوفن، 1954).

ومنع الاستغلال، وقامـت بـإدارة المؤسسـات وتنظيم المرافـق الإنتاجيـة مركزياً مما قلص دور القطاع الخاص فصار محدوداً جداً.

أما الدول النامية فقد حرصت منذ استقلالها السياسي على تحقيق التقدم الاقتصادي والاجتماعي لشعوبها وذلك من أجـل اللحـاق بالـدول المتقدمة. ونظراً لضعف القطاع الخاص وقلة خبرته ومحدودية مشاركة السكان في تلك الفترة فقد أخذت الإدارة العامة على عاتقها تحقيق تلك الأهداف، وقامت بتحفيز القطاع الخاص عـلى زيادة مشاركته فاتبعت الاقتصـاد المخـتلط الـذي يعـرف بأنـه "درجـة مـن الحريـة الاقتصادية ممزوجة بتخطيط اقتصادي مركزي".

لقد حددت الجمعية العامة للأمـم المتحـدة في تقريـر لهـا الأدوار التي يمكن أن تنهجها الإدارة العامـة في الـدول النامية بمـا يلي (حمـور، 2000):

1- الدور المشجع:

تقوم الإدارة العامة بـدور تشجيع القطـاع الخاص وحفـزه عـلى الاستثمار وذلك من خلال مـنح القطاع الخاص بعـض التسـهيلات مثل الإعفاء من الضرائب على بعض الاستثمارات سواء لفترة زمنيـة معينـة أو بنسب معينة في بعض المناطق التي ترغب الدولـة في تنميتها، وحمايـة السلع المنتجة محلياً بواسطة الحماية الجمركية. كما تقدم بعض الـدول قروضاً ميسرة السداد بفوائد قليلة للمستثمرين المحليين بغية حفزهم على الاستثمار. ويمكن اعتبار الإجراءات الإدارية المبسطة في الحصول على رخص الاستثمار من أجهزة الدولـة نوعـاً مـن السياسـات المشجعة عـلى جلب المستثمرين وحفزهم.

2- الدور المكمل:

تقوم الإدارة بدور يكمل دور القطاع الخاص فتدخل كمستثمر في المجالات التي يرى القطاع الخاص عدم جدوى الاستثمار فيها.

3- دور المنافس:

تقوم الإدارة العامة بمنافسة القطاع الخاص بإنشاء مشاريع معينة بغرض كسر الاحتكار أو منع رفع الأسعار أو الحيلولة دون فرض سلع رديئة النوعية.

4- الدور الشريك:

يدخل القطاع العام شريكاً للقطاع الخاص في بعض المشاريع إما لأهمية الاستثمار الإستراتيجية للأمن القومي للدولة واقتصادها، أو لمشاركة رأس المال الأجنبي بهدف تشجيعه على الاستثمار، أو لفرض الرقابة عليه، أو لتمكين القوى البشرية المحلية من استيعاب التكنولوجيا الحديثة المستخدمة لضمان حسن استخدامها مستقبلاً بشكل منفرد.

5- الدور الإحلالي:

يحل القطاع العام محل القطاع الخاص كلياً بالتأميم Nationalization إما بدفع التعويض المناسب* أو بالمصادرة والاستيلاء، وغالباً ما يكون غرض هذا التدخل ما يأتي:

---

* نصت المادة (11) من الدستور الأردني على أنه لا يستملك ملك أحد الاّ للمنفعة العامة وفي مقابل تعويض عادل حسبما يعين في القانون.

1- تحقيق المساواة الاجتماعية وإرساء دعـائم المجتمـع اللاطبقـي. فقـد كتب لينين* في كتابه ثورة الكادحين " إن الدولة ماكينة لسحق طبقـة بأخرى ".

2- تمكين الدولة من استخدام وسائل الإنتاج بأقصى كفاءة.

3- تحقيق الديمقراطية بتمليك الناس مصادر الثروة الوطنية.

4- تحسين مستوى الخدمة المقدمة للمواطنين.

6- الدور المنظم (المعاني، 2005) :

إنه مع تنامي دور القطاع الخاص وتزايد الاعـتماد عليـه لمواجهـة متطلبات الأفراد، واتجاه العديد من دول العالم نحو اقتصـاديات السـوق عن طريق التخاصية، تزايد الاهتمام بدور الدولة المنظم لنشـاطات هـذا القطاع وبخاصة تلك التـي جـرت تخاصـيتها، فأنشـئت هيئـات مسـتقلة للتنظيم والرقابـة تعمـل عـلى مـنح التراخـيص ومراقبـة الجـودة وضبط السلوك الاحتكاري وحماية مصـالح المسـتهلكين والمسـتثمرين عـلى حـد سواء** .

* فلاديمير أوليانوف المعروف بـ (لينين) Vladimir (Lenin) (1870-1924) قائد الثورة البلشفية في روسيا. وكان رئيساً للإتحاد السوفيتي منذ عام 1917-1924.

** من الأمثلة على هذه الهيئات في الأردن: هيئة تنظيم قطاع الاتصالات، وهيئة تنظيم قطاع النقل العام، وهيئة تنظيم قطاع الكهرباء.

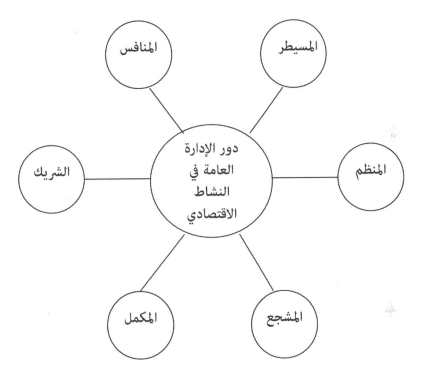

شكل (5)

طرق تدخل الإدارة العامة في النشاط الاقتصادي

ويمكن إجمال سبب تدخل الدولة في النشاط الاقتصادي في عاملين اثنين: أولهما عملي يهدف إلى حماية الصالح العـام Public Interest في

مجال اقتصادي أو اجتماعي محدد، وثانيهما سياسي عقائـدي يـرى أن لا بد من إنهاء الملكية الخاصة بالتأميم لعدم ملاءمتها.

وفي الأردن كــان للقطـاع العـام دور هـام في رسـم السياسـات الاقتصادية وتوجيهها لصالح الاقتصاد الوطني، بما في ذلك سياسات الدعم والتسعير لـبعض السـلع والخـدمات، وإنشـاء مشـاريع البنيـة الأساسـية وتطويرهـا، وكـذلك المشـاركة مـع القطـاع الخـاص في إنشـاء المشـاريع الإنتاجية الكبيرة كالمشاريع التعدينية في الأسمنت والفوسفات والبوتـاس وخدمات الكهرباء والنقل العام والاستثمار في السياحة والصناعة وغيرهـا من المشاريع التي عجز القطاع الخاص عـن الاسـتثمار فيهـا إمـا لكلفتهـا العالية أو لارتفاع درجة المخاطرة فيها أو لأنها لا تدر عائداً إلا بعد فـترة طويلة (القضاة، 1997) .

وكما شهدت بدايات القرن الماضي زيادة في نشاط الدول وتدخلها في ميادين الحياة المختلفة، فإن تراجعاً أخذ يظهر في نهاياته حيـث أخـذ العديد من الدول (ومنها الأردن) يعتمد على مؤسسات المجتمع الخاصة لمواجهة متطلبات الأفراد نتيجة التحولات العالمية كالعولمة وفتح الأسواق تميزت بالنسبة للأردن بما يلي (الرفاعي، 2000):

1- زيادة المشكلات الاقتصادية على حساب الأولويات السياسية.

2- عجز الموازنات العامة وقضايا الدين العام وتعقيداتها.

3- تضاؤل المساعدات والهبات والتحويلات المالية للعاملين في الخارج.

4- زيادة معدلات البطالة.

5- ظهور الاتفاقات الدولية مع صندوق النقد والبنك الدولي.

6- تدني معدلات النمو الاقتصادي مقارنة بارتفاع معدلات النمو السكاني.

مما دعا الأردن لاعتماد برامج التصحيح الاقتصادي وإعادة الهيكلة بناء على مرتكزات منها ضبط النفقات وتخفيض عجز الموازنة والإنفاق العام، وتحول دور القطاع العام من مالك للفاعليات الاقتصادية ومشغل لها إلى ضابط ومراقب ومشجع، ورفع درجة كفاءة الجهاز الإداري باستقطاب الكفاءات والاستغناء عن الزائد، وحفز القطاع الخاص وتمكينه من تشغيل الفاعليات الاقتصادية وإدارتها وفتح الأسواق وانتهاج سياسة حرية حركة البضائع والأموال والخدمات، وإلغاء سياسات الدعم والامتيازات والاحتكارات، وتشجيع الاستثمارات ومنح المحفزات للمستثمرين من خارج الأردن، وتنمية رأس المال في الأردن، وانتماء الأردن لعضوية كثير من المنظمات والمؤسسات العالمية ذات العلاقة.

إلاّ أن نهاية العقد الأول من هذا القرن شهدت من جديد تزايد التدخل الحكومي في العديد من دول العالم وبخاصة الولايات المتحدة ودول أوروبا لمعالجة آثار الأزمة المالية العالمية التي عصفت في اقتصاديات تلك الدول وذلك من خلال

الـدعم الحكـومي للعديـد مـن الشـركات التـي أوشكت عـلى الإفـلاس واللجوء إلى التأميم في حالات أخرى. *

---

* في خريف عام 2008 شهد العالم أزمة مالية واقتصادية اعتبرت الأسوأ مـن نوعها منـذ زمـن الكساد الكبير عام 1929. وتعود جذور الأزمة الى تداعيات أزمة الرهون العقارية التي ظهرت بداية عام 2007 في الولايات المتحدة الأمريكية نتيجة انهيار أسعار المساكن بحيث توقـف المقترضون عـن تسـديد قروض اسكانية أصبحت أكبر مـن قيمـة مسـاكنهم الممولة بتلك القروض. ثم امتدت لتشمل دول أوروبا والعديد من دول العالم الأخرى التي يرتبط اقتصادها مباشرة بالاقتصاد الأمريكي. وتمثلت هذه الأزمة بافلاس العديد مـن البنوك وشركات التـأمين والشركات الصناعية الكبرى وانخفاض معدل النمـو الاقتصـادي، وارتفـاع كبـير في معدلات البطالة. مما اضطر حكومات تلك الدول الى التدخل في النشاط الاقتصادي عـن طريـق دعـم العديد من البنوك والشركات الصناعية بامتلاك نسبة عالية من اسهمها وتزويدها بالقروض والتسهيلات بسعر فائدة يقل عن الواحد بالمائة، وتتبع سياسة التأميم في حالات أخرى. وقد وصف الرئيس الامريكي جورج بوش تلك الأزمة بقوله "الاقتصاد الامريكي في خطر، وقطاعـات رئيسية في النظام المالي الامريكي مهددة بالاغلاق" . ويرى الرئيس الأسبق للاحتياطي الفـدرالي الأمريكي (البنك المركزي) آلان غرينسيان أن هذه الأزمة هي الأخطر منذ قرن، ولم تنته بعد. بينما يقول الأمين العام للأمم المتحدة بان كي مـون أن الأزمـة الماليـة تهدد معيشـة مليارات الاشخاص عبر العالم وخصوصاً الأكثر فقراً.

الباب الثاني

الاتجاهات الحديثة في الإدارة العامة

5
الفصل الخامس
التخاصيـــة

"وأعلم أن السلطان لا ينمي مالـه ولا يـدر موجـوده إلاّ الجبايـة، وإدرارهـا إنمـا يكـون بالعـدل في أهـل الأموال والنظر لهم بـذلك. فبـذلك تنبسـط آمـالهم وتنشرح صدورهم للأخذ في تثمـير الأمـوال وتنميتهـا فـتعظم منهـا جبايـة السـلطان. وأمـا غـير ذلـك مـن تجارة أو فلح فإنما هو مضرة عاجلة للرعايـا، وفسـاد للجباية، ونقص للعمارة ".

ابن خلدون

1406-1332

الفصل الخامس
التخاصيـة

شهدت الفترة التي أعقبت الحرب العالمية الثانية سيطرة القطاع العام على النشاط الاقتصادي والصناعي في كثير من دول العـالم وبخاصـة الدول النامية، إما لاعتبارات أيدلوجية أو موضوعية، حيث أنيط بالقطاع العام الدور الأسـاسي في تحقيـق الأهـداف الاقتصادية والاجتماعيـة بلـغ أوجه خلال عقدي الستينات والسبعينات من القرن العشرين.

ورغم الدور الإيجابي الذي حققه القطاع العـام مـن حيـث إنجاز البنية التحتيـة ورفع مسـتوى الخدمات الصحية والتعليميـة ومعالجـة الكثير مـن المشـكلات الاجتماعيـة، إلا أن أداء القطـاع العـام لم يصـل إلى مسـتوى الطموحـات المفترضة. فقد شـهد العديـد مـن الـدول الناميـة انخفاضاً في معدلات نمو الناتج المحلي وزيادة في الاعتماد علـى الاسـتيراد، وفشلت سياسات الحماية التي تبنتها الدول الناميـة في الإرتقـاء بمسـتوى التصنيع المحلي وجعله منافساً في الأسـواق العالميـة، وتراجعـت إيـرادات الصادرات والإنتـاج المحلـي لعـدم ملاءمـة بعض السياسـات الاقتصادية المتبعة مما زاد في عجز الموازنات العامة لتلك الدول.

أما تعثر القطاع العام فتعود أسبابه إلى ما يلي (شومان، 1998):

1- اتساع القطاع العام وامتداده ليشمل مشروعات كان من الأفضـل تركها للقطاع الخـاص بسـبب الصعوبات التـي كـان يواجههـا في تنفيذها مثل أنشطة التوريد والتوزيع والخدمات.

2- البيروقراطية في الإدارة وما تسببه مـن بـطءٍ في تنفيـذ الإجـراءات وتعقيد سبلها، واتخاذ القرارات في غير أوقاتها، وعـدم الاسـتخدام الأمثل للموارد المتاحة وعدم الإبداع.

3- ضعف الرقابة وعـدم مسـاءلة المخطئين مـن العـاملين مـما كـان يفضي إلى الفساد.

4- تفضيل الاعتبارات السياسية والاجتماعية على الاعتبارات الإداريـة والإقتصادية وما يترتب عـلى ذلـك مـن فيـض في حجـم العمالـة، وكذلك القيام بمشروعات خاسرة مما يضعف قدرتها وكفاءتها.

5- أسـلوب تعيـين المـديرين والمسـؤولين في القطـاع العـام والأخـذ بالإعتبارات السياسـية والتغاضي أحيانـاً عـن الكفـاءة الإداريـة والعلمية، وعدم النظر إلى حاجـة المؤسسـة للتخصص الفني أو لإعتبـارات غـير موضـوعية مـما يتسـبب في الوقـوع في الأخطـاء وتحمل الأعباء والخسارة.

6- قلة الأجور والحوافز وعدم ارتباطها بجهود الإنتـاج مـما يضعـف روح المبادأة والابتكار ويؤثر سلباً على مستوى الأداء.

7- انعـدام المنافسـة الفعالـة وإعطـاء القطـاع العـام أحيانـاً صفـة احتكارية لبعض المنتجات التي تؤدي إلى رداءة نوعية الإنتاج.

8- نظام تسعير المنتجات الذي يتم وفقاً لمعايير سياسية واجتماعيـة بعيداً عن سياسات السوق مما يؤثر سلباً على كفـاءة المؤسسـات واستمراريتها وتطورها وقدرتها على تحقيق الأرباح.

ونتيجــة لـذلك فقـد ازدادت الأصـوات المناديـة بتصـفية مشاريع القطـاع العـام مـبرزين عيوبها وأخطاءهـا أمـام حسـنات القطـاع الخاص وإمكاناته.

لقد اتجه العديد من دول العـالم المتقـدم والنـامي نحـو مـا يعـرف بالتخاصية* Privatization التي تعتبر من السياسات الاقتصادية الحديثة ذات الانتشار الواسع. ولقد ظهر هذا المصطلح لأول مـرة في بريطانيا عـام 1979** (بركات، 2008).

أما في الأردن فتعود فكرة التخاصية إلى عـام 1985 مـع أن تطبيقهـا قد تعـثر في ذلك الوقـت لوجـود إشـكالات قانونيـة واقتصادية وتنظيميـة واجتماعية مما أخر البدء في البرنامج التنفيذي للقطاعات والمشاريع التـي يجري تخاصيتها إلى نهاية عام 1996 (القضاة ، 2002). علمـاً بـأن الجـذور الأولى للتخاصية تعود للتجربـة اليابانيـة التـي تمـت في الثلـث الأخـير مـن القرن التاسع عشر حيث كانت الحكومة تقوم بإنشاء الصناعات المختلفـة ثم تعـرض بيعهـا عـلى الأفراد والشركات بعـد أن تبـدأ بإنتاجها وتحقـق أرباحها (العطية، 1998).

والتخاصـية تعنـي انتقـال النشـاط الاقتصـادي مـن القطـاع العـام إلى القطاع الخاص. وقد عرفت بأنها "عمليـة تقلل مـن دور الحكومـة الإنتاجي وتزيد من دور القطاع الخاص في امتلاك أو إدارة الموجودات المتاحة التي تنتج سلعاً أو خدمات للسوق" (القضاة ، 1997). أو هي عمليـة " تحويـل ملكيـة أو إدارة القطاع العام إلى القطاع الخاص كلياً أو جزئياً" (الفاعوري وجولو، 1998).

---

* وتدعى كذلك: التخاص، التخصيص، الأهلنة، الخوصصة، التفريد....
** تم تبني هذا المفهوم من قبل رئيسة وزراء بريطانيا مارجريت تاتشر Margrret thatcher خلال فترة حكمها من عام 1979م – عام 1990م.

كما عرفت بأنها "إعادة تقسيم العمل بين الحكومة والقطاع الخاص بهدف رفع كفاءة كلا الطرفين في تحقيق أهداف التنمية وذلك مـن خلال التأجير أو التعاقد" (الوزني، 1996). وعرفها "الخرابشة" بأنها "عملية تغيير اقتصادي شاملة تضع ضمن أهدافها تقليص دور القطاع العـام في النشـاط الاقتصادي كلياً أو جزئياً والسـماح للقطـاع الخـاص بممارسـة نشـاطات اقتصادية منافسة للنشاطات التي يقدمها القطاع العام" (الخرابشة،1996). وعرفت أيضاً بأنها "تحرير السوق من الاحتكارات والسماح بدخول القطاع الخاص منافساً في الأنشطة المختلفة وترك السوق لقوانين العرض والطلب" (عباس، 2003). وعرفت كذلك بأنها " تخفيـف دور القطـاع العـام وزيـادة دور القطاع الخاص في ملكية وإدارة الأنشطة المختلفة" (سالم، 2007).

إن التخاصية تتطلب الاعتماد كثيراً على مؤسسات المجتمع الخاصـة بدلاً من المؤسسـات الحكوميـة لمواجهـة متطلبـات الأفـراد مـما يستدعي إعادة تنظيم نشاط القطاع العام. لقد بـدأت تجربـة التخاصـية في الـدول الصناعية الكبرى مثـل بريطانيـا وفرنسـا رغبـة منهـا في زيـادة إنتاجيـة المؤسسات التي تشرف على الملكيات والخدمات العامـة ثـم تبعتهـا الـدول النامية بهدف التخلص من المشروعات الخاسرة والبحـث عـن وسيلة يـتم من خلالها رفع مستوى أداء المؤسسات العامة.

أما الطفرة الهائلة التي اتخذها العالم المتقـدم والنامي عـلى حـد سـواء في الاتجاه نحـو اقتصاديات السوق* عـن طريـق التخاصية وسيادة اتجاه الحرية الاقتصادية فهي تعود إلى نهاية عقد الثمانينات (العطية، 1998)، نظراً لعدم قـدرة الأنظمةالاشتراكيةعلى الإنتاجيةوعدم استطاعتها دعم القوةالسياسيةبقوة اقتصادية

---

* اقتصاد السوق : هو اقتصاد العرض والطلب والمنافسة الحرة وتحرير الأسعار من أي قيد باستثناء ما تفرضه المنافسة الحرة غير الاحتكارية. ويعتمد بشكل أساسي على الملكية الخاصة لوسائل الانتاج.

موازيـة، إضافـة إلى ازديـاد الضغـوط العالميـة المناديـة بحقـوق الإنسـان وحمايتها مما تسبب في انهيار الأنظمة الشمولية واتجاهها نحـو اقتصـاد السوق كنظام اقتصادي أظهر سيادة الأنظمة الرأسمالية.

ويطرح المؤيدون لسياسة التخاصية العديد مـن الأهـداف التـي يرون أنها تدفع الدول لإنتهاج هذه السياسة. ومن أهمها:

1- خفض عبء الموازنة العامة:

يدعي الذين يؤمنون بسياسـة التخاصيـة أنهـا سـتؤدي إلى زيادة الكفاءة الاقتصادية للمؤسسات العامة التي سـيتم خصخصتها، وخفض الدعم المادي الذي تقدمه الدولة لمؤسساتها العامة الخاسرة حرصاً عـلى استمراريتها، كما تؤدي هذه السياسة إلى خفض الإنفاق العـام والعبء المالي الكبير الذي يترتب على الدولة فيما لـو توسـعت في مجـال تقـديم السلع والخدمات للمواطنين (الحواجرة، 1998).

2- تفعيل دور المنافسة:

يفترض مؤيدو سياسة الخصخصة أنهـا تُفعّـل دور المنافسـة الحـرة بين المشروعات المتماثلة لزيـادة الإنتـاج وتحسـين نوعـه وخفض كلفتـه وخفض أسـعاره، ومـا يترتب عـلى ذلك مـن رفع الـدخل الحقيقـي للمسـتهلكين وتحسـين مسـتوى معيشـتهم. فهـم يـرون أن الأنظمـة الاقتصادية الحرة المعتمدة على آليات السوق التي تقوم عـلى المنافسـة والتسعير وفقاً لآليات العرض والطلب تزيد الكفـاءة وتحسـن الجـودة وهذه تعتبر أمراً ضرورياً يمكّن الدول من دخول منظمة التجارة العالميـة والقدرة على التعامل مع متطلبات العولمة (العطية، 1998).

3- تسوية الديون الخارجية:

يعاني العديد مـن الـدول الناميـة مـن مديونيـة كبـيرة تـؤثر عـلى اقتصادها وموازناتها مما اضطرها للتحول إلى انتهاج سياسة التخاصية وتطبيقها، وذلك ببيـع أسـهم أو أصول المؤسسـات العامـة واستخدام المردود المالي المتحقق في سداد الديون وفوائدها، أو عن طريق مقايضة جزء من الديون الخارجية بأسهم المؤسسات العامة التي يتم تخصيصها. وبالتالي يمكن أن تجتاز الدولة عنق الزجاجة الاقتصادي الـذي تفرضـه عليها الديون الخارجية وفوائدها (أوهاشي، 1996).

4- العمل على جذب رؤوس الأموال الأجنبية:

إن قيـام الدولـة باتخـاذ الإجـراءات التـي تضمـن تحريـر التجـارة وحمايـة الملكيـة الفكريـة وتوفير فـرص الإستثمار تشكل عوامـل جـذب لرؤوس الأموال الأجنبية للإستثمار في الدولة وبخاصة في المشروعات الكبيرة التي يعجز القطاع الخاص المحلي عن الإستثمار فيها بشكل منفرد، وهـذا يـؤدي إلى إدخـال رؤوس أمـوال بالعملـة الصعبة وإدخـال التكنولوجيـا المتطورة اللازمة لتلك المشروعات وفتح أسواق عالمية للتصدير.

5- توسيع قاعدة الملكية العامة، وتوجيه المدخرات الخاصة نحو الاستثمار:

يرى دعاة التخاصية أنها تـؤدي إلى توسـيع الملكيـة العامـة عـن طريق طرح أسهم المؤسسات العامة المـراد خصخصتها للاكتتاب العام بحيث يتمكن صغار المستثمرين من شراء هذه الأسهم فيزداد عددهم ورؤوس أموالهم المستغلة في الإنتاج السلعي والخدمي بدلاً مـن حصرها بيد الدولة، وينشط الإستثمار وتـزداد دخـول المنتجين مـما يحسـن مـن مستوى معيشة العاملين في المشروعات المختلفة.

6- توزيع الفائض من العاملين على مختلف المشروعات وفق حاجتها الفعلية مما يحد من البطالة المقنعة والعمالة الزائدة:

فقد تلجأ الدولة إلى ترجيح الإعتبارات السياسية والاجتماعية على اعتبارات الكفاية الاقتصادية والإدارية فتعمد إلى توظيـف العـاملين في المؤسسات دون الحاجة الفعلية إليهم مما يحمّل المؤسسات كثيراً مـن الأعباء والكلفة. ويرى مؤيدو التخاصية أن إتبـاع هـذه السياسـة تجعـل الحكومة تقوم بمعالجة هـذا الإختلال النـاتج عـن الأعـداد الزائـدة مـن الموظفين في هذه المؤسسات إما بتسريحهم مع دفع التعويضات المناسبة لهم كما حصل في مصر حيث لجأت الدولة إلى دفع أجـور العـاملين في بعض المؤسسات العامة المخصخصة لمـدة ثـلاث سنوات قادمة (قنـدح، 1999). أو إعادة تدريبهم وتأهيلهم وتوزيعهم على دوائر الدولة كمـا في الأردن عند خصخصة مؤسسة النقل العـام فتتخلص بـذلك مـن البطالة المقنعة (أخبار التخاصية،2000).

7- رفع الكفاءة الاقتصادية:

يـرى أنصـار التخاصـية أن ضـعف الكفـاءة الاقتصـادية لـدى مؤسسات القطاع العام مقارنة بالمؤسسات الخاصة نتيجة تفضيل الدولة للاعتبارات الاجتماعية والسياسية على اعتبارات الكفاية الاقتصادية وسوء الإدارة والافتقار لأساليب الإنتاج الحديثة وضعف الاستجابة لمتطلبـات البيئـة المتغيـرة والتمسـك بـالنمط البيروقراطي والـروتين وجمـود التشريعات، كلها أمور تحتم على الدولة إتباع أسـاليب جديـدة في إدارة المؤسسات لتتحقق من خلال إتباع سياسة التخاصية التي تضـمن انتقـال هـذه المؤسسـات المتعـثرة إلى القطـاع الخـاص الـذي يعتقـدون كفاءتـه (الحواجرة، 1998).

8- تستطيع الحكومة في ظل الخصخصة تركيز مواردها الإدارية والمالية في المجالات التي يحجم القطاع الخاص عن الاستثمار فيها أو في المجالات ذات المردود الإجتماعي الإيجابي وتمويل التوسع والتطوير في خدمات البنية التحتية اللازمة وذلك من أجل دعم النمو الاقتصادي.

9- تعتبر الخصخصة مؤشراً على التزام الحكومة بالإصلاح الاقتصادي مما يشكل دعاية إعلامية إيجابية لها تساهم في جلب الاستثمارات الأجنبية (العطية، 1998).

إنه على الرغم من تلك الأهداف والمبررات التي يسوقها مؤيدو سياسة التخاصية إلا أن فريقاً آخر يعارض هذه السياسة ويبدي تخوفه من التوسع في تطبيقها، فهو يرى أن التخاصية تؤدي إلى تركيز الدخل والثروة في أيدي قلة من أبناء المجتمع وهي الفئة المتنفذة القادرة على شراء المؤسسات العامة مما يؤدي إلى احتكار السلع والخدمات والسعي نحو المغالاة في تحقيق الربح دون الالتفات للأهداف الاجتماعية والسياسية مما يضر بالمجتمع (الحواجرة، 1998). ويرى أن التخاصية تزيد من معدلات البطالة في المجتمع بسبب تسريح جزء من العاملين في المنظمات التي يتم خصخصتها وذلك لوجود عمالة فائضة فيها*. كما يرى أن التخاصية تؤدي إلى إضعاف دور الدولة وتقليص أدائها تمهيداً لتخليصها من أدوارها الاجتماعية نحو أفراد المجتمع ويرون في ذلك وسيلة اقتصادية استعمارية تنتهجها الدول الكبرى للسيطرة على الدول النامية ومقدرات الاقتصاد الوطني فيها (الحواجرة،1998).

* يقول رئيس مجلس إدارة شركة الاسمنت الأردنية الأسبق السيد حمدي الطباع في مقابلة له مع جريدة الدستور الأردنية بتاريخ 29 تموز 2009 : كان يعمل لدى شركة الأسمنت الأردنية عند خصخصتها 2650 عاملاً يقومون بانتاج 4 ملايين طن من الاسمنت سنوياً، وهذا لا يتناسب مع المعايير الدولية. إذ أن الحد الأقصى لعدد العاملين لانتاج هذه الكمية هو 600 عامل (addustour, 2009) .

ويرى معارضو التخاصية عدم وجود ارتباط بين الكفاءة الاقتصادية للأداء وطبيعة الملكية للمشروعات (مقبل، 1999). ويرون أن المشروعات الناجحة يمكن أن تتحقق في القطاع العام كما في القطاع الخاص، فالخيار بين الأسواق والحكومات خيار بين بدائل غير مثالية، فقد يكون التعثر ماثلاً في القطاعين العام والخاص وعليه فلا علاقة لطبيعة الملكية بالكفاءة. وأن أسباب التعثر في كثير من المؤسسات العامة لا تعود إلى نوع الملكية وإنما إلى عديد من الاعتبارات كالإدارة غير الناجحة والروتين الزائد وقلة الحوافز وانخفاض الأجور وقلة المنافسة وترجيح الإعتبارات الاجتماعية والسياسية على اعتبارات الكفاية الاقتصادية والإدارية.

ويقول معارضو التخاصية إن الدعم الذي تقدمه الدولة للمؤسسات العامة يرتبط بموضوع تحقيق العدالة الاجتماعية، فالحكومة عندما تقدم الدعم للقطاع العام تنطلق من الدور الذي يقوم به هذا القطاع في توظيف العمالة التي قد تتجاوز الحد المطلوب من أجل الحد من مشكلة البطالة التي يعاني المجتمع منها مما يشكل عبءً على هذا القطاع ويؤدي إلى ارتفاع التكاليف، كما أن المطالبة بخفض الأسعار للسلع والخدمات التي تقدمها المؤسسات العامة لتكون في متناول أفراد المجتمع وما يترتب عليه من انخفاض في الإيرادات وخسارة لا بد للدولة من تغطيتها مما يبرر الدعم الحكومي لهذا القطاع. أما القطاع الخاص فهم يطالبون بسياسات حكومية تقوم على دعمهم وذلك عن طريق زيادة الإعفاءات الجمركية والضريبية وتقديم التسهيلات المختلفة واعتماد أسعار رمزية للخدمات العامة. فلماذا ينادي مؤيدو القطاع الخاص بتقليص دعم القطاع العام والتوسع في دعم القطاع الخاص (مقبل، 1999).

وفي الأردن نجد أن الإدارة العامة أخذت على عاتقها منذ نشوء الدولة تحقيق الأهداف الاقتصادية والاجتماعية فاتسع دورها في النشاط الاقتصادي وخاصة خلال عقدي السبعينات والثمانينات وبخاصة مشاريع البنية التحتية كالاتصالات والطاقة والصحة والتعليم والنقل، وشارك القطاع الخاص في بناء بعض المشاريع الإنتاجية الكبيرة مثل الفوسفات والإسمنت والبوتاس وبعض المشروعات الخدمية والصناعية والمالية، واتسع دور الدولة ليشمل السيطرة على آليات السوق والتسعير وحماية الإنتاج المحلي، ونتيجة لهذا الاتساع حصل اختلال في البنية الاقتصادية وتدني مستوى الإنتاجية وتفاقم العجز المالي في القطاع العام إضافة إلى انخفاض حجم المساعدات المالية من الخارج وانخفاض نسبة حوالات العاملين في الخارج. كما أن الظروف السياسية ومستلزمات الدفاع تطلبت تخصيص جزء كبير من موارد الدولة للتسلح وتطوير القوات المسلحة وكل ذلك أدى إلى ارتفاع كبير في رصيد الدين العام وفوائده وارتفاع العجز في ميزان المدفوعات مما أدى إلى حدوث أزمة اقتصادية في أواخر الثمانينات تمثلت في نضوب الإحتياطي من العملات الأجنبية وتدهور سعر صرف الدينار الأردني وتراجع مستويات المعيشة وارتفاع قيمة المديونية الخارجية وتفاقمها (الإستراتيجية الوطنية للتخاصية، 2000).

لقد ألجأ ذلك الأردن إلى تنفيذ برامج إصلاحية متلاحقة لتجاوز أزمته الاقتصادية وخلق الاستقرار المالي والنقدي وتصويب دور القطاع العام في العملية الإنتاجية فعمد إلى إعادة تعريف دور القطاع العام في النشاط الاقتصادي لإتاحة الفرصة للقطاع الخاص للاضطلاع بدور أكبر ضمن هذا المجال الأمر الذي يمثل تجسيداً لمفهوم التخاصية التي جاءت كحزمة إصلاح في برامج تصحيح الاقتصاد.

وتهيئة الأردن للانفتاح على الأسواق العالمية وانضمامه إلى منظمـة التجارة العالمية وتوقيعه على اتفاقية الشراكة مع الاتحاد الأوروبي واتفاقيـة منظمة التجارة الحرة مع الولايات المتحدة استجابة للتغيرات العالمية التـي تتحدث عن العولمة وتقارب العالم ليصبح قرية صغيرة بفضـل التكنولوجيـا المتقدمة وسرعة الاتصال والتنقل وحاجـة الصناعات المحليـة للمنافسـة في الأسواق العالمية مما يستدعي تحسـين مستوى جودتها وطرحها بأسعار مناسبة (القضاة ، 2002). وترى الإستراتيجيـة الوطنيـة للتخاصية في الأردن أن عملية التخاصية عمليـة منهجيـة منظمـة ومسـتمرة مدعومـة بـإرادة سياسية قوية هدفها تهيئة البيئة الداعمة لتحقيق نمو اقتصادي مسـتدام، وتتمثل في إعادة توزيع الأدوار بين القطاعين العام والخاص بحيث تتفرغ الحكومة لمهماتها الأساسية في رسم السياسـات والرقابـة والتنظيـم وضمان الأمن وتقديم الخدمات الأساسية في الصحة والتعليم والرعاية الاجتماعيـة. ويتولى القطاع الخاص دوراً أكبر في العمليـة الإنتاجيـة بهـدف رفع كفـاءة المشروعات وتحسين الإنتاجية والقدرة التنافسية وحفز الإدخارات المحليـة وجذب الاستثمارات المحليـة والعربيـة والأجنبيـة مـن خـلال فتـح الأسـواق وإلغاء احتكار الدولة. ووقف نـزف المـال العـام علـى شكل مساعدات أو قروض ممنوحة للمشاريع الخاسرة والحد من الحاجة للجـوء إلى الاقتراض لغايات تغطيـة العجـز في المشاريع القائمـة أو تمويـل مشاريع جديـدة، وتسـهيل الحصـول علـى التكنولوجيـا وأسـاليب الإدارة الحديثـة اللازمـة للمنافسة في الأسواق العالمية (الإستراتيجية الوطنية للتخاصية، 2000).

لقد بينت الإستراتيجية الوطنية للتخاصية المنطلقات العامـة التـي تتخذها الحكومة أثناء تنفيذها للتخاصية كما يلي(الإسـتراتيجية الوطنيـة للتخاصية، 2000):

1- تهيئة الظروف المناسبة لإيجاد بيئة تنافسية مناسبة وتطويرها في ظل اقتصاديات السوق من أجل الاستفادة مـن مزايا المنافسـة المتمثلـة برفع الكفاءة الإدارية والإنتاجية وخفض الأسعار.

2- استكمال الإطار التشريعي والتنظيمي الداعم لعملية التخاصية بسن تشريعات جديدة أو إجراء التعديلات اللازمة على التشريعات القائمة.

3- تأسيس هيئات مستقلة للتنظيم والرقابة في القطاعـات التي تجـري تخاصيتها تعمل على منح التراخيص ومراقبة الجودة وضبط السـلوك الاحتكاري لضمان مصالح المستهلكين والمستثمرين.

4- التدرج في عملية التخاصية كأن يتم إعادة هيكلـة المؤسسـات العامـة والعمل على تحويلها إلى شركات مساهمة تملكها الحكومـة ويحكمهـا قانون الشركات تمهيداً لنقل ملكيتها إلى القطاع الخاص.

5- العمل على تقييم موجـودات المشاريع التي سـيتم تحويـل ملكيتها للقطاع الخاص وفقاً للأسس المحاسبية المتبعة بهـدف تحديـد قيمها والاستدلال بها في عملية التخاصية.

6- اختيار الأسلوب المناسب لتخاصية كل مشروع بما يتلاءم مـع ظروفـه ومتطلباته.

7- الشـفافية والعلنيـة في اتخـاذ القـرارات وتنفيـذ الإجـراءات المتعلقـة بعملية التخاصية.

8- المحافظة على الحقوق المكتسبة لجميـع الأطراف وبخاصـة مصالح العاملين في المشاريع التي يتم تخاصيتها ومعالجة أوضاعهم وفقاً لأسس عامة عادلة ووفق الأنظمة والقوانين المتبعة.

9- منح حوافز تشجيعية للعاملين في المشاريع التي يتم تخصيصها وذلك بتخصيص أسهم تباع لهم بأسعار تشجيعية مع منح التسهيلات الممكنة لتسديدها.

10- تعريف المواطنين بأهداف برنامج التخاصية والإجراءات التي يتم اتخاذها أثناء التنفيذ بهدف الحصول على التأييد الشعبي وإضفاء مزيد من الشفافية على هذا البرنامج.

11- الإستعانة بالمستشارين المتخصصين حسب الحاجة في إعداد الدراسات التفصيلية والوصول إلى المستثمرين المستهدفين.

الإطار المؤسسي للتخاصية:

بهدف تعزيز القدرة المؤسسية والفنية للحكومة لتنفيذ برنامج التخاصية فقد تم تحديد الإطار المؤسسي وآلياته كما يأتي:

1- **مجلس التخاصية:** ويكون برئاسة رئيس الوزراء، ومن مهمات هذا المجلس:

- وضع السياسات العامة للتخاصية.

- تحديد المشاريع التي سيتم خصخصتها.

- اختيار أسلوب التخاصية والشركات الإستشارية التي تقوم بعمليات التنفيذ.

- التنسيب بتأسيس هيئات التنظيم التي تتولى تنظيم القطاعات التي تتناولها التخاصية ووضع أسس مراقبتها بما يحقق الهدف من عملية التخاصية.

2- **الهيئة التنفيذية للتخاصية:** وهي مؤسسة عامة ترتبط برئيس الوزراء وتتولى دراسة ومتابعة وتنفيذ عمليات إعادة الهيكلة والتخاصية وأية مهمات أخرى لها علاقة بتلك العمليات يوكلها لها مجلس الوزراء.

استخدامات عوائد التخاصية:

حدد قانون التخاصية استخدام عوائد التخاصية من خلال إنشاء صندوق خاص يسمى صندوق عوائد التخاصية يتولى مجلس التخاصية الإشراف عليه وتنظيم نشاطاته تتم إدارته من قبل الهيئة التنفيذية للتخاصية وفقاً لنظام خاص وضع لهذا الغرض وصدر تحت اسم "نظام صندوق عوائد التخاصية" رقم 24 لسنة 2002. وقد حدد القانون استخدام هذه العوائد بقرار من مجلس الوزراء كما يلي:

1- تسديد ديون المشروعات التي يتم إعادة هيكلتها أو خصخصتها.

2- شراء الديون العامة بخصم ومبادلة الديون باستثمارات بالطريقة التي يقرها مجلس التخاصية ويوافق عليها مجلس الوزراء.

3- الاستثمار في الأصول المالية.

4- تمويل النشاطات الاقتصادية والاستثمارية الجديدة في قطاعات البنية التحتية ذات المردود الاقتصادي والاجتماعي المجدي.

5- إعادة تأهيل وتدريب العاملين في المؤسسات والهيئات التي تتم إعادة هيكلتها وتسوية حقوقهم المالية.

6- شراء سنوات الخدمة للعاملين لنقلهم إلى مظلة الضمان الاجتماعي.

أساليب التخاصية:

تتعدد الأسـاليب التـي يـتم بواسـطتها تحويـل القطـاع العـام إلى القطاع الخاص. ويمكن تصنيفها في ثلاثة أساليب (Vuylsteke,1988) ، (سافاس،1993) :

1- الاستغناء Divestment :

ويقصـد بـه طـرح الملكيـة العامـة للبيـع أو تمليكهـا للعامـة أو تصفيتها.

1-1 الاستغناء بواسطة البيع Divestment by Sale :

وقد يكون البيع لكامل حصة الحكومة في مشروع معين أو مؤسسـة عامة أو يكون لنسبة معينة من هذه الملكية والاحتفاظ بنسبة منها.

ويمكن أن ينفذ أسلوب الخصخصة بالبيع عن طريق:

أ- البيع لشريك استراتيجي Sale to strategic partner :

كأن تبيع الحكومة حصـتها أو جـزءً منهـا في ملكيـة شركة مـا إلى شركة معينة ذات تخصص له صلة بنشاط الشركة المنوي بيع أسهمها لهـا وذلك في الحالات التي تستدعي الاستعانة بشركة ذات خبرة متخصصة أو لديها التكنولوجيا المتطورة لتحقق المزايا التالية (الفانك، 1997):

1- تطبيق أحدث الأساليب في إدارة المشروع.

2- تطوير المشروع باستخدام التكنولوجيا المتقدمة.

3- انفتاح الشركة على الأسواق العالمية.

4- توفير رأس المال بالعملة الأجنبية وتعزيز بنية السوق المحلية.

5- اقتباس أساليب البيع والتسعير الحديث لتحقيق الأرباح.

6- تعظيـم حقـوق المساهمين في المـدى البعيـد لأن مـن مصلحة الشريـك العمـل عـلى تحسـين ربحيـة المشروع وتنميـة حقـوق مساهميه من جهة وليتسنى له في مرحلة لاحقة بيع مساهمته- إذا ما قرر ذلك- وتحقيق عائد مناسب عـلى استثماره مـن جهـة أخرى (السويطي، 1998).

ورغم هذه المزايا فإن اتبـاع أسلوب الشريـك الاستراتيجي قـد لا يكون هو الأسلوب المناسب في تخاصية بعض الشركات وبخاصة تلك التي تنتج للسوق المحلية، كما أن لهذا الأسلوب سـمعة سيئة لحقت بـه في بعض الدول بسبب الاعتقاد أنـه إنمـا جاء للسيطرة عـلى مـوارد الدولـة بقصد تعقيد أوضاعها والتحكم فيها (الفانك، 2000).

وقد طبق الأردن هذه الطريقة فقرر مجلس الوزراء عام 1998 بيع عشرين مليون سهم من حصة المؤسسة الأردنية للاستثمار في شركة مصانع الاسمنت الأردنية لشركة لافارج الفرنسية. كمـا طبقت هـذه الطريقـة في تخاصية شركة الاتصالات الأردنية عام 2000 حيث تم بيع 40% من أسهم الشركة لتجمع فرانس تيلكوم/البنك العربي. وفي عـام 2006 تـم بيـع 11% من إجمالي أسهم الشركة المملوكة للحكومة إلى ذات التجمع.

ب- بيع المؤسسة للعامة. Sale to the Public :

ويكون ذلك بعرض أسهم الشركة لبيعها في البورصة، وتبرز هنا مشكلة في العديد من الدول التي ترغب ببيع مؤسساتها للعامـة وفقاً لهذا الأسلوب وذلك لسوء الأحوال التي تعاني منها بعض تلك الشركات أو لضعف الأموال الخاصـة المدخرة لدى السكان، ويتضح ذلك بشكل خاص في روسيا ودول أوروبا الشرقية

التي تتحول الآن إلى اقتصاديات السوق وذلك لكبر حجم القطاع العام، ففي بولندا مثلاً نجد أن الأموال الخاصة المدخرة تكفي فقط لشراء 5% من أصول المؤسسات العامة وتحتاج المجر إلى 200 عام لإتمام عملية التحويل وتحتاج بولندا إلى 600 عام ويتطلب الأمر من روسيا 4000 عام لإتمام عملية التحويل إلى القطاع الخاص إذا ما أخذ بعين الاعتبار معدل الادخار الحالي. كما تبرز مشكلة أخرى وهي أن السماح للمشترين الأجانب بالشراء يثير في كثير من الدول النامية استياء المواطنين متهمين الحكومة بقيامها ببيع الميراث الوطني الذي اكتسبه خلال سنوات طويلة من العمل والجهد بثمن بخس للأجانب.

وفي الأردن قامت الحكومة من خلال المؤسسة الأردنية للاستثمار ببيع مساهماتها في كثير من الشركات منها: بنك القاهرة عمان وبنك الإسكان وبنك الصادرات والتمويل وشركة الألبان الأردنية والشركة الصناعية التجارية وشركة الكهرباء الأردنية والدباغة والأجواخ والخزف وبترا للنقل السياحي. وحتى عام 2009 تم بيع أسهم الحكومة في 51 شركة تساهم فيها بنسبة تتراوح بين أقل من 5%-100% من كامل الأسهم بمبلغ يصل إلى حوالي 170 مليون دولار (الهيئة التنفيذية للتخاصية، 2010).

ويرى الباحثون أن هذه العملية تسهم بشكل كبير في زيادة عرض الأسهم المتاحة للتداول وتوسيع قاعدة سوق الأوراق المالية وتعزز سيولة ونشاط البورصة. ويرون كذلك أن توجهات الحكومة ببيع ملكيتها في الشركات المساهمة العامة وكذلك خصخصة مؤسساتها العامة سيكون له أثر إيجابي في جذب مزيد من الاستثمارات المحلية والخارجية وتنشيط الاستثمار في الأردن وتنوي الحكومة متابعة تنفيذ هذا البرنامج لاستكمال بيع مساهمتها في الشركات المساهمة العامة.

ج- بيع المؤسسة للمديرين Sale to the Managers :

وهنا يتم البيع للمديرين إذا ما تبين قدرتهم على الشراء وتسيير المشروع بشكل جيد، وغالباً ما تلجأ الحكومة إلى بيعهم تلك الحصص بأسعار مخفضة أملاً في ضمان تعاونهم وتحسين مستوى الإنتاجية في المشروع. وقد اتبع هذا الأسلوب في العديد من دول العالم منها بريطانيا حيث باعت الحكومة البريطانية عام 1982 مؤسسة هوفركرافت المتخصصة في النقل البحري إلى خمسة من المديرين، وخلال أربع سنوات تحولت هذه المؤسسة من مؤسسة خاسرة إلى مؤسسة ذات ربحية عالية (ماهر، 1999).

د- بيع المؤسسة للمستفيدين أو العملاء Sale to Users or customers:

حيث يمكن بيع أسهم الشركة أو جزء منها للمستفيدين من خدماتها وخاصة تلك التي تقدم خدمات المياه والنقل والكهرباء . فقد باعت الأرجنتين مثلاً جزءاً من مؤسسة الشحن على الطرق الحديدية لإتحاد خاص بالصناعيين المستفيدين من خدماتها (البنك الدولي، 1997). كما بيعت الكثير من الأراضي المملوكة للدولة في كل من بريطانيا والولايات المتحدة إلى المزارعين ومربي المواشي (ماهر، 1999).

هـ- بيع المؤسسة للعمال Sale to all employees :

وفي هذا الأسلوب يتم بيع أسهم الشركة كلها أو جزء منها للعاملين فيها، وغالباً ما يكون ذلك بأسعار مخفضة وشروط ميسرة، ويكون هدف البيع هنا إما حماية العاملين من الاستغناء عنهم في حالة المشروعات الخاسرة حيث يحجم المستثمرون عن الشراء ويكون البديل عن تصفية المؤسسة بيعها للعاملين ، أو تقديراً للعاملين على الجهود التي بذلوها في سبيل الشركة ولإشعارهم بأنهم المالكون مما

يغير من اتجاهاتهم نحو قيمة العمل ويرفع من إنتاجيتهم أو لتخفيف حدة معارضتهم للتحويل إلى القطاع الخاص. وقد اتبعت هذه الطريقة في الأردن ومصر وبريطانيا وبولندا وغيرها من الدول. ففي بولندا مثلاً يستطيع العاملون شراء نسبة تصل إلى 20% من أسهم الشركات العامة وبتخفيض مقداره 4% وفي حدود معينة لكل عامل. وفي بريطانيا طبق هذا الأسلوب في تخاصية مؤسسة الشحن الأهلية. حيث استثمر حوالي 10 آلاف موظف حالي وسابق ما يقرب من 700 جنيه استرليني لكل فرد لشراء أسهم المؤسسة (ماهر، 1999)، وفي الأردن قرر مجلس الوزراء بيع مليون ومائتين وخمسين ألف سهم من أسهم المؤسسة الأردنية للاستثمار في شركة مصانع الاسمنت الأردنية للعاملين الأردنيين في الشركة بسعر دينار ونصف الدينار للسهم الواحد وبحد أقصى مقداره 600 سهم للعامل الواحد وتقسيط الثمن على اثني عشر شهراً.

1-2 الاستغناء عن طريق التحويل المجاني Free Transfer :

حيث تعطى أسهم المؤسسة للعاملين فيها أو للعملاء أو للعامة أو لمالكي المؤسسة السابقين- فيما إذا كانت المؤسسة قد صودرت منهم بالتأميم في السابق- مجاناً دون مقابل، ويتم اللجوء لهذه الطريقة رغبةً في تحقيق العدالة أو لسبب قلة رأس المال المتوافر لدى المواطنين وضعف مدخراتهم الخاصة وللسرعة في إتمام عملية التحويل. ولكن هذه الطريقة تحرم الدولة من الحصول على أي دخل مادي من هذا الإجراء بل وتتحمل بسبب ذلك الكثير من المصاريف الإدارية. وقد اتبعت هذه الطريقة كل من بريطانيا وكندا وبولندا ورومانيا وكينيا كما اتبعت في الأردن حيث قرر مجلس الوزراء عام 2007 تخصيص 7.7% من أسهم شركة الملكية الأردنية إلى موظفي الشركة دون مقابل تقديراً لجهودهم في تحسين أداء الشركة.

1-3 الاستغناء عن طريق التصفية Divestment by Liquidation :

حيث يمكن إنهاء ملكية الدولة لبعض مشروعاتها ذات الأداء الضعيف عن طريق بيع الأصول إذا لم يتوافر مشترٍ لذلك المشروع بسبب تعثره واحتمال فشله في تحقيق الربح مستقبلاً. ويعتبر هذا الإجراء تحويلاً إلى القطاع الخاص لأن الموارد تعود إلى القطاع الخاص لإعادة استخدامها. وقد اتبعت هذه الطريقة في العديد من الدول ومنها الأردن حيث قامت الحكومة باستخدام هذه الطريقة لإنهاء ملكيتها لجريدة صوت الشعب بسبب الخسائر الكبيرة التي كانت تعاني منها واستحالة تحسن أوضاعها مستقبلاً.

1-4 قد يتم تحويل المشروعات العامة إلى القطاع الخاص بأكثر من أسلوب من الأساليب السابقة المستخدمة في الاستغناء عن المشاريع العامة Combination of Methods :

ففي الأردن مثلاً تم بيع جزء من حصة الحكومة في شركة مصانع الاسمنت الأردنية لشريك استراتيجي، وجزء آخر للعاملين في الشركة، وباقي الحصة بيعت عام 2002 إلى مؤسسة الضمان الاجتماعي. كما استخدمت في تخاصية شركة الاتصالات الأردنية حيث باعت الحكومة أسهم الشركة لشريك استراتيجي، ولمؤسسة الضمان الاجتماعي، وللقوات المسلحة والأجهزة الأمنية وللعامة (الهيئة التنفيذية للتخاصية، 2010).

وفي بولندا اعتمدت الخطة المعلنة للتحول إلى القطاع الخاص على توزيع الأسهم كما يلي: 10% تباع للعمال بأسعار مخفضة، 10% تباع للبنوك وشركات التأمين، 15% تباع للمديرين بأسعار مخفضة، 10% تعطى لصناديق التقاعد، 20%

تعطى للمواطنين البالغين دون مقابل، 35% تبـاع مباشرة لمشتر واحد محلي كان أو أجنبي (Savas, 1992).

2- الإستبدال Displacement :

وهو إجراء سلبي تتخلى بواسطته الحكومة عن المشروعات العامة للقطـاع الخـاص بالتـدريج فيـؤدي تخليهـا إلى تطـوير السـوق ليلبـي الاحتياجات المختلفة للجمهور.

ويمكـن أن يكـون الاسـتبدال بـالانكماش Displacement by Default، أي عندما ينمو دور القطاع الخاص نتيجة عجز القطاع العام من ناحيـة وإدراك القطـاع الخـاص حجـم الطلـب عـلى السـلع أو الخـدمات المعنية.

ففـي أوروبـا الشرقية قـام القطاع الخاص بتزويـد المسـتهلكين بالعديد من السلع والخدمات التي لم تـزودهم بهـا الأسـواق المملوكـة للدولة، ويعتبر ظهور السوق السوداء* أحد الأمثلة على هـذه الظاهرة. كما أنه يمكن الاستبدال بالانسحاب Displacement by Withdrawal وذلك عندما يكون أحجام القطاع العام مقصـوداً ومخططـاً لـه، ويتم ذلك بإغلاق المؤسسات المتعثرة أو إلغـاء المعونـات المقدمـة لهـا وتشجيع القطاع الخاص على التوسع في ذلك الحقل . وهذا ما أكدته

---

* السوق السوداء Black Market : وهي تتكون من التعاملات التجارية التـي تتجنـب القـوانين الضريبية والتشريعات التجارية في الدولة. وغالباً ما تكون البضائع المعروضة فيها مهربة؛ أي أنها دخلـت إلى السـوق الوطنية دون تسجيلها لدى المؤسسات الرسمية. كما يمكن أن تنشـأ في حالة عـدم قـدرة الانتاج الـوطني والاستيراد على تغطيـة الطلب الـداخلي، فيقوم العارضون ببيـع بضائعهم خفية وبأسـعار عاليـة وذلك للأشخاص أو المنظمات التي تكون مستعدة لـدفع الأسـعار المرتفعة وتخرق القوانين الاقتصادية والمالية السائدة. وغالباً ما تلجأ الدول إلى فرض عقوبات شديدة على المشاركين فيها لما تسببه من أضرار كبيرة عـلى اقتصادها الوطني.

الإستراتيجية الوطنية للتخاصية في الأردن حيث ترغب الحكومة الانسحاب من عمليات القطاعات الإنتاجية التي يمكن للقطاع الخاص أخذها عـلى عاتقه بكفاءة أعلى وبكلفة أقل.

3- التفويض Delegation :

تقوم الدولة بتفويض القطاع الخاص إنتاج سلع أو تقديم خدمات معينة بشكل جـزئي أو كـلي، ولكن تُبقـي الدولـة عـلى حقها في الإشراف والرقابة ومساءلة القطاع الخاص فيما يقدمه من نتـائج، وبالتـالي فإن دور الدولة يبقى مستمراً.

وينفذ التفويض إما عن طريـق عقـود الإدارة Delegation by contract management، فيتم التعاقـد مـع القطاع الخـاص لإدارة مؤسسـة عامـة وتبقـى ملكية المؤسسة العامة بيد الدولة فيعهد بإدارتها إلى القطاع الخاص مقابل أجر يتم الاتفاق عليه. ومن أهم المزايا في استخدام هـذا الأسـلوب تخفيض كلفـة تقديم الخدمة وتحقيق المرونة وسرعة الاستجابة للظروف البيئيـة المتغيرة. والمشكلة في هذا الأسلوب تكمن في العمالة فمن المتوقع أن يتم الاستغنـاء عـن بعض العاملين الأمر الـذي يقتضيـ استخدام وسائل مصاحبة لعقـود الإدارة لحمايـة العـاملين كتشغيل العمال المتضررين أو إعادة تأهيلهم أو تعويضهم بالطريقة المناسبة وذلك لامتصاص مقاومتهم ومقاومة نقاباتهم والرأي العام لبرامج الخصخصة. وقد اتبعت هذه الطريقة في عقد إدارة مياه ومجاري محافظة العاصمة حيث تم التعاقـد مـع ائتلاف شركة فرنسية أردنية (ليما) عام 1999 لإدارة النشاطات المتعلقة بخدمات المياه في محافظة العاصمة وبعض مصادر المياه والتأكد مـن نوعيـة الميـاه وإدارة الصهاريج وغيرها ضمن منطقة العقد. ويهـدف المشروع إلى تحسيـن الأداء الإداري ورفع كفاءة المرافق، مما يؤدي إلى تقليل نسبة الفاقد من المياه وإعادة تأهيل شبكات

المياه وتحسين نوعية المياه إضافة إلى تدريب وتأهيل الكوادر البشرية العاملة في منطقة العقد. وتبلغ مدة العقد أربع سنوات تحصل الشركة مقابله على 8.8 مليون دولار إضافة إلى 5% من قيمة التحسن المالي المتوقع كحافز لخدمات الشركة. وفي عام 2003 تم تمديد العقد ثلاث سنوات إضافية. وفي عام 2007 تم إنشاء شركة مياه الأردن (مياهنا) لإدارة المرفق مملوكة بالكامل للحكومة الأردنية (الهيئة التنفيذية للتخاصية، 2010).

كما يمكن أن يكون التفويض بمنح الامتياز Delegation by Concession وهو عقد تَعهده السلطة الإدارية في إدارة المرفق العام واستغلاله إلى ملتزم يقوم بتمويل المرفق فيستقل بتبعاته المالية ويستأثر بكل الأرباح ويتحمل كل الخسائر.

وعرفه الطماوي بأنه "عقد إداري يتولى الملتزم فرداً كان أو شركة بمقتضاه إدارة مرفق عام اقتصادي واستغلاله مقابل رسوم يتقاضاها من المنتفعين، مع خضوعه للقواعد الأساسية الضابطة لسير المرافق العامة وعن الشروط التي تضمنتها عقد الامتياز" (الطماوي، 1991). كما عُرف بأنه "اتفاق يتم بين الإدارة وبين أحد الأفراد أو الشركات يتعهد بمقتضاه الملتزم بتقديم خدمة عامة للجمهور على نفقته ومسؤوليته طبقاً للشروط التي يحددها ذلك الاتفاق من حيث السعر أو الكيفية التي تؤدى بها الخدمة وذلك مقابل الإذن لهذا الفرد أو لهذه الشركة باستغلال المشروع لفترة معينة من الزمن. ويقوم الاستغلال عادة في صورة التصريح للملتزم بتحصيل رسم معين من المنتفعين من المرفق" (الشيخ، 2002). وهكذا فإن عقد الامتياز هو من أعمال السيادة التي تقوم بها الدولة أو أحد الأشخاص التابعة لها ويوصف بأنه "عقد دولة". وللامتياز شكلان أساسيان هما:

أ- التأجير Leases:

حيث يقوم مستأجر باستخدام أملاك خاصة بالدولة وينخرط في نشاط المشروع التجاري وتبقى ملكية المؤسسة العامة بيد الدولة مقابل مبلغ معين يدفع لها. وقد اتبعت هذه الطريقة في الصين كثيراً حيث تم تأجير العديد من القطاعات التجارية والصناعية ابتداء من تأجير وسائل النقل والمطاعم والصناعات على اختلافها. واتبعت كذلك في الأرجنتين في تخاصية مؤسسة السكك الحديدية، كما اتبع هذا الأسلوب في الأردن أيضاً وذلك في تخاصية الشركة الأردنية للسياحة والمياه المعدنية (منتجع حمامات ماعين) حيث تم تأجيرها لائتلاف شركة فرنسية وأردنية (أكور/آرام) عام 1998 لمدة 30 عاماً مقابل مبلغ 4.2 مليون دولار.وفي عام 2004تم نقل ملكيةالأسهم من ائتلاف أكور إلى مستثمرعربي- شركة جنة.

ب- نظام البناء التشغيل والتحويل Build- Operate- Transfer:

يعتبر نظام عمليات البناء والتشغيل ثم التحويل (BOT) أحد أهم صيغ العقود المستخدمة في الوقت الحاضر على مستوى العالم لإنشاء وتمويل وتحويل مشروعات البنية الأساسية بوساطة القطاع الخاص حيث تعهد الدولة إلى إحدى شركات القطاع الخاص بموجب اتفاقية تتم بينهما تتولى بموجبه مهمة تصميم وبناء مرفق من مرافق البنية الأساسية مقابل منحها امتياز بإدارة وتشغيل هذا المرفق لفترة زمنية تكفي لاسترداد أصل التمويل بالإضافة إلى الأرباح المتوقعة من المشروع مع التزامها بنقل أصول ملكية المشروع إلى الدولة عند نهاية مدة الترخيص حسب الأوضاع والشروط التي تتم بموجب التعاقد بينهما (أحمد، 2009).

وقد ظهر نظام "البوت" BOT لأول مرة في تركيا على يد رئيس الوزراء التركي الأسبق "تورقت أوزال" عام 1980 وعرف باسمه "معادلة أوزال" Ozal

Formula ومن ثم انتشر استخدامه في دول العالم المختلفة باعتباره آلية قانونية توفر للدولة فوائد الخصخصة دون أن تفقد أصول الاستثمارات مثلما يحدث في الخصخصة الكاملة (عبد المجيد، 2010).

مزايا نظام (BOT):

يحقق هذا النظام مزايا عديدة للدولة والقطاع الخاص على حدٍ سواء ويرسخ مفهوم الشراكة، ومن أهم المزايا التي تتحقق للقطاع العام ما يأتي (أحمد، 2009):

1- يُمكّن الدولة من تنفيذ العديد من مشاريع البنية التحتية نظراً لوجود التمويل الكافي للمشاريع من الشركات المنفذة التي تضمن اتمام المشروعات دون أن تتحمل مخاطر تأجيل أو فشل تلك المشاريع الممولة.

2- يخفف العبء المالي عن الخزينة ويساعد الدولة على توجيه مواردها العامة إلى القطاعات الاجتماعية والخدمية مثل قطاعي التعليم والصحة.

3- يسهم في توفير العملة الأجنبية من خلال مشاركة القطاع الخاص الأجنبي في تمويل وتنفيذ المشروعات.

4- خلق فرص عمل جديدة خلال فترة إنشاء وتشغيل المشروعات.

5- جلب التكنولوجيا الحديثة والخبرة الفنية التي تحرص الشركات على توظيفها لتحقيق الكفاءة والفاعلية في إنشاء المشروعات.

6- رفع كفاءة التشغيل ومستوى خدمات البنية الأساسية لما يتوفر للقطاع الخاص من إمكانات مالية وفنية وإدارية حديثة.

7- يحقق العدالة في توزيع الأعباء المالية للمشاريع الممولة ذلك أن المستفيد المباشر من المشروع هو الذي يقوم بدفع رسوم الاستخدام وتحمّل أعباء المشروع، فالقطاع الخاص الممول للمشروع سوف يستوفي تكاليفه وأرباحه من التدفقات النقدية للمشروع وبالتالي فإن الدولة لا تتحمل الأعباء التمويلية للمشروع، بينما يتحمل دافعو الضرائب في المشاريع الممولة من قبل الدولة تكلفة المشروع بغض النظر عن استخدامهم أو عدم استخدامهم له.

أما على مستوى القطاع الخاص فيحقق النظام المزايا التالية (أحمد، 2009):

1. فتح مجالات جديدة لأنشطة القطاع الخاص.
2. تحقيق العديد من العوائد المالية والاستثمارية.
3. سداد قروض المشروع يتم بشكل أساسي من الإيرادات المستقبلية التي يدرها تشغيل المشروع.
4. توزيع المخاطر على الأطراف المنفذة للمشروع نتيجة وجود حزمة تعاقدية متعددة الأطراف.

لقد ظهرت أنماط عديدة من العقود مشتقة من النظام الأساسي القائم على فكرة البناء والتشغيل وإعادة الملكية ومن أهمها ما يأتي:

1- عقد التمويل والبناء والتملك والتشغيل والتحويل.

Finance – Built – Own – Operate – Transfer (FBOOT).

2- عقد البناء والتشغيل والتأجير.

Built – Operate – Lease (BOL)

3- عقد التصميم والبناء والتشغيل والتحويل.

Design – Built – Operate – Transfer (DBOT)

4- عقد البناء والتملك والتشغيل والتحويل.

Built – Owen – Operate – Transfer (BOOT).

5- عقد التأهيل والتشغيل والتمويل.

Rehabilitate – Operate – Transfor (ROT)

6- عقد البناء والتحويل والتشغيل.

Built – Transfer – Operate (BTO)

كما ظهرت صيغ أخرى تعبر عن الخصخصة الكاملة يتم بموجبها تحويل المرفق العام من ملكية الدولة إلى ملكية القطاع الخاص نهائياً ومثال ذلك:

- عقد البناء والتشغيل والتملك.

Built – Operate – Owen (BOO)

- عقد إعادة التأهيل والتشغيل والتملك.

Rehabilitate – Operate – Own (ROO)

- عقد التحديث والتشغيل والتملك.

Modernize – Operate – Owen (MOO)

وفي الأردن التزمت الحكومة بتنفيذ برنامج للشراكة بين القطاعين العام والخاص انسجاماً مع نهجها في تنفيذ سياساتها الاقتصادية الهادفة إلى تحقيق الأمن والاستقرار الاقتصادي والاجتماعي بمفهومه الشامل، وترجمة لإستراتيجية التنمية في المملكة كما عكستها كافة المبادرات الاقتصادية الوطنية التي أكدت على تحسين وزيادة الخدمات المقدمة من الحكومة من خلال جذب الاستثمارات وخبرات القطاع الخاص في مشاريع البنية التحتية والمرافق العامة والخدمات. والشراكة تعني اتفاق خطي طويل الأمد نسبياً بين القطاعين العام والخاص بهدف تقديم خدمة ذات طبيعة عامة أو تنفيذ مشروع أو القيام بعمل معين ويتم تمويل المشروع وتوزيع المخاطر الناشئة عنه وفقاً للعقد. وتم اطلاق هذا البرنامج عام 2008. فقد استخدم عقد البناء والتشغيل وإعادة الملكية (BOT) في العديد من المشروعات منها (الهيئة التنفيذية للتخاصية، 2009):

أ- **محطة تنقية المياه العادمة (خربة السمرا):** وذلك ببناء محطة تنقية للمياه العادمة بهدف تحسين الوضع البيئي للمنطقة وتحسين نوعية المياه المعالجة التي سيتم استخدامها للري بكلفة 169 مليون دولار ومدة العقد 25 سنة.

ب- **توسعة مطار الملكة علياء الدولي:** وذلك بتأهيل وتوسعة وإدارة وتشغيل مطار الملكة علياء الدولي وتقدر الاستثمارات المرتبطة بتنفيذ التأهيل والتوسعة بحوالي 680 مليون دولار ومدة العقد 25 سنة.

جـ- **إدارة وتدوير النفايات الصلبة في منطقة عمان الكبرى:** يهدف المشروع إلى جمع النفايات المنزلية الصلبة من المنازل والمنشآت في منطقة عمان الكبرى ونقل النفايات القابلة للتدوير إلى محطة لفصلها وتدويرها وكذلك نقل النفايات العضوية غير القابلة للتدوير إلى محطة تحويل يقوم المستثمر بإنشائها.

د- **خط السكة الخفيف بين عـمان والزرقاء:** ويهـدف المشروع إلى إنشاء خط سكة حديد خفيف يربط بين محافظتي العاصمة والزرقاء، وتبلغ كلفة المشروع التقديرية حوالي 236 مليون دينار.

كما تم استخدام عقد البناء والتملك والتشـغيل ثم إعادة الملكيـة (BOOT) في مشروع إنشاء محطة لمعالجة والتخلص من النفايات الطبيـة السامة والصناعية.

ولتقيـيم تجربـة التخاصيـة في الأردن أجريـت دراسـة أعـدها فريـق متخصص من الخبراء بتمويل من الاتحاد الأوروبي لقياس أثر عمليـات إعادة الهيكلة والتخاصية المنفـذة خـلال الفتـرة مـن 1994-2008 وخلصت إلى أن المحصلة الإجمالية لبرنامج التخاصية كان إيجابياً على الاقتصاد الأردني.

فعـلى مسـتوى المسـتهلكين أشـارت الدراسـة إلى تحسُّـن في كفـاءة العمليات التشغيلية وتطبيق المعايير الدولية في جميـع الشركات التي تـم خصخصتهـا كـما حـدث في الملكيـة الأردنيـة ووحـداتها العاملـة، وميناء الحاويات في العقبة.

كما انخفضت تعرفة الاتصالات وتحسنت جودة الخدمات المقدمة وكذلك تحسنت نوعية الخدمات المقدمة من قبل سـلطة الميـاه واتسعت شـبكات الميـاه المغذيـة للعاصـمة وازداد المعـدل اليـومي لكميـات الميـاه الموزعة وانخفضت نسبة الفاقد. وكذلك ازدادت كميات الاسـمنت المنتجـة ومن المتوقع دخول شركات جديدة في إنتاج الإسمنت مما يـنعكس ايجابياً على المستهلكين من خلال توفير هذه السلعة بأسعار تنافسية.

وحول تأثيرات برنامج التخاصية على العـاملين في الشركات التـي جـرى خصخصتها أكدت الدراسة على أن الحكومة حرصت على الإبقاء على العاملين في تلك الشركات مع إعطاء خيار التقاعد الاختياري للعاملين ضمـن حزمـة مـن

التعويضات. فاختار حوالي ألف موظف في قطاع البنية التحتية وأربعة آلاف موظف في القطاعات الأخرى ترك الشركة التي تم خصخصتها مقابل التعويضات المقدمة. ورغم أن عدد العاملين في ثلاث شركات تعدينية كبرى قد انخفض بمقدار الثلث إلاّ أن عدد العاملين في قطاع البنية التحتية بدأ يعود لنفس المستويات السابقة قبل التخاصية. كما أن أجور العاملين قد ارتفعت في القطاعات التي تمت تخاصيتها مثل الاتصالات والنقل الجوي والإسمنت والبوتاس والشركات التابعة للملكية. وبينت الدراسة أن بعض الشركات التي تمت تخاصيتها قدمت حصصاً من أسهمها للعاملين لديها، كما تحسنت بيئة العمل ومستوى الأمن والسلامة ومستوى التدريب وتم خلق فرص عمل جديدة بصورة مباشرة وغير مباشرة جراء تحرير قطاعي الاتصالات والنقل.

وحول الأداء المالي والتشغيلي للشركات بينت الدراسة ظهور تحسن ملحوظ في الأداء المالي والتشغيلي للعديد من الشركات مثل الملكية الأردنية وشركاتها المساندة وسلطة المياه والإسمنت والبوتاس والفوسفات والاتصالات. أما بخصوص المالكين والمشغلين فأكدت الدراسة حصولهم على منافع متوسطة نتيجة لتحقيق عوائد مرتفعة على الملكية مقابل انخفاض نسبة القيمة السوقية إلى العائد. وفيما يتعلق بالأثر المالي على الموازنة العامة للدولة أكدت الدراسة أنه كان ايجابياً نتيجة بيع الشركات المملوكة للحكومة أو جزء منها بحوالي 1.7 بليون دينار تم استخدام الجزء الأكبر منه في شراء الدين الخارجي وإعادة جدولته. وكذلك تحقيق عوائد مستمرة للخزينة من خلال الضرائب وأرباح الأسهم، ورسوم التعدين التي بلغت حوالي 325 مليون دينار عام 2008 مقارنة بحوالي 103 مليون دينار عام 2000. وذكرت الدراسة أن الشركات التي تمت خصخصتها لعبت دوراً كبيراً في تنمية المجتمعات المحلية وذلك من خلال مبادراتها البيئية والاجتماعية والتنموية

والمساهمة في المبادرات الملكية والوطنية. وكمثال على ذلك قامت شركة الاتصالات من خلال مؤسسة Kite Foundation بتقديم دعم مالي بقيمة 500 ألف دينار لإعادة تأهيل المدارس ضمن مبادرة مدرستي. وحول الأثر غير المباشر على الاقتصاد الأردني بينت الدراسة أن الشركات التي تمت خصخصتها استطاعت جذب المزيد من الاستثمارات المحلية والأجنبية، وتقدر قيمة الاستثمارات الجديدة بحوالي 1.6 بليون دينار. خاصة في قطاع الاتصالات الذي خلق أكثر من 5 آلاف فرصة عمل مباشرة وحوالي 25 ألف فرصة غير مباشرة. وارتفعت نسبة مساهمة قطاع تكنولوجيا المعلومات والاتصالات في الناتج المحلي الإجمالي 11.2% عام 2008 مما عزز من تحسين ترتيب الأردن في تقرير التنافسية العالمي (Menafn, 2009).

وأخيراً لا بد من ذكر ما يلي عند تناول موضوع التحويل من القطاع العام إلى القطاع الخاص:

1- إن تجربة التخاصية جديرة بالدراسة والتطبيق ولكن يجب مراعاة الأوضاع الخاصة لكل مجتمع وأن يتم وفقاً لخطط مدروسة وبشكل تدريجي ونسبي وأن تؤخذ الدلالات الاجتماعية الهامة في المجتمع بعين الاعتبار كالبطالة وإعادة توزيع الموظفين، والحاجات التدريبية، وحقوق الموظفين القانونية، وكيفية المحافظة على المصلحة العامة وتحقيق العدالة الاجتماعية وضمان تحقيق الكفاءة العالية.

2- من المؤكد بأن القطاع الخاص لا يملك العصا السحرية التي تمكنه من تجاوز العقبات والسير نحو الازدهار الاقتصادي والتقدم بكل سهولة ويسر، فقد يعاني من العيوب والأخطاء كما هو الحال بالنسبة للقطاع العام. فالخيار بين

الأسواق والقطاع العام خيار بين بدائل غير مثالية (وولـف، 1996). وأن كثيراً من النجاح الـذي حققـه القطـاع الخـاص في معظـم دول العالم كان بفضل دعم الدولة وأجهزتهـا وفـرض الحمايـة الجمركيـة لمصلحته مما ساعده على تحقيق الارباح (شومان، 1998).

ويقول "ميلتون فريدمان" بهذا الخصوص" إن أنصار اقتصاد السوق في الصـناعة يحبـذون عمليـات السـوق الحـرة فـيما يتعلـق بـأداء الصناعات الأخـرى، وهـم في نفـس الوقـت يسـعون للحصـول عـلى مساعدة الحكومة فيما يتعلق بصناعتهم كـما يتصـدرون الصـفوف في النشاطات الضاغطة التي تطالـب بحمايـة الأسـواق المحليـة مـن الواردات المنافسة". ومن ناحية أخـرى فـإن الأكـاديميين مـن أنصـار تدخل الحكومة في الاقتصاد يحبـذون التحـرر مـن قبضـة الحكومـة بخصـوص نشـاطهم، وفي الوقـت نفسـه يطـالبون بتـدخل حكـومي مستنير لتنظيم نشاط الآخرين (وولف، 1996).

3- إن التوجه نحو التخاصـية لا يعنـي بـأي حـال مـن الأحـوال الفـوضى وغيـاب السـلطة الحكوميـة والنظـر إلى الإدارة العامـة بأنهـا غـير ضرورية، ولكـن الحقيقـة الراسخة هـي أن القطـاع العـام سـيبقى يضبط عمل القطاع الخاص بشكل كبير ويقدم تشكيلة واسـعة مـن السلع والخدمات.

6

الفصل السادس
إعادة هندسة نظم العمل
(الهندرة)

لقد كان أحد شعارات فترة الستينات :

" إعادة النظر في حدود الصلاحيات " ، أما فرق الهندرة فقد يحتاجون إلى تبني شعار التسعينات:

" إعادة النظر في كل البديهيات "

مايكل هامر

الفصل السادس
إعادة هندسة نظم العمل

تعمل منظمات اليوم في ظل ظروف متغيّرة، ومعقـدة، ومتسـارعة، في بيئة تتسم بعدم التأكد والمنافسة على انتاج السلع والخدمات.

وأصبح لزاماً على المنظمات التعامل مع مستجدات العصر وظروفـه كالعولمة، والتخاصية، والتقدم الهائل في التكنولوجيا، وزيادة حدة المنافسة، وزيادة وعي المواطنين ومطالبتهم تقديم سلع وخدمات ذات جودة عاليـة بأسعار أقل، فكان لزاماً على المنظمات لمواجهة تلك التحديات البحث عـن أسـاليب إداريـة حديثـة، وإعـادة النظـر في كثـير مـن المفـاهيم الإداريـة التقليدية لضمان البقاء والاستمرارية وزيادة قدرتها عـلى تحقيـق أهـدافها بكفاءة وفاعلية. فكـان ظهـور مفهـوم إعـادة هندسـة العمليـات الإداريـة (الهندرة) في بداية التسـعينات مـن القـرن العشرـين في الولايـات المتحـدة الأمريكية على يد مايكـل هـامر Michael Hammer * ومـن ثـمَّ انتشـاره ليشـمل الكثـير مـن دول العـالم في كـلا القطـاعين الخـاص والحكـومي. "والهندرة" كلمـة مركبـة مـن كلمتـين هـما هندسـة وإدارة. وهـي ترجمـة للمصـطلح الانجليـزي Business Reengineering، ويقـوم هـذا المفهـوم على إعادة البناء التنظيمي بشكل جذري عن طريق إعادة هيكلة وتصميم العمليـات الأساسـية بهـدف تحقيـق تطـوير جـوهري وطمـوح في أداء المنظمات يكفـل سرعـة الأداء وخفـض الكلفـة وجـودة المنـتج (السـلطان، 2009).

---

* مايكل مارتن هامر Michael Martin Hammer (1948-2008) مؤسـس نظريـة هندسـة إجـراءات العمـل. وكـان اسـتاذاً لعلـم الحاسـوب في معهـد ماساشوسـيتس Massachusetts للتكنولوجيا في الولايات المتحدة الأمريكية (Wikipedia, 2010) .

ويرى هامر وشامبي أن مفهوم إعادة هندسة العمليات الإدارية يعني البدء من جديد، أي من نقطة الصفر دونما أتخاذ أية إجراءات تجميلية تترك البنى الأساسية على ما هي عليه. ويتطلب ذلك التخلي التام عن إجراءات العمل القديمة الراسخة، والتفكير بصورة جديدة ومختلفة في كيفية صنع المنتجات أو تقديم الخدمات لتحقيق رغبات المستفيدين (هامر وشامبي، 1995).

لقد تعددت التعريفات التي تبحث في هذا المفهوم بتعدد رؤى الباحثين، فقد عرفها (سالم، 2009) بأنها " إعادة التصميم الجذري للعمليات والنظم الإدارية المصاحبة". كما عرفت بأنها "إعادة تصميم العمليات بشكل جذري بهدف تحقيقه طفرات كبيرة في الأداء (تيشوري، 2009). وعرفت كذلك بأنها "تغيير المنهج الأساسي في العمل لتحقيق تطوير جوهري في الأداء بالنسبة للسرعة والتكلفة والجودة" (السلطان، 2009). وعرفها (اللوزي، 2010) بأنها "إعادة التصميم الجذري للعمليات الإدارية الاستراتيجية التي تحقق القيمة المضافة إلى جانب التنظم والسياسات والبنى المنظمية المساندة بهدف زيادة الانتاجية وتعظيم تدفق العمل" . وعرفت بأنها "وسيلة إدارية منهجية تقوم على إعادة البناء التنظيمي من جذوره وتعتمد على إعادة هيكلة وتصميم العمليات الإدارية بهدف تحقيق تطوير جوهري طموح في أداء المنظمات" (الهاشم، 2010). ويعرفها (Luck and Peabody, 2000) بأنها " تغيير جذري في عمليات المنظمة من أجل تطوير الانتاجية من حيث الكم والكيف وطريقة تقديم الخدمات بهدف إرضاء العملاء".

ويعرفها هامر وشامبي بأنها " إعادة التفكير المبدئي والأساسي وإعادة تصميم العمليات الإدارية بصفة جذرية بهدف تحقيق تحسينات جوهرية فائقة

وليست هامشية تدريجية في معايير الأداء الحاسمة مثل التكلفة الجودة والخدمة والسرعة". ويشمل هذا التعريف أربعة عناصر أساسية تقوم عليها عملية الهندرة وهي (هامر وشامبي، 1995):

1- إعادة التفكير في الأساسيات Fundamental Rethinking: عند تطبيق الهندرة يجب طرح أسئلة أساسية عن المنظمة وكيفية إدارتها وتشغيلها مثل: لماذا نقوم بهذا العمل" أو لماذا نتبع أسلوباً معيناً في أدائه؟ ومن خلال طرح مثل هذه الأسئلة يتم مراجعة ما نقوم به من أعمال وإعادة النظر في أساليب العمل المتبعة. وقد يثبت في كثير من الأحيان أنها خاطئة أو غير مواكبة للزمن. لذلك فإن الهندرة تبدأ من العدم دون أية افتراضات مسبقة، فهي تركز على ما يجب أن يكون وتتجاهل ما هو كائن.

2- العمليات processes: وهي تمثل مجموعة متناغمة ومتناسقة من الأنشطة التي تم تصميمها معاً لتحويل مدخلات معينة إلى مخرجات محددة بهدف تحقيق رغبات العملاء (Davenport, 1993). والتركيز على العمليات (نظم العمل) يعتبر محور الهندرة، وهو ما يميزها عن غيرها من وسائل التطوير الإداري التقليدية التي تركز على التقسيمات الإدارية القائمة على أساس الأنشطة والمهام (السلطان، 2009).

3- إعادة التصميم الجذري Radical Redesign: أي التغيير من الجذور وليس مجرد تغييرات ظاهرية للوضع القائم. وذلك يكون بالتخلص من القديم نهائياً والتخلي عن جميع الهياكل والإجراءات المسبقة وابتكار أساليب جديدة لأداء العمل.

4- تحقيق نتائج فائقة Dramatic Results: تهدف الهندرة إلى تحقيق قفزات كبيرة في معدلات الأداء. وتشير الدراسات إلى أن المنظمات التي طبقت الهندرة بنجاح* زادت انتاجيتها وارتفعت أرباحها وقدمت خدمات أفضل لعملائها في زمن أقل. (Tang and Zairi, 1998)

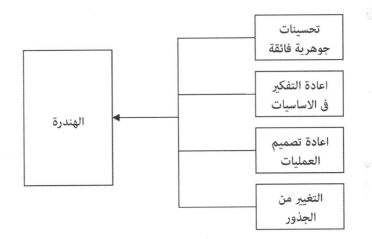

شكل (6)

عناصر هندسة نظم العمل

* بلغت النسبة العامة لنجاح برامج إعادة الهندسة في المنظمات الأمريكية 61% بينما بلغت 49% في أوروبا (Al-Mashari et al., 2001)

عوامل نجاح إعادة هندسة نظم العمل :

يحتــاج تنفيــذ برنامــج الهنــدرة إلى تـوافر عــدد مــن المتطلبــات الأساسية لضمان نجاحه. ومن هذه المتطلبات ما يأتي (العتيبي، 2010) :

1- التخطيـط الاستراتيجي: إذ يجب إضفاء الطابع الاستراتيجي عــلى برنامج إعادة الهندسـة وذلـك بربطـه بالرؤيا والأهداف بعيـدة المدى للمنظمة، وما ينبغي عمله من أجل تحقيق تلك الأهداف.

2- التزام وقناعة الإدارة العليا: يتوقـف نجـاح إعادة هندسـة نظـم العمل على مدى التزام وقناعـة الإدارة العليـا في المنظمـة بفوائـد الهندرة وأهمية تطبيقها في منظماتهم للوصـول إلى مركـز تنافسي ـ مرموق لهذه المنظمات.

3- تكنولوجيا المعلومات: إن تنفيـذ عمليـة إعادة الهندسـة تتطلب اسـتخدام تكنولوجيا المعلومـات الحديثـة كـأداة لبنـاء عمليـات جديدة، وكذلك لتمكين المنظمة من إحداث التغيير الجذري الذي يحقق لها اسلوباً ابداعياً في طرق وأساليب تنفيذ العمل.

4- الاتصال الفعال: إن قدرة الإدارة على تبني قنوات الاتصال الفعـال والمستمر مع أصحاب المصـالح داخـل المنظمـة وخارجهـا يسـهل تطبيق إعادة الهندسة، ويُساعد في تقبل العاملين للتغيرات المترتبة على عملية التنفيذ.

5- مشاركة العاملين وتمكينهم: تقوم فلسفة إعادة الهندسة على منح العـاملين صلاحيات واسـعة، وتنميـة قـدراتهم، وتمكيـنهم مـن اتخـاذ القرارات ذات العلاقة بعملهم. ويمكن تحقيق ذلك بإعادة هيكلة المنظمة بشكل يضمن

للموظف المشاركة الفاعلة ويشجعه على الإبداع والعمل بـروح الفريق الواحد.

6- تقبل التغيير: إن أحد التحديات الأساسية التي تواجهها منظمات القطاع العام عند تطبيق إعادة الهندسة يرتبط بعملية الاستعداد للتغيير. ويتضمن ذلك الرغبة في عدم الابقاء على الوضع الراهن، وإدخـال تغييرات في القيم والممارسـات والبناء التنظيمـي. مما يتطلب احداث تغيير في ثقافة المنظمة تتماشى مع متطلبات عملية الهندرة. ويُقصد "بثقافة المنظمة" مجموعة المبادئ والقيم والمفاهيم والمعتقدات السائدة لدى العاملين في المنظمة التي تُميّز المنظمة عن المنظمات الأخرى. وهي تقوم بـدور فاعـل في التـأثير على تقبل التغيير والتكيف معه.

مراحل إعادة هندسة نظم العمل :

يرى الباحثون أن نجاح الهندرة في إحداث التطوير المنشود يعتمد بشكل أساسي على منهجيـة تطبيقها. ورغـم اختلاف المنظمات حول الطـرق التي اتبعتهـا في تطبيقهـا لمشـروع الهنـدرة فإنهـا لا تخرج عـن المراحل التالية (السلطان، 2009)، (الهاشم، 2010):

1- مرحلة الأعداد: وتتضمن هذه المرحلة الخطوات الرئيسة التالية:

- الإحساس بالمشكلة والإيمان بضرورة التغيير.

- الإيمان بفكرة الهندرة وفاعليتها كأداة لإعادة البناء التنظيمي.

- تحديد أهداف المنظمة بشكل قابل للقياس.

- تحديد تقنية المعلومات اللازمة لتطبيق مشروع الهندرة.

- إعداد الجدول الزمني للعمل.

2- **مرحلة التشخيص:** وتشمل الخطوات الأساسية التالية:

- تحديد العمليات الحالية والتعرف على أسبابها ودوافعها.

- التعرف على أحدث الوسائل التقنية والنماذج الناجحة.

- وضع قائمة بأولويات العمليات المرشحة للهندرة.

- تعريف العمليات المرشحة وتحديد نطاق العمل.

- تحديد فريق الهندرة.

- تحديد أهداف الأداء ووضع معايير القياس.

3- **مرحلة إعادة التصميم:** وتتضمن الخطوات التالية:

- دراسة البدائل المتاحة للتصميم وتصور العملية الجديدة.

- إعادة هيكلة الموارد البشرية.

4- **مرحلة التطبيق:** وتتضمن ما يلي:

- تطبيق التصميم الجديد.

- التغذية العكسية.

فوائد إعادة هندسة نظم العمل :

يحقق تطبيق الهندرة الإدارية فوائد عديدة للتنظيمات منها ما يلي (اللوزي، 2010) ، (هامر وشامبي، 1995):

1- تجميـع الأعـمال ذات التخصصـات المتشـابهة المختصـة بتقـديم خدمات أو سلع معينة في جهة واحدة ممـا يـوفر الوقت والجهـد والتكاليف.

2- تتحول الوظائف من مهام بسيطة إلى أعمال مركبة بعد تكوين فـرق العمليات* المتخصصة في أداء الأعـمال في أماكن محددة سهلة الوصول وبسيطة الإجراءات. ويصبح العمـل اكثر إرضاءً للمـوظفين بسبب إحساسهم بالتحدي والانجاز في أداء وظائفهم نتيجـة قيامهم بانجاز عمليـة متكاملـة. وتكون المسـؤولية مشـتركة بـين الأعضـاء وليسـت مسؤولية فردية مما يزيد من تعاونهم وتنمية روح الفريق لديهم.

3- يتحول دور الموظفين من العمل المراقَبْ إلى العمـل المسـتقل، ففـي المنظمات التقليدية يتم تعيين الأفراد ويطلب مـنهم اتبـاع قواعـد العمل المحددة فيها. أما في الهندرة فتتطلب موظفين قادرين عـلى الابداع والمبادرة مما يزيد عن استقلاليتهم في العمل.

4- يتحول الـإعداد الـوظيفي مـن التـدريب إلى التـعلم، حيـث يسـاعد التعلم على إيجاد موظفين قادرين على اكتشـاف متطلبـات العمـل بأنفسهم بدلاً من التدريب في المنظمات التقليدية التـي تركـز عـلى تدريب الموظفين للقيام بوظائف معينـة أو كيفيـة معالجـة حـالات محددة.

---

* فرق العمليات : مجموعة من الموظفين الذين يعملون معاً لتنفيذ عملية كاملة.

5- يتحول التركيز في معايير الأداء والمكافآت مـن الأنشطة إلى النتـائج، حيث يـتم تعـويض المـوظفين في المنظمات التقليدية علـى أسـاس الوقت الذي يقضيه الموظف في العمل أي على أساس الأنشطة دون التركيز على النتائج. أما الهندرة فتعتمد أسلوب المكافآت والتعويض على أساس النتائج النهائية للعمل بشكل جماعي.

6- تتحول معايير الترقية من الأداء إلى المقدرة. ففي الهندرة تتم الترقية إلى وظيفة أعلى بناءً على قدرات الموظف وليس علـى أدائـه. بينما ترى الإدارة التقليدية أن كل موظف يتفـوق في وظيفتـه يمكن أن يصبح مديراً. وإن كان الواقع يشير إلى أن تلك الترقيـة تقود أحيانـاً إلى ظهور مدير سيء على حساب موظف متفوق. فالصلة ضئيلة بين مهارات العمل الـوظيفي والكفـاءة الاداريـة، والواجـب يقتضي- مكافأة الموظفين مادياً وفق حسن أدائهم، وترقيتهم وفقاً لقدراتهم.

7- تعمل الهندرة على تغيير الثقافة التنظيميـة السـائدة في المنظمات بحيث يتم التركيـز علـى تقـديم خدمات ذات جـودة عاليـة ورضى الجمهور.

8- يتحول التنظيم مـن شـكله الهرمي إلى شـكل أفقـي؛ حيث تلغـي الهندرة المستويات الإدارية الهرمية وتطبق التنظيـم الأفقـي. حيـث تمارس فرق العمل عملها بحرية واستقلالية عالية وتعمل على اتخاذ القرارات بدلاً من الإدارات.

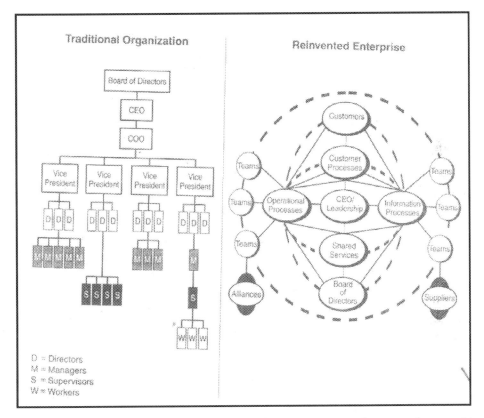

المصدر: (Bennis & Mische, 1997)

شكل (7)

الهيكل التنظيمي للمنظمات المهندرة

9- تتحـول القيـم مـن حمائيـة إلى انتاجيـة، ففـي المـنظمات المهنـدرة تتحول جهود العاملين نحو خدمة المستفيدين بـدلاً عـن خدمـة رؤسائهم. فالمستفيدون هم الذين يدفعون مرتباتهم. ولذلك يجـب الحرص على رضاهم بتقديم أفضل الخـدمات، وتسـهيل إجـراءات الحصول عليها.

ويرى ريتشارد وايتلي Richard Whitely في كتابـه العميـل يـدير الشركة وجوب خلق الرؤية التي تحافظ على العميل، وهي الصـورة الذهنية التي يجب ان تتبناهـا المنظمـة وتعتبرهـا طموحاً تسـعى لتحقيقه لتحقيق رضا العميـل. وكذلك الاسـتماع الجيـد لمـا يقولـه العميل ووضـع ملاحظاته حـول أسـلوب العمـل في الاعتبـار سـواء كانت هذه الملاحظات ايجابية أو سلبية. وهذا يتطلب تعاملاً جيداً مع شكاوى المراجعين والاستفادة منها. وعلى المـديرين أن يوضحوا للعاملين أن وظيفة المنظمة الأولى هي خدمة العملاء بشكل جيـد، واقناعهم بهذا يوفر لنا موظفين مخلصـين يقدمون خدمـة ممتـازة طالما أعطتهم المنظمـة الحريـة في العمـل عـلى إسـعاد العمـلاء ودربتهم على ذلك باعتبارهم أهم مقومات الجـودة. ولـذلك يجـب ربط أسلوب قياس أداء الموظف برضا العميل.

كما يتطلب ذلك تصميم سياسات وإجراءات العمـل بحيـث تراعي راحة المخدومين بالدرجة الأولى وتوفير نظام يضمن المراجعة الدائمة لنظم العمل وتطويرها. وتشجيع الابتكار ومتابعـة كـل مـا يجـد في مجال العمل. (Whitely, 1991)

10- يتحـول المـديرون مـن مشرفين إلى مـوجهين، إذ أن فـرق العمـل تمارس صلاحيات مستقلة تعطي العاملين درجة عالية من المرونة وبذلك يتحول

دور المديرين إلى توجيه العاملين ومساعدتهم وتطوير مهاراتهم وتحسس المشكلات التنظيمية لوضع الحلول لها.

معوقات تطبيق إعادة هندسة نظم العمل:

1- عدم قناعة الإدارة العليا في المنظمة بمفهوم الهندرة وأهمية تطبيقه.

2- مقاومة العاملين لتطبيق مفهوم الهندرة.

3- عدم توفر المعلومات اللازمة لتطبيق مشاريع الهندرة.

4- عدم وضوح أدوار بعض الموظفين في مشروع الهندرة.

5- ضعف تدريب وتأهيل الموارد البشرية على مشاريع الهندرة.

6- عدم الاستمرار في مشروع الهندرة والتراجع عنه عند وجود بعض المشاكل أو الإحساس بالنجاح الجزئي.

7- تجاهل القيم والمفاهيم السائدة في بيئة المنظمة وعدم العمل على تغيير السلوكات التي تتعارض مع قيم العمل الجديدة.

8- عدم توفير الموارد المالية الكافية لتطبيق مشروع الهندرة.

7

الفصل السابع
التمكين الإداري

" إن المـوظفين الـذين أعطـوا الصـلاحيات بعـد تدريبهم وقد جرى تقدير انجازهم ينظـرون إلى أعمالهـم مـن منظـور مختلـف، إذ لم يعـودوا يقصرون العمل على تنفيذ ما هو مطلوب منهم ويتعجلون انتهاء دوامهم، بل أصبحوا يمتلكـون المنظمة، ويشعرون بمسؤوليتهم إزاءها ".

جورج ويمزكيرتش

الفصل السابع
التمكين الإداري

يشهد العصر الـذي نعـيش فيـه تغـيرات كبـيرة وسريعـة في معظـم مناحي الحياة. فقـد تطـورّت التكنولوجيـا، ومعهـا تطـور مسـتوى الإنتـاج وأسـاليبه ووسـائل تقـديم الخـدمات، ونمـت التنظـيمات الضـخمة وزادت أهميتهـا بفعـل التكنولوجيـا المتقدمـة فأصـبحت تعتـبر ظـاهرة العصرـ. وبمقدار ما أصبح التنظيم مهماً لحياة الفرد فإن التنظيمات مـا تـزال تعتـبر الأفراد الأساس الذي يعتمـد عليـه في تحقيـق أهـدافها المختلفـة. فأخـذت تبذل الجهد والمال وتصرف الوقـت لاختيـار أفضـلهم كفـاءة، وتعمـل عـلى تمكينهم وتوفر التدريب المناسب لهم، وتمنحهم مزيـداً مـن الحـوافز التـي تساهم في سد احتياجاتهم المختلفة، وتفويضهم المزيد من الصلاحيات التي تمكنهم مـن اتخـاذ القـرارات المتعلقـة بعملهـم، وتشـجعهم عـلى المبـادأة والإبداع. وهكذا تزايد الاهتمام بمفهوم التمكين الإداري منـذ أواخـر القـرن العشرين فـاعتبر أحـد فلسـفات الإدارة الحديثـة التـي تقـوم عـلى تطبيـق الإدارة المنفتحة.

كل ذلك كان بسبب تحول التنظيمات مـن منظمـة الأمـر والـتحكم إلى منظمة التمكّن والـتعلّم التـي تـرى في العنصرـ البشرـي مـورداً أساسـياً تسعى إلى استثماره واعتبـاره شريكـاً (عقـيلي، 2005). ويـتم ذلـك بتعزيـز قدرات العاملين ومنحهم حرية التصرف واتخـاذ القـرارات بشـكل مسـتقل وتحقيق المشاركة الفعلية في إدارة منظماتهم.

لقد تعددت التعريفـات التـي تشرـح مفهـوم التمكـين الإداري* تبعـاً لتعـدد الباحثين والزوايا التي ينظرون منها. فقد عرفه بعضهم بأنه "تخويل العاملين صلاحية

* يعني "التمكين" في اللغة المكنة والإستطاعة والقوة والشدة (أنيس، 1972).

وضع الأهداف الخاصة بعملهم، واتخاذ القرارات التي تتعلق بانجازها وحل المشكلات التي تعوق تحقيق تلك الأهداف" (Moorhad & Griffin, 2001). وعرفه آخرون بأنه " تزويد العاملين بالسلطة والمعرفة والمصادر اللازمة لتحقيق أهداف المنظمة" (Goetsck & Stanly, 2006). وعرفه (Murrel & Meredeth, 2000) بأنه "تمكين شخص ما ليتولى القيام بمسؤوليات وسلطات أكبر من خلال التدريب والثقة والدعم العاطفي". ويعرفه (الأفندي، 2003) بأنه "إعطاء الأفراد سلطة أوسع في ممارسة الرقابة وتحمل المسؤولية واستخدام قدراتهم من خلال تشجيعهم على اتخاذ القرار". وعرفه (Noe et al, 2008) بأنه "إعطاء العاملين المسؤولية والسلطة لاتخاذ القرارات". وعرفته فاتن أبو بكر بأنه "إتاحة درجة مناسبة من حرية التصرف للموظفين حيث توكل إليهم مهام يؤدونها بدرجة من الاستقلالية مع مسؤوليتهم عن النتائج، معززين بنظام فاعل للمعلومات يهيء دفعاً سريعاً لها مع التركيز على العاملين الذين يمارسون عمليات مرتبطة بالجمهور" (أبو بكر، 2000). كما عرف بأنه "منهج لإدارة الأفراد يسمح لأعضاء الفريق بأن يمارسوا صنع القرار فيما يتعلق بشؤون أعمالهم اليومية" (عبد الوهاب، 2000). ويرى (المعاني واخو ارشيدة،2009) بأنه "إستراتيجية تنظيمية تهدف إلى منح العاملين حرية واسعة داخل المنظمة في اتخاذ القرارات وحل المشكلات من خلال توسيع نطاق تفويض السلطة، وتدريب العاملين وزيادة مشاركتهم في إدارة المنظمة وحفزهم والتأكيد على أهمية العمل الجماعي وتوفير الموارد اللازمة وبيئة العمل المناسبة لتحقيقه " .

يلاحظ من التعريفات السابقة أنها تبحث في "التمكين الإداري" من بعدين رئيسين:

1- بُعْد المهارة، أي إكساب العاملين مهارات العمل الجماعي من خلال التدريب وخاصة مهارات التوافق وحل النزاع والقيادة وبناء الثقة.

2- بُعد الإدارة، وهو إعطاء العاملين حرية التصرف وصلاحية اتخاذ القرارات كأعضاء في المنظمة فيما يتعلق بأعمالها.

وبذلك نجد أن مفهوم التمكين الإداري يختلف عن مفهوم تفويض الاختصاصات Delegation الذي يعني أن يفوض الرئيس الإداري أحد مرؤوسيه ممارسة بعض اختصاصات وظيفته التي يشغلها تمكنه من إصدار قرارات مستقلة دون الرجوع إلى الرئيس. فالتفويض لا يلغي مسؤولية المفوِّضْ عن النتيجة النهائية للعمل كما أنه يعتبر حالة مؤقتة تنتهي بانتهاء المهمة التي قد تم التفويض لها. أما فيما يتعلق بالتمكين الإداري فهو أكثر شمولية ولا نهاية له بل يستمر مع بقاء الموظف في منظمته، إذ إن الأفراد الذين يتم تمكينهم وإعطاؤهم سلطة اتخاذ القرارات سيكونون هم المسؤولون عن النتيجة النهائية لسير الأعمال وتنفيذها بالشكل الذي ينسجم مع أهداف منظماتهم.

فوائد التمكين الإداري:

إن انتهاج المنظمات الإدارية لفلسفة التمكين تحقق العديد من المزايا على مستوى الفرد والمنظمة. فعلى مستوى المنظمة يسهم التمكين الإداري في تحسين جودة المنتج أو الخدمة المقدمة وتقليص التكاليف وزيادة القدرة التنافسية

والاستغلال الأمثل للموارد وخفض نسبة دوران العمل* وزيادة فعالية الاتصال بين المنظمة والمخدومين، أما فيما يتعلق بالفرد فإن التمكين يفيد في إشباع حاجاته وتحسين قدرته على مقاومة ضغوط العمل وزيادة ثقته بنفسه وتشجيعه على الإبداع والمبادأة والالتزام بروح الفريق ورفع دافعيته الذاتية وتنمية شعوره بالمسؤولية وتعزيز ولائه التنظيمي (Schermerhorn,J.,Hunt,J,&.Obson,R.,2000)، (ملحم، 2006)، (درة والصباغ، 2008) .

مبادئ التمكين الإداري:

يرى ثوماس ستر Thomas Stirr أن أساسيات التمكين الإداري تتكون من سبعة مبادئ مستمدة من الأحرف الأولى لكلمة Empower حيث يمثل كل حرف من هذه الكلمة مبدأ من المبادئ، وهي (الحراحشة، والهيتي،2006):

1- **E-Education تعليم العاملين:** حيث ينبغي تعليم كل فرد في المنظمة لأن التعليم يؤدي إلى زيادة فعالية العاملين فيها الأمر الذي يؤدي بدوره إلى نجاحها.

2- **M-Motivation الدافعية:** فعلى الإدارة أن تخطط لكيفية تشجيع المرؤوسين لتقبل فكرة التمكين ولبيان دورهم الحيوي في نجاح المؤسسة من خلال برامج التوجيه والتوعية، وبناء فرق العمل المختلفة واعتماد سياسة الأبواب المفتوحة للعاملين من قبل الإدارة العليا.

---

* دوران العمل Turnover : حركة الموظفين في المنظمة خاصة فيما يتعلق بحركة التعيين وترك العمل مما يؤثر على العدد الاجمالي للموظفين في وقت معين.

3- **P-Purpose وضوح الهدف:** إن جهود التمكين الإداري لــن يكتب لهـا النجاح ما لم يكن لدى كل فرد في المنظمة الفهم الواضح والتصور التـام لفلسفة ومهمة وأهداف المنظمة. إن صلب عملية التمكين الإداري تكمـن في الاستخدام المخطـط والموجـه للإمكانيـات الإبداعيـة للأفراد لتحقيق أهداف المنظمة.

4- **O-Ownership الملكيـة:** وهـذا المفهـوم يتعلـق بسياسـات تشجيع امتلاك العاملين لجزء من أصول المنظمات أو مـن خلال إيجاد خطط لزيادة عوائد وامتيازات العاملين بحيث يكون لدى المنظمة قوة عاملـة من الأفراد المالكين لأصول ومزايا تـؤدي إلى تعزيـز ولائهـم وشـعورهم الإيجابي تجاه منظماتهم. وهذا بدوره يـؤدي إلى توسيـع صلاحياتهم في العمل وزيادة مسؤولياتهم عن إنجازه.

5- **W-Willingness to change الرغبـة في التغيـير:** إن نتائـج التمكين تقود المنظمة إلى الطرق الحديثة في أداء مهامها، وإن البحث عن طـرق عمل جديدة وناجحة أصبح هو الحقيقة اليومية، وما لم تشجع الإدارة العليا والوسطى التغيير فإن وسائل الأداء ستودي إلى الفشل.

6- **E -Ego Elimination نكران الذات:** تقوم الإدارة في بعض الأحيان بإفشال برامج التمكين الإداري قبل البدء بتنفيذها. كما يتصف بعض المديرين بحـب الذات وإتباع النمط الإداري القديم المتمثل بالسيطرة والسـلطة، وينظـرون إلى التمكين عـلى أنـه تحـد لهـم وليـس طريقـاً لتحسـين مسـتوى التنافسـية والربحية للمنظمة أو فرصة لنموهم شخصياً كمديرين وموجهين.

7- **R-Respect الاحتـرام:** إن عامـل التمكين هـو الاعتقـاد بـأن كـل عضـو في المنظمـة قادر على المساهمة فيها من خلال تطوير عمله والإبداع فيه، وما لم يشكل احترام العاملين فلسفة جوهريـة في المنظمـة فإن عمليـة التمكين لـن تحقـق النتائـج

العليا المرجوة. والاحترام يعني أيضاً عـدم التمييـز بـين العـاملين لأي سبب من الأسباب لأن عـدم الاحـترام يـؤدي إلى إفشـال كافـة جهـود التمكين الإداري.

خطوات تمكين العاملين:

تسير عملية التمكين الإداري بشكل تدريجي وفي خطوات متتابعة وفقاً لما يأتي (الزيدانيين، 2006)، (الطراونة، 2006):

1- إحداث التغيير:

يـرى كيزلوس Kizilos أن كثيراً مـن المـديرين قـد أمضى ـ سـنوات طويلة للحصول على القـوة والسلطة وغالباً ما يبـدون عـدم رغبـة في التنازل عنها. كما يتصف بعضهم بحب الـذات وإتبـاع الـنمط القديم في الإدارة الذي يقوم على السيطرة والسلطة وينظرون إلى التمكين على أنـه تحدٍ لهم وليس طريقاً لتحسين أداء منظماتهم. إن تغيير سلوكهم بهدف التخلي عن بعض السلطة للمرؤوسـين يُعـد خطـوة أساسـية هامـة نحـو تطبيق مفهوم التمكين.

2- تحديد القرارات التي يشارك فيها المرؤوسون:

إن تحديد نوع القرارات التي سيتخلى عنها المديرون للمرؤوسـين تشكل أحـد أفضـل الوسـائل بالنسبة للمـديرين والعـاملين للتعـرف على متطلبات التغيير في سلوكهم. وأن تُحدد الإدارة طبيعة القرارات التي يمكن أن يشارك فيها المرؤوسون بشكل تدريجي. إذ يجب تقييم نوعية القرارات التي تتم بشكل يومي حتى يمكن للمـديرين والمرؤوسـين تحديـد نوعيـة القـرارات التـي يمكـن أن يشـارك فيهـا المرؤوسـون بشـكل مبـاشر (Dimitriades, 2005).

3- اختيار الأفراد المناسبين:

يجب علـى المـديرين اختيـار الأفـراد الـذين يمتلكـون القـدرات والمهارات للعمل مع الآخرين بشكل جماعي، ويفضل أن تتوافر للمنظمة معايير واضحة ومحددة لكيفية اختيار الأفراد المتقدمين للعمل (العتيبي، 2004).

4- تكوين فرق العمل:

لا بد أن تتضمن جهود التمكين استخدام أسـلوب الفريـق وحتـى يكون للمرؤوسين القدرة علـى إبـداء الـرأي فيما يتعلـق بوظائفهم وأن يكونوا على وعي بكيفية تأثير وظائفهم على غيرهم مـن العـاملين وعلـى المنظمة. وأفضل الوسائل لتكوين ذلك الإدراك هـو أن يعمـل المرؤوسـون بشكل مباشر مع أفراد آخرين، فالموظفون الذين يعملون بشكل جماعي تكون أفكارهم وقراراتهم أفضل مما لو عملوا منفردين.

5- التدريب:

ويعتبر أحد الركائز المهمة لتمكين العاملين حيث يجب أن تتضمن جهود المنظمة توفير برامج تدريبية ملائمة في العديد من المجالات مثل: حل المشـكلات ومهـارات الاتصـال وإدارة الصـراع والعمـل ضـمن فريـق بهدف رفع سوية العاملين وتمكينهم.

6- توفير المعلومات:

لكي يتمكن المرؤوسون من اتخاذ قرارات أفضل للمنظمة فإنهم يحتاجون لمعلومات عن وظائفهم وعن المنظمة ككل، ويجب أن يتـوفر للمـوظفين فرصـة الوصول للمعلومات التي تساعدهم على تفهم كيفية أن وظائفهم وفرق العمل

التـي يشـتركون فيهـا تقـدم مسـاهمة لنجـاح المنظمـة. فكلـما تـوفرت معلومات للمرؤوسين عن طريقة أداء عملهم كلما زادت مساهمتهم.

7- التغذية العكسية:

وذلك بتقييم تجربة التمكين والوقوف على جوانب الضعف والقوة والعمل على تلافي جوانب القصور وتعظيم الإيجابيات والاعتراف بإنجازات العاملين وحفزهم عليه.

عناصر التمكين الإداري:

وهي المرتكزات الأساسية لنجاح تطبيق مفهوم التمكين. ويمكن تحديد أبرز العناصر الأساسية للتمكين الإداري بما يلي:

1- **تفويض السلطة:** هو أن يفوض الرئيس الإداري أحد مرؤوسيه ممارسـة بعض اختصاصات وظيفته التي يشغلها فيكون للمفوض إليه اختصاص إصدار قـرارات فُـوِّض باتخاذهـا دون الرجـوع إلى الـرئيس. ويـرى (Lawler, 1994) أن الفكرة الأساسية لمفهوم التمكين الإداري أن تـتم عملية تفويض الصلاحيات إلى أقل مسـتوى إداري في المنظمـة حيـث يتبع النظام اللامركزي في اتخـاذ القرارات، وهـذا يتطلب التوسـع في تفويض الصلاحيات كي يتـاح للعـاملين في المسـتويات الإداريـة الـدنيا صلاحيات أوسع في وضع الأهـداف وحريـة التصرف واتخـاذ القرارات وتحقيق المشاركة الفعلية في إدارة المنظمة.

3- **فرق العمل :** يعتـبر الإنسـان بطبيعتـه مخلوقـاً اجتماعيـاً يدرك أنه بحاجة إلى التوافق مع الآخرين كي يتمكن من تحقيق أهدافه ، ولكي تتصف الجماعة المنظمية

بالكفـاءة والفاعلية فإنها لا بد من أن تكـون محققـة لتطلعـات الإدارة المتعلقـة بـدور الجماعـة وقدرتهـا عـلى المسـاهمة في تحقيق غايـات النظـام وأهدافه. فالجماعـة الناضجة هـي التـي تسـود بـين أفرادهـا علاقـات قبـول وثقـة متبادلـة والقـادرة عـلى وضع قـرارات وتطويـر الـدوافع الجماعيـة إضافـة للـدوافع الفرديـة، وتقـل فيهـا الحاجـة إلى ممارسة ضبط خـارجي نظراً لممارسـة أفرادهـا لضبط ذاتي نـابع مـن أنفسـهم، وبـذلك يكـون إنجـاز المجموعـة أعـلى مـن الانجـاز الفـردي للأعضاء بسـبب التنسـيق والتعاون فيما بينهم (الطويل، 2006). ويؤكد (Hachman, 1987) عـلى أن فعاليـة المجموعـة تتحقـق مـن خـلال خصائص المنظمـة التـي تتضـمن ثقافـة المنظمة وهيكلهـا التنظيمـي ونشـاط التـدريب والتعلـيم ودرجـة تمكـين العـاملين فيهـا. ويرتبـط موضوع التمكين عند العديد من الباحثين بتنظيم فرق العمل (Little & Ferris, 2002) ويقصـد بفريـق العمـل "مجموعـة مـن الأفـراد يعملون معاً لأجل تحقيـق أهـداف محـددة ومشـتركة" (& Kinicki Williams, 2006) . ويـرى (Kinichia, Kreitner & Cole, 2003) بأن فريق العمل يجب أن يتمتـع بمهارات متكاملـة ويلتـزم بتحقيـق هـدف مشـترك ومسـؤولية جماعيـة ولـه سـلطة في اتخـاذ القرارات التنفيذية، ولذلك يعتبر تشكيل فرق العمـل إحدى الآليـات الهامـة لتطبيق التمكين الإداري في المنظمات.

3- **تدريـب العاملين:** وهو "الجهود الهادفة إلى تزويد العامل بالمعلومات والمعارف التي تكسبه المهارة في أداء العمـل أو تنميـة مهارات ومعارف وخبرات باتجاه زيادة كفاءته الحالية والمستقبلية" (الهيتي، 2005). فالمنظمـة المعاصرة اليوم تعتبر منظمة تعلُّم تتصف بوجود جهود مستمرة فيها مـن أجـل تعليـم مواردهـا البشرية بشكل دائم أشياء جديدة، وكيف يتم تطبيق ما تعلموه في واقع عملهـم وذلك بهدف تحسين جودة ما تقدمه من سلع أوخدمات وتحقيق رضا مخدوميها

(عقيلي، 2005). فنجـاح المنظمـة في تحقيـق أهـدافها يعـود إلى أنهـا تتيح لكافة عامليها سبل التعلم من خلال التدريب والتجريب والتعلم الجماعـي وإدارة المعرفـة. ويـرى (Dimitiriades, 2005) أن مـن بـين خصائص المنظمات الممكنة توفير برامج تدريبية لتدريب العاملين عـلى مهارات اتخاذ القرارات وإدارة الصراع وحل المشاكل ومهـارات الاتصـال والعمل مع فرق العمل.

4- **الاتصال الفعال**: وهي العملية التي تهدف إلى نقل المعلومات وتبادلهـا التي بموجبها تتوحد المفاهيم وتتخذ وتنفذ القرارات. وهي عملية فهـم المعلومـات وتمريرهـا مـن شـخص إلى آخـر. فالاتصـال الفعـال اتصـال ذو اتجـاهين يتيـح للعـاملين فـرص إبـداء الـرأي وتبـادل الأفكـار والآراء والمعلومات (العميان، 2010). وهذا يتطلـب تعريـف جميـع العاملين بأهداف المنظمة ورسالتها، وتعريف كل موظف بـدوره لتحقيـق هـذه الأهداف واهتمام الإدارة بإيجاد وسائل اتصال فعالة بين العاملين عـلى اختلاف مستوياتهم وتوفير فرصة الوصول للمعلومات التي تساعدهم على أداء أعمالهم، وسهولة وصـول الموظـف إلى أصحـاب القـرار وشرح مواقفهم.

5- **حفز العاملين**: من المعلوم ما للحوافز من دور فاعل في تعزيز العلاقات فيما بين التنظيم والعاملين فيه. فهي التي تحفز القوى الدافعـة بغيـة تحقيق أهداف التنظيم، وهذه الحوافز تكون مادية أو معنويـة فرديـة أو جماعية يتوقف تأثيرها على قدرتها في إثارة الدافعية للأفراد وتعزيـز حماسهم وثقتهم بالتنظيم وولائهم له، كما يتوقف تأثيرها عـلى نجاعـة الأسـاليب المتبعـة في تنفيـذها والتـي تراعـي أهـداف التنظيـم وأهداف العاملين فيه لتحقيق الولاء والشعور بالمسؤولية والشعور بالرضى وتحقيق الذات. ويعرف الحافز بأنه " مجموعة العوامل التي

تحرك قدرات العاملين لبذل جهد أكبر لتحقيق نتائج أفضل" (المعاني، 1996). إن نظام الحوافز الجيد يسهم في جذب الأفراد والتحاقهم بالتنظيم وإشباع حاجاتهم ويعزز استمرارهم في العمل ويثير المنافسة وبذل الجهد لتحسين أدائهم والإبداع فيه، ويوفر لهم المناخ التنظيمي الايجابي ويشعرهم بالرضا والثقة ويرفع من روحهم المعنوية ويقوي ولاءهم للتنظيم ورغبتهم في الحرص على تحقيق أهدافه بكفاءة وفاعلية. وهكذا نجد أنه تقع على التنظيمات مسؤولية الاهتمام بالإنسان وتمكينه من تحقيق أهداف التنظيم من خلال تحقيق أهداف الفرد في العمل وتأمين مصالحهم مما يشعر العاملين أن نجاح التنظيم مرتبط بمدى رضاهم وتأمين مطالبهم.

6- **محاكاة الآخرين في سلوكهم:** يميل الموظفون إلى تقليد سلوك الأشخاص الذين يحترمونهم ويكنون لهم الإكبار والاحترام حتى في ظل الظروف التي لا يكون فيها المديرون موضعاً للإعجاب فإنه بإمكانهم أن يصبحوا أنموذجاً يُحتذى به. وأشار كل من بسكوريك وبيهار pescuric and Bihar إلى أن المحاكاة تعتبر من أكثر الوسائل نجاعة في تطوير المهارات وتغيير السلوك. (الطراونه، 2006).

معوقات تحقيق التمكين الإداري:

تواجه المنظمات العديد من المعوقات التي تعوق تطبيق مفهوم التمكين ومن أبرزها ما يلي (Greasley & King, 2005)، (,Danbom 2007)، (العتيبي ، 2007):

1- عدم قناعة الإدارة العليا بأهمية التمكين.

2- حرص المديرين على مراكزهم ومناصبهم الوظيفية.

3- ضعف مهارات العاملين وعجزهم عن تحمل المسؤولية.

4- رتابة الهيكل التنظيمي وتعدد مستوياته الإدارية.

5- المناخ التنظيمي غير الصحي مما ينعكس سلباً على معنويات العاملين ومستوى أدائهم.

6- عدم عدالة نظام الحوافز.

7- مقاومة التغيير.

8- عدم وجود نظام موضوعي لتقييم الأداء.

إن نجاح برامج التمكين الإداري يتطلب بالدرجة الأولى اقتناع الإدارة بفلسفة التمكين الإداري والتزامها بتطبيق هذه الفلسفة ودعمها. وعلى عاتقها تقع مسؤولية منح الموظفين السيطرة على نشاطاتهم والحرية في اتخاذ القرارات الهامة والمسؤولية عن أفعالهم. إن إشراك الموظف وتمكينه يعتبر التزاماً طويل المدى وطريقة جديدة في تسيير العمل وتغييراً أساسياً في ثقافة المنظمة. والموظفون الذين أعطوا الصلاحيات بعد تدريبهم وجرى تقدير انجازهم ينظرون إلى عملهم من منظار مختلف، فلم يعودوا يقصرون العمل على تنفيذ ما يطلب منهم ويتعجلون انتهاء دوامهم. بل أصبحوا يمتلكون المنظمة ويشعرون بأنهم مسئولون شخصياً عن أدائها (جورج ويمرزكيرتش، 1998).

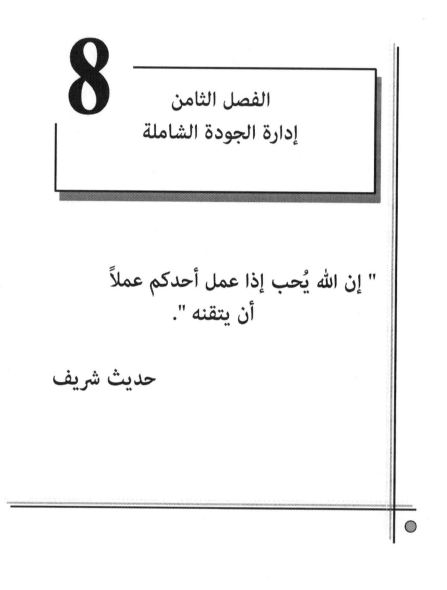

8

الفصل الثامن
إدارة الجودة الشاملة

" إن الله يُحب إذا عمل أحدكم عملاً
أن يتقنه ".

حديث شريف

الفصل الثامن
إدارة الجودة الشاملة

تواجه المنظمات في هذه الأيام تحديات واسعة في عالم طابعه التغير والتنافس الهادف إلى تقديم أفضل الخدمات والسلع للمستفيدين، مما دفع العديد من هذه المنظمات إلى تغيير أساليبها الإدارية التقليدية، والبحث عن مفاهيم إدارية حديثة تمكنها من تحقيق أهدافها بكفاءة وفعالية. ولعل من أبرز هذه المفاهيم " إدارة الجودة الشاملة "، الأسلوب الذي يقوم على تطوير أداء المنظمات عن طريق بناء ثقافة تنظيمية تجعل الجودة هدفها الأساسي في خدمة المستفيد وإرضائه.

بدأت البذور الأولى لمفهوم الجودة في اليابان في منتصف القرن العشرين*، ثم انتشر المفهوم بعد ذلك ليشمل أمريكا ودول أوروبا الغربية إلى أن أضحى اليوم موضوع العصر ـ وقد تجسد في نهج إداري حديث متكامل يتكون من العديد من المظاهر التي يجب تطبيقها بشكل كلي وفي ظل ظروف داخلية مواتية فسمي " إدارة الجودة الشاملة ". واعتبرها بعض الباحثين إدارة القرن الواحد والعشرين. (روبنز وكراوفورد، 1997).

ومع أن بداية تطبيق هذا المفهوم كان في قطاع المنظمات الخاصة بهدف خفض التكاليف وزيادة المعدلات الإنتاجية وتحسين مستوى جودة المنتج أو الخدمة التي تقدم للمستفيد، فإنه سرعان ما انتقل إلى منظمات القطاع العام سعياً إلى تجويد مستوى خدماتها والسلع التي تقدمها، والحد من الهدر في الموارد، وخفض شكاوى المراجعين وتذمر الموظفين .

---

* يرجع البعض تاريخ إدارة الجودة الشاملة إلى الحضارة الفرعونية حيث استخدمت الساعة المائية والرملية كأدوات لضبط العمل (الماضي، 2009).

ويعود الفضل في تطوير هذا المفهوم إلى الرواد الأوائل في هذا المجال أمثال ديمنج (Deming) وجوران* (Juran) وكروسبي** (Crosby) وايشكاوا (Ishikawa) وغيرهم.

لقد تعددت التعريفات التي تشرح مفهوم إدارة الجودة الشاملة تبعاً لتعدد الباحثين والزوايا التي ينظرون منها، فقد عرفه بعضهم بأنه "فلسفة إدارية مبنية على أساس إرضاء العميل وتحقيق احتياجاته وتوقعاته حاضراً ومستقبلاً" (Deming, 1986) . وعرفه آخرون بأنه "مجموعة من المفاهيم والأدوات التي تعمل على جعل جميع العاملين يركزون على التحسين المستمر من وجهة نظر العميل (Schonberg, 1992) . وعرفه (الطعامنة، 2001) بأنه "منهج إداري يسعى لخلق وتطوير قاعدة من القيم والمعتقدات التي تجعل كل موظف في الخدمة يرى أن الهدف الأساسي لمنظمته هو خدمة المستفيد من خلال عمل جماعي يتصف بالتعاون والمشاركة لتحقيق هذا الهدف" . ويعرفه (القحطاني، 1993) بأنه خَلْق ثقافة متميزة في الأداء حيث يعمل ويكافح المديرون والموظفون بشكل دؤوب لتحقيق توقعات المستفيد

* جوزيف موسى جوران Joseph Moses Juran (1904-2008): مهندس كهرباء أمريكي انتقل إلى اليابان عام 1954 بعد أن رفضت العديد من الشركات الأمريكية تطبيق أفكاره في مجال الجودة. لعب دوراً كبيراً في قصة نجاح اليابان في إدارة الجودة. ويعتبر أول من استخدم قاعدة باريتو Pareto Principle في الإدارة التي تتضمن أن تركز الإدارة على الأسباب الأقل التي تتسبب بمعظم المشاكل، وهي التي تسمى أيضاً قاعدة 20/80 أي أن 80% من المشاكل هي ناجمة عن 20% من الأسباب (Goetsch and Davis, 2006) .

** فيليب كروسبي Philip Bayard Crosby (1926-2001): رجل أعمال ومؤلف أمريكي. وهو أول من وضع مفهوم "الجودة هي الحرية" Quality is Free . وأوجد برنامج المعيب الصفري Zero defects program الذي يهدف إلى الانتاج السليم من المرة الأولى ومنع حدوث العيوب في المخرجات (Wikipedia, 2010) .

وأداء العمل بشكل صحيح منذ البداية مع تحقيق الجودة بشكل أفضل وبفاعلية عالية ووقت أقصر" . وعرفته (Drummond, 1992) بأنه "فلسفة إدارية مبنية أساساً على إرضاء العميل تتضمن التصميم المتقن للخدمات أو المنتجات المقدمة، والتأكد من تقديم هذه الخدمات أو المنتجات بشكل متقن دائماً. ويعرفها تونكس بأنها "اشتراك والتزام الإدارة والموظف في ترشيد العمل عن طريق توفير ما يتوقعه العميل أو فوق ما يتوقعه " (الدوسري ، 2001). وعرفها كروسبي بأنها "الطريقة المنهجية المنظمة لضمان سير النشاطات التي خطط لها مسبقاً، كما أن إدارة الجودة تعتبر الأسلوب الأمثل الذي يساعد في منع حدوث المشكلات من خلال التشجيع على السلوكيات الجيدة (Bank, 1992) . ويعرفها معهد الجودة الفدرالي الأمريكي بأنها "نظام إداري استراتيجي متكامل يسعى لتحقيق رضا العميل من خلال مشاركة المديرين والموظفين وذلك باستخدام الطرق الكمية والأدوات الإحصائية بغية تحسين العملية الإدارية بشكل مستمر" (المخلافي، 2007). وعرفت كذلك بأنها "ثورة إدارية تتمحور آفاقها في قيمة التغيير الدائم والشامل للمنظمات القائمة، وفي تطوير وتحسين العمليات والمنتجات والخدمات بما يلبي رغبات وحاجات وتطلعات الجمهور في الحاضر والمستقبل. وهي مدخل يسعى إلى إحداث تغيير جذري داخل المنظمة ونقلها من التقليدية إلى الحداثة" (حمود، 2007).

يلاحظ من التعريفات السابقة أنها تبحث في مفهوم إدارة الجودة الشاملة من ثلاثة اتجاهات:

1- مفهوم إدارة الجودة الشاملة المبني على أساس العميل ومتطلباته.

2- مفهوم إدارة الجودة الشاملة المبني على أساس النتائج النهائية.

3- مفهوم إدارة الجودة الشاملة المبني على أساس الأدوات الإحصائية المتاحة والوسائل العلمية الحديثة.

مراحل تطور مفهوم إدارة الجودة:

لقد استغرق تطور مفهوم إدارة الجودة فترات زمنية متباعدة. ويمكن تلخيص هذه المراحل بما يلي: (الغماس، 2006) ، (الماضي، 2009) :

1- مرحلة ضبط العامل للجودة: وتركزت هذه المرحلة في أعمال التصنيع والإنتاج حيث امتدت هذه المراحل إلى نهاية القرن التاسع عشر، واعتمد النظام فيها على إعطاء عامل واحد أو أكثر مسؤولية إنتاج المنتج بكامله في بعض الأحيان بما في ذلك السيطرة على جودة الإنتاج.

2- مرحلة ضبط المشرف للجودة: حيث شهدت بداية القرن العشرين ما يعرف بمفهوم المصانع الحديثة. كما تم دمج مجموعة من العاملين ممن يقومون بأداء نفس العمل ضمن وحدات يتولى إدارتها ما يسمى بالمشرف الذي أنيطت به أيضاً مسؤولية مراقبة الجودة.

3- مرحلة ضبط المفتش للجودة: فمع ازدياد عدد العاملين خلال الحرب العالمية الأولى أصبح النظام التصنيعي أكثر تعقيداً وظهر ما يسمى "بالمفتش " الذي يتولى مسؤولية التفتيش على المنتج وضبط جودة الإنتاج. وقد تبنت المؤسسات الكبيرة استخدام هذه الطريقة خلال العقدين الثاني والثالث من القرن العشرين .

4- مرحلة ضبط الجودة باستخدام الطرق الإحصائية: لقد تميزت هـذه المرحلـة بزيـادة فاعليـة المؤسسـات الصـناعية الكبـيرة معتمـدة عـلى استخدام أساليب احصائية حديثة لمراقبة الجودة .

5- مرحلة تأكيد الجودة: وتقوم هـذه المرحلـة عـلى توجيـه كافـة الجهـود لتوقي وقوع الأخطاء، ووصفت بأنها تعتمد على نظام تجنب الوقـوع في الأخطـاء وضـمان كافـة الإجـراءات اللازمـة لتـوفير الثقـة بـالمنتج والعملية والوفاء بمتطلبات الجودة، وأن أسـلوب تفكـير الإدارة ينبغـي أن يتغير ليطور فلسـفة رقابيـة تقـوم عـلى الوقايـة بـدلاً مـن الفحص واكتشاف الخطأ بعـد فـوات الأوان (الحـداد، 2009). وتتضمن توكيـد الجودة رقابة شاملة على كافـة العمليـات مـن مرحلـة تصميم المنتج حتى وصوله إلى السوق.

6- مرحلة إدارة الجودة الشاملة: وقد سـادت خـلال عقـد الثمانيـات مـن القرن المنصرم وأصبحت إحـدى اسـتراتيجيات المنظمـة الرئيسـية التـي تتضمن جودة العمليات وجودة المنتجات، وتركز على العمل الجماعـي ومشاركة العاملين، وعلى العملاء ومشاركة الموردين (جودة، 2009) .

إدارة الجودة الشاملة في القطاع العام:

تواجـه التنظيمـات العامـة تزايـد الطلـب عـلى خـدماتها وزيـادة وعـي المستفيدين الذين يطالبونها باستمرار بتحسين ما تقدمه من سـلع وخدمات، ممـا دفع الكثير منها إلى البحث عن أساليب إدارية حديثة تمكنها من تحسين إنتاجيتهـا وتطوير مستوى أدائها. ولعل من أبرز هذه الأساليب" إدارة الجودة الشاملة" الذي

طبق في منظمات القطاع العام في منتصف الثمانينات من القرن العشرين لمعالجة أوجه القصور في إمكاناتها المالية والتخلص من بعض الممارسات السلبية المتمثلة في سوء الإدارة وتبذير الموارد وهدر الإمكانات والفساد الإداري وغيرها (المناصير، 1994). ويرى الطعامنة أن ما يدفع الحكومة لتبني مفهوم إدارة الجودة الشاملة له يبرره إدارياً واقتصادياً واجتماعياً وفقاً لما يلي (الطعامنة، 2001) :

1- إن اهتمام النموذج البيرقراطي بتحقيق الأهداف بغض النظر عن نوعية الانجاز وجودة الخدمة أو الهدف المحقق لا يعد أمراً مقبولاً، ولذلك فإن أفضل وسيلة لتحسين مستوى المعيشة ونوعية الخدمة المقدمة للمواطنين هي تبني مفهوم إدارة الجودة الشاملة.

2- ارتباط الجودة بالإنتاجية التي تتطلب عمل الأشياء بطريقة صحيحة من أول مرة، ووجوب التركيز على جودة الخدمات لتقليل التكاليف والحد من هدر الموارد.

3- ضرورة تجاوب الحكومة مع طلبات المستفيدين الملحة والتي تزايدت بفضل عوامل سياسية وفكرية وثقافية استدعت ارتفاع سقف مستوى الجودة المطلوبة من قبلهم مما يضفي مزيداً من الاهتمام بمفهوم إدارة الجودة الشاملة كوسيلة لضمان رضا المستفيدين.

4- إن الطلب المتزايد على تحسين الإنتاجية والمشاركة من قبل المستفيدين في عملية تصميم الخدمة الحكومية والطلب المتزايد على تحديد مواصفات الأداء حتم على القطاع العام تبني هذا المفهوم ومحاولة تطبيقه بشكل تدريجي حتى يجني ثماره.

فوائد تطبيق إدارة الجودة الشاملة في القطاع العام:

تحقق أجهزة القطاع العام العديد من الفوائد جـراء تطبيقهـا لهـذا المفهوم أهمها (الـدوسري، 2001)، (البسـتنجي، 2001)، (هيجـان، 1994)، (المعاني واخو ارشيدة، 2008) :

1- السرعة في إنجاز الخدمات، والتوسع في استخدام التقنية الحديثة في أجهزة القطاع العام.

2- انخفاض شكاوى المراجعين من عدم جودة الخدمة المقدمة إليهم.

3- تحسين العلاقات الإنسـانية في التنظـيم، والعمـل عـلى رفـع الـروح المعنويـة وانخفـاض شـكاوى العـاملين، وزيـادة ولائهـم التنظيمـي ورضاهم الوظيفي.

4- تحسين الاتصال والتعاون والتنسيق فيما بين الوحدات التنظيمية في المنظمات العامة.

5- تحديد وتقليص وقت الموظفين وجهدهم.

6- تقليل كلفة التشغيل وهدر الموارد نتيجـة التـزام الإدارات العليـا في المنظمات العامة.

7- إكسـاب العـاملين قـدرات ومهـارات عاليـة عـن طريـق التعلـيم والتدريب المستمر.

8- "مَأْسسة" العمل الحكومي والبعـد عـن "الشخصـنة" وتفعيـل دور التحليل والتخطيط لإدارة الخدمة، والتركيز على تبسـيط الإجـراءات وتنمية الموارد البشرية.

9- الحد من ممارسات الفساد الإداري من خلال فتح المجال أمام مشاركة أفراد الجمهور لتحديد مستوى جودة الخدمات المقدمة.

وإزاء هذه النتائج التي أظهرتها الدراسات من بيئات مختلفة قامت دول عديدة بإنشاء جوائز لإدارة الجودة الشاملة في مجالات الإدارة العامة لمكافأة منظمات القطاع العام التي تقدم خدمات ذات جودة عالية تلبي احتياجات المستفيدين. وفي الأردن تعتبر جائزة الملك عبدالله الثاني لتميز الأداء الحكومي والشفافية مثالاً على ذلك.

عناصر إدارة الجودة الشاملة :

وهي المرتكزات الأساسية لنجاح تطبيق مفهوم إدارة الجودة الشاملة التي من خلالها يمكن النهوض بمنظمات القطاع العام. ويمكن تحديد العناصر الأساسية لإدارة الجودة الشاملة بما يلي:

1- **التركيز على العميل:** ويكون ذلك من خلال بذل مزيد من الجهد لتحديد احتياجات العميل وتوقعاته بدقة تامة، والعمل على تحسين الأداء لتحقيق هذه الاحتياجات. والعملاء نوعان: نوع داخلي يتمثل في العاملين والإدارات داخل المنظمة، ونوع خارجي وهو كل جهة مستفيدة من خدمات المنظمة أو السلع التي تقدمها. (Gatiss, 1996)، (Akgum and Assaf, 2009)، (Finin, 1996). ويمكن القول بأن العميل هو مراقب الجودة الأول ومحور اهتمام المنظمات ربحية كانت أم خدمية. وهو مصدر دخلها الأساسي بحيث لا يقتصر التركيز

على العميل الخارجي للمنظمة التي تكرس كل وقتها وجهدها من أجل تحفيزه على شراء منتجاتها أو خدماتها، بل يشمل جميع العاملين داخل المنظمة.

2- **مشاركة العاملين:** وتعني الاشتراك العقلي والانفعالي للفرد في موقف جماعي يشجعه على المشاركة والمساهمة لتحقيق الأهداف الجماعية والاشترك في المسؤولية عن تحقيق تلك الأهداف.

وعليه فإن هذا التعريف ينطوي على ثلاثة أسس هامة هي:

أ- إن المشاركة تعني الاشتراك العقلي والانفعالي ولا تقتصر على النشاط العضلي في أداء العمل. فالمشاركة تعني ذات الفرد في العمل ولا تقتصر على مهارته العضلية فقط.

ب- كما أن المشاركة هي التي تحفز الأشخاص للمساهمة في المواقف، وتتيح لهم الفرصة لإطلاق طاقاتهم في المبادأة والابتكار لتحقيق أهداف المنظمة.

ج- كما أنها تشجع العاملين على تقبل المسؤولية في أوجه نشاط التنظيم المختلفة. فهي عملية اجتماعية يشترك الأفراد بواسطتها في التنظيم الذي يريدون بقاءه ونجاحه. وقد تعدد تصنيف الباحثين للمشاركة فمنهم الذي يرى المشاركة في تطوير الأهداف أو اتخاذ القرارات أو حل المشكلات أو تقرير الأداء وغير ذلك. (المعاني، 1996)

3- **التزام ودعم الإدارة العليا:** من المؤكد أن نجاح عملية إدارة الجودة الشاملة يعتمد بدرجة كبيرة على التزام كامل من الإدارة بتطبيق هذا المفهوم. وهذا يتطلب قناعة الإدارة العليا في المنظمة بفوائد الجودة وأهميتها لمنظماتهم التي عليها تقع مسؤولية غرس مضامين إدارة الجودةالشاملة لدى المرؤوسين،

وغرس الثقافة التنظيمية الجديدة في نفوسهم، وحفزهم على خدمة العملاء وإرضائهم، وتدريبهم على كيفية الاهتمام بهم ومعرفة احتياجاتهم وإشباعها، وتطوير أداء المرؤوسين باستمرار وتفويضهم الصلاحيات وإشعارهم بكونهم فريق عمل واحد متعاون لتحقيق أهداف مشتركة (عقيلي، 2009) .

4- **تدريب العاملين:** وهو وسيلة لتزويد الفرد بالمعارف والمهارات وتطوير قدراته بغرض تأهيله للقيام بمهام وظيفته الحالية والمستقبلية وتأدية واجباته بقدر عال من الكفاءة . وحتى يتم تطبيق مفهوم إدارة الجودة الشاملة بالشكل الصحيح فإنه يجب تدريب الموظفين على كيفية التعامل مع العملاء والتحليلات الإحصائية البسيطة وطرق قياس الأداء والمهارات الجديدة التي تسهم في تحسين جودة الأداء.

5- **استخدام الأسلوب العلمي في اتخاذ القرارات:** ويقوم هذا الأسلوب على أساس تحديد المسؤولية بدقة، وتحديد أماكن حدوث الخلل في العمليات وطرق معالجتها، وذلك من خلال اتباع سلسلة من الإجراءات والخطوات التي تتطلب دراسة المشكلة بجدية ووضع الحلول المناسبة لها.

6- **استمرارية التحسين:** ويتمثل في التزام الإدارة بمجالات التحسين والتطوير وعدم الاكتفاء بأداء الوظيفة بطريقة جيدة، وبذل الجهد لتحسين الأداء* ومنح الحوافز المادة والمعنوية واعتبار الجودة شعاراً للمنظمة.

---

* ركزت الإدارة في الاسلام على مفهوم الاحسان وهو الاتيان بأمر على نحو أفضل من الوجه المفروض، بينما التحسين هو الزيادة في أمر فيه نقص ليصبح أكثر قرباً من الوجه المفروض.

7- **فرق العمل:** تهدف إدارة الجودة الشاملة إلى اشتراك جميع العاملين في المنظمة في جهد متناسق لتحسين الأداء على جميع المستويات. ولذلك سعت المنظمات إلى تكوين فرق العمل من أفراد تتوافر فيهم المهارات والقدرات التي من شأنها تحديد مشاكل العمل ومعالجتها بهدف تحسين نوعية الإنتاج أو الخدمات وتحقيق أهداف المنظمة بكفاءة وفاعلية (Keck, 1996) .

8- **القدرة على الاتصال الفعال:** وهو الاتصال الذي يعبر عن عملية نقل وتبادل المعلومات التي بموجبها تتوحد المفاهيم وتُتخذ القرارات وتنفذ. فهو عملية فهم المعلومات وتمريرها بين الأشخاص (ياغي، 2010) .

9- **وحدة أهداف العاملين والمنظمة:** ويقوم على تعريف الموظفين بالمنظمة ورسالتها وأهدافها ودورهم في تحقيق هذه الأهداف، وخلق التنسيق بين أهداف المنظمة وأهداف العاملين بحيث يتمكن العاملون من تحقيقهما معاً .

10- **التخطيط الاستراتيجي:** إن المنظمات التي تطبق إدارة الجودة الشاملة لا بد من أن تقوم بالتخطيط الاستراتيجي وذلك بوضع خطة إستراتيجية تتضمن الرؤيا والرسالة والأهداف بعيدة المدى وما ينبغي عمله من أجل تحقيق تلك الأهداف (Goetsch and Davis, 2006).

مراحل تطبيق إدارة الجودة الشاملة:

تعتبر إدارة الجودة الشاملة بناء فكرياً وفلسفياً يشمل كافة مكونات المنظمة من أفراد وعمليات ومنتجات. وتمر عملية تطبيقها بالعديد من المراحل المتلاحقة يمكن ايجازها بما يأتي (Goetsch and Davis, 2006) ، (الماضي، 2009)، (حمود، 2007) :

1- مرحلة الإعداد The preparation Phase : وهـي مـن أكثر المراحـل أهميـة   وذلك لاحتمالية ظهور بعض المشكلات خلالها التي من الضروري دراستها وتحليلها واتخاذ القرارات المناسبة بشأنها. وتتضمن هذه المرحلة الأمور التالية:

• التـزام الإدارة العليـا للمنظمـة في تطبيـق إدارة الجـودة الشـاملة باعتباره قاعـدة أساسـية في إجـراء التحسـين والتطـوير المسـتمر للجودة، والالتزام بتوفير الوقت والموارد.

• استعانة المنظمة بخبراء من خارج المنظمة، إضافة للعاملين كمصدر أساسي لتطبيق إدارة الجودة الشاملة.

• تشكيل مجلس الجودة الذي ينبغي أن يضم في عضويته أعضاء مـن مجلس إدارة المنظمة، لزيادة فاعليته وقدرته في تحقيـق الأهداف المتوخى بلوغها، ويترأس هذا المجلس مدير المنظمة.

• توفير التدريب المناسب لأعضاء مجلس الجودة. مثل التدريب عـلى العمل كفريق Team Work Training ، والتدريب على مفاهيم وفلسفة الجودة الشاملة.

• تشكيل فرق عمل (حلقات الجودة)* في الدوائر والأقسـام المختلفـة في المنظمة وتمكين هذه الفرق وإعطائها صلاحيات واسعة في مجـال تحقيق الأهداف.

---

* يعتبر العالم الياباني كاورو اشيكاوا Kaoru Ishikawa (1915-1989) أول مـن نشرـ مفهـوم حلقات ضبط الجـودة Quality Control Circles وهـي عبـارة عـن مجموعـة صغيرة مـن العاملين في المنظمة تنفذ الخطط وتتحمل مسؤولية تغيير العمليات من أجل تحسين الجودة الانتاجية وبيئة العمل (Robbins and Judge, 2007) .

164

- إرساء القواعـد الفكرية والثقافيـة لـدى العـاملين في المنظمـة، وبنـاء قيم جوهرية يُرتكن إليها في فاعلية التطبيق، وذلك من خلال تنفيذ البرامج التدريبية والتطويرية لجميع العاملين حـول مفاهيم وقيم الجودة وأدواتها المستخدمة في التطبيق.

- اعتماد سبل قياس الأداء ومعايير الجودة الموضـوعة، وذلـك لمعرفـة الآثار التي يمكن أن تتحقق على أرض الواقع عند التطبيق.

2- مرحلة التخطيط The Planning Phase: وتعتبـر المرتكـز الأسـاسي في تطبيق وتنفيذ الجودة الشاملة وذلك من خلال ما يلي:

- تحليـل البيئـة الداخليـة والخارجيـة بغـرض تحديـد نقـاط القـوة والضعف والفرص والتهديدات التي يمكن أن تتعرض لها المنظمة.

- صياغة الرؤيا والرسالة ووضع الأهداف الإستراتيجية التـي تسـعى لتحقيقها المنظمة على المستوى الكلي والمسـتوى التشـغيلي لتنفيـذ العمليات.

- التخطيط لجودة المنتجات والخدمات والعمليـات والأفـراد وغيرهـا من متطلبات تحسين الجودة.

3- مرحلة التطبيق Implementation Phase: وفيها يتم التنفيـذ الفعـلي لاستخدام طـرق وأدوات الجـودة الشـاملة، سـيما بعـد أن يـتم إعـداد العـاملين في المنظمـة وتمكينهم من تطبيق تلك الوسائل، حيـث يـتم اسـتخدام أدوات الجودة مثل الطرق الإحصائية وغيرهـا مـن وسـائل دراسـة وتحليـل المشـاكل واتخـاذ القـرارات المتعلقـة بمعالجتها.

4- مرحلـة الرقابـة والتقييـم The Control and Evaluation Phase:
يستمد نظام إدارة الجودة قدرته في متابعة الأداء المراد إنجازه والتطوير
المستمر للعمليـات الإنتاجيـة والتشـغيلية وفـق سـبل المراقبـة القبليـة
والمتزامنـة والبعديـة لجميـع الأنشـطة التـي تمارسـها المنظمات. فالرقابـة
القبلية يتم اتخاذهـا قبل البـدء بالعملية التشـغيلية للتأكد مـن جودة
المـدخلات المسـتخدمة في العمليـات التشـغيلية. أمـا الرقابـة المتزامنـة
للعمليـات التشـغيلية فيتم اعتمادهـا بالتزامـن مـع العمليـات والأنشـطة
الجارية في المنظمة بحيـث يتم اتخاذ الإجراءات الوقائية أثناء التشـغيل بدلاً
من تفاقم الإنحرافات أثناء العمليـات الجارية. أمـا الرقابـة البعديـة فيتم
اعتمادهـا بعد الإنجازات النهائية للتأكد من مطابقتها للمواصفات والمعايير
المعتمدة من قبل المنظمة.

ولكي يكون النظام الرقابي المعتمد بمختلف صوره فعالاً لا بد أن يتم
تزويد العاملين بجميع المعلومـات المرتبطة بالعمليـات التشـغيلية بحيـث
يتسم ذلك بالبساطة والوضوح والدقة والشـفافية الملائمة، كـما ينبغـي أن
يتم تدريب العاملين في مختلف الخطوط الإنتاجية والتشـغيلية بالأسـاليب
الإحصائية والوسائل المعتمـدة في الوقايـة أو المعالجـة اللازمـة لتجاوز
الانحرافـات أو الإخفاقـات في الأداء واتخـاذ الإجـراءات اللازمـة بالسـبل
الموضوعية لتجاوز الخلل قبل تفاقم أثره.

5- المرحلة المتقدمة The Advance Phase: وفيها يتم التطبيق الكامـل
لإدارة الجـودة الشـاملة وتصبـح المنظمة بمثابـة قـدوة أو مرجعيـة
Benchmarking في التطبيق لنظام الجودة الشاملة للمنظمات الأخرى.

أنظمة وجوائز الجودة:

في عالم يسوده جو من المنافسة بين المنظمات المختلفة أخذت جميع المنظمات تسعى جاهدة لتطوير وضعها ورفع مستوى أدائها من أجل توفير خدمات وسلع ذات جودة عالية بأقل التكاليف من أجل البقاء ومجاراة التطورات والحصول على ميزة تنافسية. لذلك فقد لجأت الكثير من المنظمات لتطبيق إدارة الجودة الشاملة كمنهج إداري جديد لتحقيق مستوى أعلى من الأداء، وتوفير خدمات وسلع أجود. وقد استعانت تلك المنظمات بنماذج معروفة ومواصفات عالمية لتطبيق إدارة الجودة الشاملة للحصول على شهادة اعتراف بتطبيق إدارة الجودة الشاملة من جهة عالمية مخولة. ومن أهم هذه النماذج ما يلي:

1- **جائزة مالكولم بالدريج***: وهي جائزة أمريكية للجودة صدرت عن الكونغرس الأمريكي عام 1987 بهدف تحسين الإنتاجية على المستوى القومي. ويقوم بإدارة برنامج الجائزة المعهد الوطني للمقاييس والتكنولوجيا National Institute of Standards and Technology (NIST) . ويتكون الأنموذج من سبعة عناصر رئيسية وهي (جودة، 2009):

- القيادة Leadership: ويشير إلى دور القيادة في إيجاد القيم والمحافظة عليها، وكذلك توجيه العاملين.
- المعلومات والتحليل Information & Analysis: مدى فعالية استخدام المعلومات لدى أنظمة الإدارة في المنظمة.

* هوارد مالكولم بالدريج Howard Malcolm Baldrige (1922-1987) شغل منصب وزير التجارة في الولايات المتحدة الأمريكية إبان حكومة الرئيس ريغان عام 1981 .

- التخطيط الاستراتيجي للجودة Strategic Planning : ويشير إلى الاستراتيجيات وخطط العمل الخاصة بها في المنظمة.
- تنمية الموارد البشرية Human Resource Development: ويُعنى بتدريب وتطوير الموارد البشرية وتوجيهها نحو تحقيق أهداف المنظمة.
- إدارة العمليات Process Management: وتتضمن فحص كافة العمليات في المنظمة، سواء ما هو متعلق بالزبائن أو بتصميم وتقديم الخدمة.
- نتائج الأعمال Business Results: أي فحص أداء المنظمة في المواضيع المؤثرة في نتائج أعمالها.
- التركيز على الزبون ورضاه Customer Focus: وكيف تحدد المنظمة احتياجاته وتوقعاته وتلبية رغباته.

2- **الجائزة الأوروبية للجودة:** صدرت عام 1991 عن المؤسسة الأوروبية لإدارة الجودة The European Foundation for Quality Management (EFQM) وتم تحديثها عام 2010. ويتكون أنموذج الجائزة من تسعة عناصر صنفت في مجموعتين هما (EFQM, 2010) :

أ- **المجموعة الأولى:** تتكون من العناصر المساعدة Enablers التالية:

- القيادة Leadership: قيادة طموحة ذات رؤية ثاقبة.
- الأفراد People: تطوير الأفراد والارتقاء بمستوى إنتاجيتهم في العمل.
- الاستراتيجيات والسياسات policy & Strategy: الرؤيا القيادية وتصور المستقبل المطلوب تحقيقه.

- الشراكة والموارد Partnership & Resources: إقامة شراكـات مـع أصحاب المصالح المتبادلة والمحافظة على هذه الشراكات.

- العمليات Processes: إدارة المنظمة من خلال الأنظمة والعمليـات والحقائق.

ب- المجموعة الثانية: تتكون من النتائج Results وتتضمن ما يأتي:

- النتائج المتعلقة بالأفراد People Results: وتعبر عن مـدى تحقيـق النتائج التي ترضي المالكين والعاملين والموردين.

- النتائج المتعلقة بالزبائن Customer Results: فالتميز هو تحقيق رضا الزبائن.

- النتائـج المتعلقـة بالمجتمع Society Results: أي تفهـم المنظمـة لمتطلبات المجتمع المحلي وتلبيتها.

- نتائج الأداء الرئيسية Key Performance Results: التي تعبر عـن كفاءة أداء المنظمة من خلال قياس جودة المنتج.

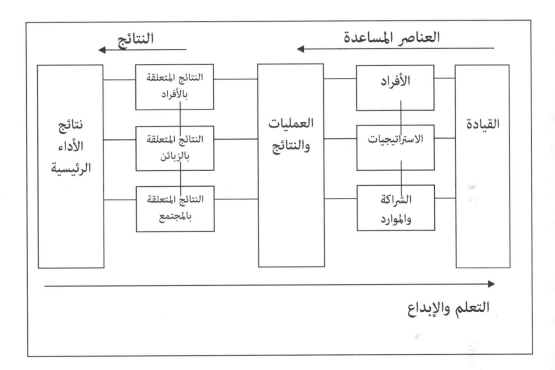

المصدر: (EFQM , 2010)

شكل (8)

أنموذج المؤسسة الأوروبية لإدارة الجودة في التميّز

ويساعد في تحقيق أنموذج الجائزة مبادئ التميّز التالية:-

1- تحقيق نتائج متوازنة.

2- إضافة قيمة لمتلقي الخدمة.

3- القيادة عن طريق الرؤية والإلهام والأمانة.

4- الإدارة بالعمليات.

5- النجاح من خلال الأفراد.

6- رعاية الابتكار والإبداع.

7- بناء الشراكات.

8- تحمل المسؤولية لمستقبل مستدام.

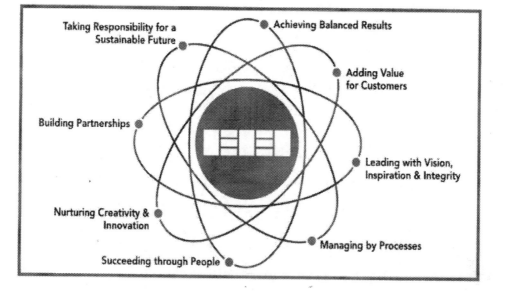

المصدر: (EFQM, 2010)

شكل (9)

مبادئ التميّز لدى المؤسسة الأوروبية لإدارة الجودة

3- **جائزة دیمنغ**[*]: وضعت أسس هذه الجائزة من قبل اتحاد العلماء والمهندسين اليابانيين عام 1951 وذلك اعترافاً بجهود ديمنغ ومساهماته في تطوير الصناعة اليابانية وخاصة في استخدام الأساليب الإحصائية لضبط الجودة. وهذه الجائزة تُمنح للمنظمات وللأفراد الذين ساهموا في نشر مبادئ إدارة الجودة الشاملة، وتتلخص عناصر التقييم الخاصة بها بما يلي (جودة، 2009):

- السياسات Policies: سياسات الجودة وطريقة وضعها ومدى ثباتها وعلاقتها بالتخطيط.
- التنظيم وإدارته Organization & its Management: وضوح السلطة والمسؤولية والتفويض والتنسيق واللجان واستخدام العاملين وحلقات الجودة.
- التعليم والنشر Education & Dissemination: نشر برامج التعليم ونتائجه، وفهم الجودة والمراقبة، وتعلم الأساليب الإحصائية، ونظام اقتراح التحسينات.
- جمع واستخدام معلومات الجودة Collection and Use Information of Quality: أي جمع المعلومات الخارجية وإيصالها إلى الدوائر وسرعة إيصال المعلومات حاسوبياً ومعالجة البيانات.

[*] ويليام ادوارد ديمنغ W. Edwards Deming (1900 - 1993) إحصائي ومحاضر واستشاري أمريكي، وهو مؤسس إدارة الجودة الشاملة، وقد لقلب بأبي الجودة. انتقل إلى اليابان بعد الحرب العالمية الثانية. كان له الفضل في تعليم اليابانيين الأساليب الإحصائية في الرقابة على الجودة، مما جعل منتجاتها الافضل جودة في العالم. (Wikipedia, 2010)

- التحليل Analysis: اختيار المشاكل الرئيسية واستخدام الأساليب الإحصائية، وربط التحليل بالتكنولوجيا، وتحليل الجودة، وتحليل العمليات، واستخدام نتائج التحليل.

- المعايير Standardization: أي توحيد المعايير وطرق وضعها ومراجعتها بالإضافة إلى محتويات المعايير واستخدامها.

- المراقبة Control: أنظمة مراقبة الجودة وجميع بنود المراقبة واستخدام الأدوات الإحصائية في الرقابة بالإضافة لأنشطة الرقابة.

- تأكيد الجودة Quality Assurance: إجراءات تطوير المنتج وإرضاء العميل وتصميم العمليات وتحليلها وقدرة العمليات، والأجهزة والقياس والاختبار والتفتيش وصيانة الأجهزة ونظام توكيد الجودة والتدقيق الداخلي.

- النتائج Result: قياس النتائج الملموسة والأساسية بالنسبة للجودة والخدمات ووقت التسليم والتكلفة والأرباح والسلامة والبيئة.

- التخطيط للمستقبل Planning for the Future: دقة الخطط الموضوعة ومعالجة المشاكل والتخطيط للمستقبل.

4- جائزة الملك عبدالله الثاني لتميز الأداء الحكومي والشفافية (جائزة الملك عبدالله الثاني للتميز، 2010) :

أنشئت الجائزة عام 2002 بهدف تحسين وتطوير أداء الوزارات والمؤسسات الحكومية في خدمة المواطنين الأردنيين والمستثمرين عن طريق نشر الوعي بمفاهيم الأداء المتميز والجودة والشفافية،وإبرازالجهود المتميزة لمؤسسات

القطاع العام وعرض إنجازاتها في تطوير أنظمتها وخـدماتها بحيـث تكـون أرفع جائزة للتميز في القطاع العام على المستوى الوطني.

تهدف الجائزة إلى تجذير ثقافة التميز في القطاع العام التـي ترتكـز على ثلاثة أسس هي التركيـز عـلى متلقـي الخدمـة، والتركيـز عـلى النتـائج، والشفافية.

كما تسعى لضمان قيام القطاع الحكومي بالواجبات والمهام الموكلـة إليه على أكمل وجه وبمستويات عاليـة مـن الجـودة والكفـاءة والاحـتراف، وتهدف إلى توفير مرجعية إرشادية وأسسٍ معياريـة لقيـاس مـدى التقـدم والتطور في أداء الوزارات والمؤسسات الحكومية، وتعزيز تبادل الخبرات بين مؤسسـات القطـاع العـام ومشـاركة النجـاح فيـما بينهـا حـول المـمارسـات الإدارية الناجحة.

وتعـد المشـاركة في الجـائزة إلزاميـة لكافـة الـوزارات والمؤسسـات الحكومية ويتم ذلك تدريجياً.

ويمكن إجمال معايير الجائزة بما يلي (جائزة الملك عبدالله الثاني للتمييـز 2010):

المعيار الأول - القيادة (140 علامة) :

يتناول هذا المعيار قدرة القيادة على توجيه المنظمة[*] بشكل فاعل لتحقيق الأهداف المؤسسية والمساهمة بتحقيق الأهداف الوطنية والمبادرات الملكية ذات

---

[*] المنظمة: الوزارات أو المؤسسات العامة أو الدوائر المشاركة بجائزة الملك عبد الله الثاني لتميز الأداء الحكومي والشفافية.

الصلة وتوفير الموارد اللازمة لذلك. كما يقيس مدى قيام القيادة بكل مـن التركيز على متلقي الخدمة ّ وتحقيق أفضل النتائج، والعمـل بشفافية مـن خلال:

- تحديد الهدف مـن وجـود المنظمـة مـن خلال الرؤيـة والرسالة بما يساعد كافة الأطراف المعنيـة عـلى فهـم الوضع الحـالي والتوجـه المستقبلي لها وصولاً إلى تحقيق الأهداف المؤسسية المرجوة.

- ضمان النزاهة المؤسسية والبعد عن الفساد والتزام الموظفين بمدونـة السلوك الوظيفي وأخلاقيات الوظيفة العامة.

- تبني منظومة قيم مؤسسـية مـن شـأنها تعزيز قـدرة المنظمـة عـلى تحقيق رؤيتها ورسالتها وأهدافها.

- تطوير إستراتيجية توجـه الأعـمال والنشـاطات والإجـراءات لتحقيـق الأهداف المؤسسية والمساهمة بتحقيق الأهداف الوطنية والمبادرات الملكية ذات الصلة.

- إيجاد ثقافة مؤسسية تدعم قـدرة المـوظفين عـلى تحقيـق الأهـداف المؤسسية بكفاءة وفاعلية والمحافظة عليها.

- تطوير وتطبيق أنظمة إداريـة داخليـة تعمل عـلى تمكين المـوظفين القيام بالمهام والواجبات الموكولة إليهم، وبناء أنظمة لمراقبـة وتقييم الأداء المؤسسي.

- وضع استراتيجيات للتعاون وبناء العلاقـات التشاركية مـع الـوزارات والمؤسسات الأخرى، ووضع استراتيجيات لإدارة المخاطر.

ّ متلقي الخدمة: أي شخص أو جهة تقدم له الخدمـة مـن قبل المنظمـة، وقـد يكون متلقي الخدمة مواطناً أو مستثمراً أو مؤسسة أو أي جهة أخرى.

- الالتزام بثقافة التميـز وتجـذيرها لـدى المـوظفين وتشجيع الإبداع والتعلم المستمرين والعمل بروح الفريق.

- قيام المنظمة بمسؤوليتها تجاه المجتمع المحلي من خـلال المشاركة في النشاطات المجتمعية.

ويتكون هذا المعيار من المعايير الفرعية التالية:-

أ- التخطيط الاستراتيجي (50 علامة):

يتنـاول هـذا المعيـار الفرعـي الإطـار العـام لعمليـة التخطيـط الاستراتيجي للمنظمـة، بمـا في ذلـك رؤيتها ورسالتها وقيمها وأخلاقياتها وخطتها الإستراتيجية. كمـا يتنـاول مـدى رؤيـة المنظمـة لعملهـا ورسالتها كموجهات فاعلة لسياساتها وإجراءاتها وأعمالها، ومـدى فاعليـة عمليـات التطبيق والتقييم والمراجعة بهدف تحقيق غاياتها وأهدافها. ويفحص هـذا المعيار فيما إذا كانت القيادة قادرة على التحديد السليم للأهداف الوطنية والمبادرات الملكية التي تسـاهم في تحقيقهـا، وإلى أي مـدى يوجـد تكامـل وتوافق بين الرؤيـة والرسالة والخطـة الإستراتيجية مـن جهـة والأهـداف الوطنية والمبادرات الملكية من جهة أخرى. ويتضمن هذا المعيار ما يأتي:

- الرؤية والرسالة والأخلاقيات والقيم (10 علامات):

إن تحديد الهدف من وجود المنظمة (من خـلال الرؤيـة والرسالة) يساعد كافة الأطراف المعنية على فهـم الوضـع الحـالي والتوجـه المستقبلي للمنظمة وصولاً إلى تحقيـق الأهـداف المؤسسية المرجـوة. وتعتـبر الرؤيـة كبوصلة لتوجيه المنظمة وتعبيراً موجزاً لتطلعاتها المستقبلية فيما تهـدف الرسالة إلى تحديد كيفية قيام المنظمة بتحقيق رؤيتها.

على القيادة ضمان النزاهة المؤسسية والبعد عن الفساد إلى جانـب التأكد من التزام الموظفين بمدونة السلوك الـوظيفي وأخلاقيـات الوظيفـة العامـة لترسـيخ أسـس التعامـل مـع متلقـي الخدمـة والرؤساء والـزمـلاء والمرؤوسين والحفاظ على المال العام وسرية المعلومات.

إن قيـم المنظمـة هـي تلـك المعايير الأخلاقيـة والقيـم الشخصية والسلوكيات التـي تـود تنميتهـا بـين موظفيهـا لتعـزز قـدرة المنظمـة عـلى تحقيق رؤيتهـا ورسـالتها وأهـدافها مـن خـلال تجذير ثقافة التميـز بـين موظفيها.

- الخطة الإستراتيجية (20 علامة):

تساعد الخطة الإستراتيجية المنظمة على تحقيق غاياتها وأهـدافها من خلال ترجمتها إلى أهـداف واقعيـة محددة قابلـة للقيـاس والتحقيق مرتبطـة بـزمن ولها علاقة بمهام المؤسسة، ومـن خـلال تحديـد البرامج والأنشطة والإجراءات والمسؤوليات والإطار الزمني اللازم لإنجازها.

يجب على المنظمـة أن تقوم بتحديـد أهـدافها المؤسسية وربطهـا بالأهـداف الوطنيـة والمبـادرات الملكيـة ذات الصلـة مـن خـلال تحديـد الأهداف الوطنية والمبـادرات الملكيـة التـي تـدعمها وتساهم في تحقيقها وتحديد الأولوية النسبية لكل منها بالنسبة للمنظمة. كما يجب عـلى المنظمة أن تعي تماماً كيـف تسهم مخرجاتهـا في تحقيق هـذه الأهـداف والمبادرات والتأثير الإيجابي عليها.

- التعاون مع الشركاء (10 علامات):

إن التعاون الفعال للمنظمة مع الجهات المعنية الرئيسة عامل أسـاسي لتحقيق الأهداف المؤسسيةلكل من الطرفين وبمايلائم توقعات أصحاب العلاقة

لكل منهما، حيث تعمل المنظمات الحكومية مع منظمات حكومية أخرى لتحقيق أهداف كل منها، كما تتعاون مع القطاع الخاص لـدعم عملية النمو الاقتصادي، ومـع المجتمع المـدني لضمان تحقيق نتائج تركز عـلى متلقي الخدمـة. إن تشجيع هـذا التعاون عـلى كافة المسـتويات داخل المنظمة يساعدها على تحقيق أهدافها المنشودة من خلال توحيد وتضافر جهودها وانسجامها مع جهود شركائها الآخرين.

- إدارة المخاطر (10 علامات):

تساعد إدارة المخاطر في المنظمة على تحديد وفهم التهديدات الرئيسـة التي تحد من قدرتها على تحقيق النتائج وترتيبها حسـب الأولويـة والمسـاهمة بشكل فاعـل في تحقيـق الأهـداف الوطنية والمبـادرات الملكيـة. فيجب عـلى المنظمة أن تقوم بتحديد وتحليل جميع المخاطر التي قـد تحول دون تحقيـق الأهداف المؤسسية ووضع الخطط للحد من أثرها ومراقبتها وتقييمها وكيفية التعامل معهـا إذا حـدثت وذلك مـن خـلال نقـل المخاطر إلى جهـة أخـرى أو تجنبها أو تقليل آثارها السلبية أو قبول كل أو بعض تبعاتها.

ب- الثقافة الداعمة (40 علامة):

يتناول هذا المعيار الفرعـي دور القيـادة في ضمان إعـداد وتطبيـق وتحسـين الأنظمـة الإداريـة للمنظمـة ومسـاعدة موظفيهـا عـلى تحقيـق توقعاتهم وتطلعاتهم من أجل تعزيز قدرتها على تحقيق رسالتها وأهدافها الإستراتيجية. كما يتناول تمكين الموظفين من خـلال تـوفير التـدريب الملائـم وتزويدهم بالمعرفة والصلاحيات المرتبطة بطبيعة عملهـم والمـوارد اللازمـة لتمكينهم من القيام بمهامهم على أكمل وجه. وكذلك يتضمن المعيار التزام القادة بثقافة التميز وتجذيرها لـدى موظفي المنظمـة وتشـجيع الإبـداع والتعلم المستمرين والعمل بروح الفريق.

ويتناول المعيار مسؤولية المنظمة تجاه المجتمـع المحـلي مـن خـلال المشاركة في النشـاطات المجتمعيـة (مثل المشـاركة في التـدريب والتعليـم ودعـم الرياضـة والأنشـطة الثقافيـة ودعم المشاريع الخيريـة والجهـود والمبادرات التطوعية ودعم ذوي الاحتياجات الخاصة وغيرها). كما يتضمن الجهود المبذولة لتقليل الأضرار الناجمة عن عمل المؤسسة مثـل (الأخطار الصحية والحوادث والسلامة العامة والضوضاء والتلوث البيئي) والجهـود المبذولة لنشر ثقافة ترشيد استهلاك المياه والطاقة ورفع وتحسـين كفـاءة استخدامهما واستخدام الطاقة البديلة إن أمكن.

- دور القيادة (15 علامة):

يجب على قيادة المنظمة ضمان إعـداد وتطبيـق وتحسـين أنظمتها الإدارية ومساعدة موظفيها على تحقيـق توقعـاتهم وتطلعـاتهم مـن أجـل تعزيز قدرتها على تحقيق رسالتها وأهدافها الإستراتيجية. كمـا يجب عـلى القادة إظهار الالتـزام بثقافة التميـز وتجـذيرها لـدى موظفيهـا وتشـجيع الإبداع والتعلم المستمرين والعمل بروح الفريق.

- تمكين الموظفين (10 علامات):

إن تمكين الموظفين يتضمن توفير التـدريب الملائـم لهـم وتزويـدهم بالمعرفة والصلاحيات المرتبطة بطبيعة عملهـم والمـوارد اللازمـة لتمكينهـم من القيام بمهامهم على أكمل وجه.

- المسؤولية المجتمعية (15 علامة):

يجب على المنظمة ن تقوم بدعم المجتمع المحلي من خلال وجودإطار منظم يتوافق مع أهدافها يشمل تحديد أهم الاحتياجات المجتمعية وتلبيتها ، مثل المشاركة

في التدريب والتعليم ودعم الرياضة والأنشطة الثقافية ودعم المشاريع الخيرية والجهود والمبادرات التطوعية ودعم ذوي الاحتياجات الخاصة. وعليها كذلك القيام بالجهود اللازمة لتقليل الأضرار الناجمة عن عملها مثل (الأخطار الصحية والحوادث والسلامة العامة والضوضاء والتلوث البيئي) إلى جانب الاهتمام باحتياجات الموظفين ومتطلباتهم من خلال عدة وسائل وأدوات مثل لجنة النشاطات الاجتماعية وصندوق الادخار والإسكان وغيرها.

كما على المنظمة العمل على نشر ثقافة ترشيد استهلاك المياه والطاقة ورفع وتحسين كفاءة استخدامهما، واستخدام الطاقة البديلة إن أمكن.

ج- المراقبة والتقييم (50 علامة):

يتناول هذا المعيار الفرعي النظام المطبق في المنظمة لمراقبة وتقييم أدائها ومستوى تحقيقها لأهدافها، وقيامها بإجراء عملية تقييم ومراجعة فاعلة لأدائها بهدف تحديد فرص ومجالات التحسين، وقدرتها على صنع القرارات ومتابعة تنفيذها لتعزيز قدرتها على تحقيق أهدافها.

- مخرجات الخطة الإستراتيجية وخطط العمل (50 علامة):

إن المنظمة بحاجة إلى معرفة المدى الذي وصلت إليه في تحقيق المخرجات المستهدفة (النوعية والكمية) التي حددها إطار عمل التخطيط الاستراتيجي للمنظمة لكي تتمكن من تحديد كيفية تحسين أدائها. وعليه فلا بد من وضع مؤشرات أداء كمية ونوعية لقياس مستوى الانجاز والتقدم في الأداء.

المعيار الثاني - الأفراد (140 علامة):

يتناول هذا المعيار جهود المنظمة في بناء بيئة عمل داعمة تشجع الأداء المتميز عـلى المستويين الشخصي- والمؤسسي- والمحافظة عليها. كما يتناول مدى فاعليتها في المجالات التالية:

- وضع خطط لتوفير الكوادر الضرورية لمواجهة الطلب الحالي والمتوقع.

- تطبيق سياسات توظيف عادلة وشفافة ونظام مكافآت لتحفيز الموظفين.

- تنفيذ برامج تـدريب وتطوير المـوظفين بشكل يلبي الاحتياجات المؤسسية.

- تصميم وتنفيذ برامج تعزز رضى الموظفين وتشجعهم على البقاء في المنظمة ويتكون هذا المعيار من المعايير الفرعية التالية:

أ- التخطيط (30 علامة):

يتضمن هذا المعيار الفرعي إجراءات المنظمـة وسياساتها في مجال التنبؤ والتخطيط لاحتياجاتها من الموارد البشرية، ومـدى دقة توقعاتها في مجال تلك الاحتياجات الضرورية في المستقبل، وخططها لاستقطاب المزيد من الموظفين للتأكد من توفر العدد الكافي منهم لتحقيـق أهـداف الخطـة الاستراتيجية. ويتضمن أيضاً فعالية برامج الإحلال الوظيفي (التعاقب) التي تتبناها المنظمة لتطوير قيادات المستقبل.

- التنبؤ (15 علامة):

تساعد عملية التنبؤ المنظمـة عـلى تقييم احتياجاتها المستقبلية مـن الموارد البشرية عبر تتبع التطورات التي قد تؤدي إلى خلق وظائف جديـدة أو شواغرلوظائف قائمةأو إلغاءبعضها.هذه التطورات تشمل الترقيات والاستقالات

والتقاعد وانتهاء العقود لدى الموظفين الحاليين، كما تشمل التغييرات أو أية إضافات مستندة إلى الخطة الاستراتيجية التي تستدعي استقطاب مهارات جديدة أو إعادة توزيع للموظفين.

تتضمن عملية التنبؤ الأساليب التي تستخدمها المنظمة لربط خطة الموارد البشرية بالخطة الاستراتيجية وقيامها بتحليل عبء العمل لغايات تحديد الفائض والعجز من الوظائف بالإضافة إلى ضمانها مشاركة الوحدات الإدارية في المنظمة في وضع خطة الموارد البشرية قصيرة ومتوسطة المدى.

- الإحلال والتعاقب الوظيفي (15 علامة):

التخطيط الإحلالي (التعاقبي) هو أسلوب لتحديد وصقل وتنمية القيادات داخل المنظمة لإعدادهم لملء الوظائف الشاغرة في المستقبل على المستوى الإداري الإشرافي والقيادي. فمن خلال إعداد وتأهيل أفراد لتسلم مناصب وأدوار قيادية في المنظمة من قبل أن تصبح هذه الوظائف شاغرة فتضمن بهذه البرامج توفير قوى عاملة كفوءة على مستوى الإدارة، وتضمن تسهيل عملية الانتقال وملء الشاغر وتقليل الفجوات في الإنتاجية.

ب- الإدارة (60 علامة):

يتضمن هذا المعيار الفرعي سياسات المنظمة في مجالات الاستقطاب والاختيار والتعيين بما يحقق تكافؤ الفرص حيث يُقيّم مدى ملاءمة هذه السياسات لاستقطاب وتعيين أشخاص أكفاء في الوظائف المناسبة وفي الوقت المناسب . ويتناول مدى استخدام الوصف الوظيفي وجداول التصنيف لتخطيط الأنشطة مثل التوظيف والتدريب وتقييم الموظفين ، ومدى دقة وشفافية وعدالة سلم الرواتب

ونظام الـدرجات وسياسـات التعـويض والمكافـآت وأنظمـة تقيـيم أداء الموظفين المعتمدة عـلى النتائج وغيرهـا مـن السياسات الخاصة بـالموارد البشرية.

- الاستقطاب والتوظيف (10 علامات):

تضمن سياسات التوظيف السليمة تلبية احتياجات المنظمة مـن المـوظفين المـؤهلين وتعبئـة الشـواغر في الوقت المناسـب بمرشحين أكفاء يتمتعون بالمهارات والكفاءات المحـددة في الوصف الـوظيفي مـع مراعـاة تكافؤ الفرص فيما بينهم. كما تضمن أن تتماشى هذه العملية مع الغايـات والأهداف المؤسسية إضافة إلى استنادها إلى التشريعات النافذة.

- وصف وتصنيف الوظائف (10 علامات):

إن الوصـف الـوظيفي الشـامل يعتبر أحـد الأدوات الأساسـية لاسـتقطاب واختيـار المـوظفين، وتحديـد احتياجـاتهم التدريبيـة وإجراء عمليات تقييم أداء الموظفين بطريقة عادلة ودقيقة. إن وجود نظام عادل وشفاف ودقيق لتصنيف الوظائف يصنفها وفقاً لسلم شامل يعتبر متطلباً أساسـياً للتخطيط السـليم والفاعـل للمـوارد البشـرية. يتضمن الوصف الوظيفي تحديداً لأهم الكفاءات المطلوبة مـن مـؤهلات علمية ومهارات لإنجـاز المهـام كـما يتضمن توضـيحاً لأهـم المسـؤوليات والواجبـات والصلاحيات الخاصة بكل وظيفة.

- الاتصالات الداخلية (10 علامات):

إن من شأن منهجية الاتصالات الداخلية المعـدة والمطبقة بشكل جيد أن تسهم في تعزيز الأداء المؤسسي من خلال إبقاء الموظفين على إطلاع دائم بالأمور

الإدارية الحالية والمستقبلية، ومساعدتهم على الشعور بارتباط أكبر في عملهم وتشجيع التعاون بينهم.

- تقييم أداء الموظفين (15 علامة):

إن وجـــود نظـــام دقيـــق وشـفـاف لقيـاس أداء الـمـوظفـيـن وفقـاً لمستهدفات قابلة للتحقيق وملموسة أمر حيوي لتحقيق أهداف المنظمة. كـمـا أن عمليـة تقيـيـم الأداء المستنـدة إلى تحقيـق أفضل النتـائج بشكل منتظم توفر التغذية الراجعـة التي تحتاجها المنظمـة مستقبلاً لتحسـين أدائهـا المؤسسي وتحسين رضى موظفيها من خلال التعرف على احتياجـاتهم وتساعدها في مكافأة الموظفين المتميزين.

- المكافآت والحوافز (15 علامة):

تسهم سياسات المكافآت والحوافز التي تتسـم بالشفافية والعدالـة وتكافؤ الفرص في زيادة إنتاجية الموظفين وترفع من مستوى جودة أدائهـم من خلال تحفيزهم على السعي نحو التميّز، كما تسهم بالاحتفاظ بهم.

ب- التدريب والتطوير (30 علامة):

يتناول هذا المعيار الفرعي برامج المنظمة في مجال تطوير وتعزيز المهارات والكفاءات لدى كافة الـموظفين وقدرتها عـلى تحديد احتياجـات التدريب والتطوير بدقة ومدى دقة وضع الأولويات لهذه الاحتياجـات بهدف مساعدتها على تحقيق النتائج المرجوة. كـما يتضمن هـذا المعيار مدى فعالية تصميم وتنفيذ ومراجعة برامج التدريب والتطوير مـن أجـل تعزيز الأداء الكلي للمنظمة.

- تدريب الموظفين (15 علامة):

تعزز برامج تدريب المـوظفين المعـدة والمنفـذة بشكل جيـد الأداء الفردي والمؤسسي، كما تزيد من إنتاجية الموظفين وتساعد على ضمان رضى الموظفين بشكل مستمر وتحسين الأداء والفعالية. ولا بد مـن ربط المسـار التدريبي بالمسار الوظيفي لتتلاءم البرامج التدريبيـة مـع طبيعـة الوظيفـة ومتطلباتها.

- تطوير الإدارة العليا (15 علامة):

إن برامج التطوير الإداري الخاصة بالإدارة العليا التي يتم تصميمها وتنفيذها بشكل جيد تعمل عـلى تعزيـز الأداء الكـلي والفردي وتحسـن العلاقات بين الإدارة والموظفين وتساعد المديرين على شغل الأدوار الحاليـة وتأهيلهم لتلبية الاحتياجات المستقبلية للمنظمة.

ج- رعاية ورفاه الموظفين (20 علامة):

يتنـاول هـذا المعيـار الفرعـي اسـتراتيجيات المنظمـة لتعزيـز رضى الموظفين والاحتفاظ بهم وقدرتها على تحديد وتلبيـة احتياجـات المـوظفين والتعرف على اهتماماتهم ومدى مساهمة هذه الجهود في تحفيز الموظفين على الاستمرار في العمل.

- علاقات الموظفين (10 علامات):

يجب على المنظمة أن تعمل على تعزيز العلاقـات بين المـوظفين. فإيجـاد قنـوات الاتصـال المفتوحـة وتشـجيع العمـل بـروح الفريـق يسـاعد عـلى تحسـين بيئةالعمل والعلاقات بين الموظفين على اختلاف مستوياتهم،كماتسهم سياسة الباب

المفتوح في إشاعة جو من الثقة في المنظمة الأمر الـذي يضمن المحافظة على بيئة عمل سليمة تساعد الموظفين على العمل بإخلاص وولاء.

- الاحتفاظ بالموظفين (10 علامات):

إن من شـأن تحديـد وتلبيـة احتياجـات المـوظفين واهتمامـاتهم أن يساعد بإيجاد بيئة عمل إيجابية ومساندة تسهم في تحقيق رفاه المـوظفين ورضاهم وتحفيزهم على العمل الأمر الـذي يعتبر عنصراً أساسياً لزيـادة مستوى الاحتفاظ بالموظفين. كما أن الاحتفاظ بالموظفين ذوي الأداء العـالي هو عنصر مهم للتحسن المستمر في أداء المنظمة.

المعيار الثالث - العمليات (140 علامة):

يتناول هذا المعيار كيفية تصميم وتنفيذ العمليات التي تستخدمها المنظمة لتقديم خدماتها. كما يتناول فاعليتها في المجالات التالية:

- إدارة عملياتها وتبسيطها لتتمكن من تحقيق أهدافها المؤسسية.

- تحديد احتياجـات وتوقعـات متلقـي الخدمـة وتصـميم العمليـات الضرورية لتلبيتها أو تقديم ما يفوقها.

- جمع التغذية الراجعة مـن متلقـي الخدمـة والاستفادة مـن هـذه المعلومات عند إعادة أو مراجعة تصميم العمليات لتسهم في زيادة مستويات رضى متلقي الخدمة.

- إدارة العلاقات مع المـوردين ومقدمي الخدمـات لضـمان الحصـول على المنتجات والخدمات التي تحتاجها المنظمة بطريقة كفؤة.

- رفع الجاهزيـة الالكترونيـة ومساهمتها في تحسـين أداء العمليـات والخدمات المقدمة لمتلقي الخدمة.

- إدارة أنشــطة الاتصـالات الخارجيـة للمنظمـة ودورهـا في تعزيـز صورتها الايجابية.

ويتكون هذا المعيار من المعايير الفرعية التالية:

أ- إدارة العمليات وتبسيطها (70 علامة):

يتناول هذا المعيار الفرعـي كيفيـة قيـام المنظمـة بتصميم وتنفيذ ومراجعة وتحسـين عملياتها الرئيسـة والمسـاندة لضمان تقديم خدمات أفضل لمتلقيها، وفاعليتها في ضبط التكاليف واستخدام التكنولوجيا ورفع الجاهزيـة الالكترونيـة وتنسـيق العمليـات لتقليـل الازدواجيـة وخفـض التكاليـف إلى الحـد الأدنى والتنبـؤ بالمشكلات ووضـع الإجـراءات لتجنـب حدوثها والالتزام بالأطر الزمنية المحددة.

- تصميم وإدارة العمليات (25 علامة):

تسـتطيع المنظمـة مـن خـلال تصميم عملياتها ومراقبـة تنفيـذها بشكل مستمر أن تعزز من قدرتها عـلى تقديم الخدمات بطريقـة فعالـة وكفؤة وضمن الوقت المحدد. إن تصميم العمليـات بشكل شامل يضمن التداخل المرن للعمليـات المترابطـة بـدون تـأخير بـين الوحدات التنظيميـة المختلفة داخل المنظمة ومع شركائها الخارجيين.

- تبسيط وتطوير العمليات (25 علامة):

يختصر تبسيط العمليات الوقت والجهد والتكاليف اللازمة لتقديم الخدمات من خلال إلغاء خطوات أو دمجها مع غيرها للحد من الإجراءات الروتينية . إن

عملية التبسيط الكفؤة تزيد من رضى متلقي الخدمة من خلال تسهيل الحصول على الخدمة ومساعدة المنظمة في تحقيق النتائج المستهدفة.

- الجاهزية الالكترونية (20 علامة):

تعتبر الجاهزية الالكترونية للمنظمة من حيث البنية التحتية والموارد البشرية المؤهلة إحدى الركائز الأساسية لضمان فاعلية العمليات وفاعلية تقديم الخدمة لمتلقيها، وبالتالي تسهيل الحصول على الخدمات من خلال توفير قنوات اتصال وزيادة دقة المعلومات المتوفرة لديها. وتشمل البنية التحتية توفر عدد ملائم من أجهزة الحاسوب داخلها، وتوفر أنظمة تضمن وصول الموظفين والمعنيين إلى المعلومات الصحيحة في الوقت المناسب. إن عملية رفع الجاهزية الالكترونية للمنظمة من خلال تبني مبادرة الحكومة الالكترونية هي إحدى العوامل التي تساهم في تبسيط العمليات.

ب- إدارة العلاقات مع متلقي الخدمة (55 علامة):

يتناول هذا المعيار عمليات المنظمة الهادفة إلى تحقيق رضى متلقي الخدمة، وقدرتها على تحديد احتياجاتهم وتوقعاتهم والتنبؤ بها وتلبيتها أو تقديم ما يفوقها. ويتضمن قدرة المنظمة على فهم متطلبات تحقيق رضى متلقي الخدمة، مثل الكفاءة والشفافية والعدالة وتوفير سبل الوصول إلى الخدمات للجميع بشكل يضمن تكافؤ الفرص، وإلى أي حد تقوم المنظمة بجمع واستخدام نتائج التغذية الراجعة من متلقي الخدمة لاستخدامها بشكل دائم في التعرف على فرص التحسين واغتنامها لتحسين خدماتها.

- احتياجات متلقي الخدمة وتوقعاتهم (20 علامة):

لكي تتمكن المنظمة من تقديم خدمات متميزة لمتلقي الخدمة فإن عليها أن تعي تماماً احتياجاتهم وتوقعاتهم من خلال جمع المعلومات اللازمة التي تحتاجها لتحسين الخدمات التي تقدمها.

- رضى متلقي الخدمة (20 علامة):

يعتبر تمكين الموظفين وإعطاؤهم الصلاحيات المرتبطة بطبيعة عملهم على كافة المستويات الإدارية من الأمور الهامة التي تساعد الموظفين على الاستجابة الفورية والكاملة لاستفسارات متلقي الخدمة وتقديم الخدمة لهم بكفاءة أكبر. كما إن فتح قنوات اتصال مع متلقي الخدمة يضمن الاستماع إليهم وفهم ملاحظاتهم واهتماماتهم ويساعد على تحسين مستوى الخدمات التي تقدمها لهم.

- الاتصالات الخارجية (15 علامة):

إن من شأن منهجيات الاتصالات الخارجية المعدة والمطبّقة بشكل جيد أن تقدم لمتلقي الخدمة وغيرهم من أصحاب العلاقة المعنيين معلومات حديثة ودقيقة من ضمنها الخدمات التي تقدمها المنظمة والتعليمات الخاصة بكيفية الحصول عليها الأمر الذي يعتبر واجباً رئيسياً من واجباتها، كما تساعد الاتصالات الخارجية للمنظمة على تكوين صورة إيجابية عنها وعلى بناء الثقة بها.

ج- العلاقات مع الموردين (15 علامة):

إن بناء علاقات مع موردي اللوازم والخدمات أمر أساسي لتنفيذ عمليات فاعلة وكفوؤة. إن اختيار موردين أكفاء وجديرين بالثقة وإبقاء قنوات الاتصال

مفتوحة معهـم يساعد المنظمـة علـى اسـتلام المنتجـات والخدمات التـي تحتاجها حسب المواصفات المحددة.

- عمليات الشراء (7.5 علامة):

يضمن وصف آليـة وعملية الشـراء التـي تسـتخدم في المنظمـة عنـد القيام بالتعاقد مـع جهـات خارجيـة تحديـد مـدخلات ومخرجـات عمليـة الشراء بما يحقق الترابط والانسجام مع المخصصات المالية المرصودة.

- تقييم أداء الموردين (7.5 علامة):

إن تقييم أداء الموردين يساعد المنظمة على تحديد كيفيـة التعامـل معهم من خلال منهجيات تقييم أدائهم ضـمن معـايير متفـق عليهـا. كـما تساعد عملية تقييم أداء الموردين على بناء علاقات تشاركية بهدف تحقيق المنفعة المتبادلة وتقديم القيمة المضافة لأصحاب العلاقة لكلا الطرفين.

المعيار الرابع - المعرفة (140 علامة):

يتناول هـذا المعيـار إدارة المعرفـة في المنظمـة واستراتيجياتها، كـما يقيم قدرتها على ما يلي:

• الالتزام بإدارة المعرفة ونشر الوعي بأهميتها.

• فهم الاحتياجات المعرفية الداخلية والخارجية.

• جمع البيانـات والمعلومـات الضـرورية وتحليلهـا بغـرض الاسـتفادة منها.

• إدارة الموجودات المعرفية الداخلية.

• نشر وتعميم المعرفة والحفاظ على سرية وأمن المعلومات.

- التخطيط والتنفيذ السليم لإدارة المعرفة.
- مراقبة وتقييم تنفيذ إستراتيجية إدارة المعرفة.

ويتكون هذا المعيار مما يأتي:

أ- الالتزام (20 علامة):

يتناول هذا المعيار الفرعي قدرة المنظمـة عـلى تبنـي مفهـوم إدارة المعرفة ونشر الوعي بأهميته بين الموظفين وقدرتها على تشـجيع المـوظفين على تبادل المعرفة ومشاركتهم الفاعلة في أنشطة إدارة المعرفة وبما يضـمن الالتزام بها.

- التزام الإدارة العليا (20 علامة):

ينبغـي عـلى الإدارة العليـا أن تلتـزم باسـتخدام إدارة المعرفـة، كـما يجب أن تشجع السلوك المؤسسي الذي يدعم ويعزز أهدافها وفوائدها.

ب- مصادر المعرفة (40 علامة):

يتناول هذا المعيار الفرعي قدرة المنظمة على تحديد أهم البيانـات والمعلومـات التـي تمكنهـا مـن اتخـاذ القـرارات السـليمة بـالاعتماد عـلى الحقائق وقدرتها على تحديد أماكن المعرفة الضـمنية والصر-يحة والتقليـل من التهديدات المعرفية لديها وتحديدها لاحتياجاتهـا المعرفيـة مـن خـارج المنظمة، إلى جانب الاسـتفادة مـن المقترحـات البنـاءة داخليـاً في عمليـات التطوير المسـتمر وعمليـة نشر- المعرفـة الموجـودة داخلهـا وتعميهـا عـلى الموظفين.

كما يتناول المعيار قدرة المنظمة على تخزين المعلومـات والمعـارف لتمكـين الموظفين ذوي العلاقة من الوصـول إليهـا في الوقـت المناسـب إلى جانـب الحفـاظ على سرية وأمن المعلومات حيث تشمل السرية تحديد الأشخاص المخولين بالإطلاع

على المعلومـات وتعـديلهـا فيمـا يشـمل أمـن المعلومـات الحفـاظ علـى المعلومات بكافة أشكالها من التلف والسرقة والفقدان.

- البيانات والمعلومات (15 علامة):

إن قيـام المنظمـة بتحديـد البيانـات والمعلومـات اللازمـة (ذات العلاقة) هي الخطوة الأساسية للحصـول علـى المعرفـة الضـرورية لتمكين الموظفين من الاستفادة منها لتحقيق الأهداف المؤسسية.

- الموجودات المعرفية الداخلية (15 علامة):

ينبغـي علـى المنظمـة أن تـدرك قيمـة الموجـودات المعرفيـة لـديها (الضـمنية والصـريحة) وتأثيرهـا علـى الأداء مـن حيـث أهميتهـا النسبية وموقعها وأية مخـاطر محتملـة، وذلك بهـدف تطويـر إستراتيجية فاعلـة لإدارة المعرفة.

إن تطوير أنظمة سهلة الاستخدام للحصـول علـى الأنمـاط المختلفـة للمعرفة وتوفيرها على نطاق واسع وإتاحة القنوات والبيئة المناسبة اللازمة للموظفين لتبادل المعلومات والأفكار هي عوامل رئيسة لضمان إدارة فاعلة للمعرفـة. وتستطيع المنظمـة مـن خـلال نشرـ الـوعي وتشجيع التبـادل المستمر للمعرفة أن تتجنب إضاعة الوقت والجهد في إيجـاد المعرفـة أو الحلول المتوفرة لديها، وبذلك تحسن الكفاءة وتخفض التكاليف.

- الحاجات المعرفية الخارجية (10 علامات):

يجـب علـى المنظمـة تحديـد احتياجاتهـا مـن المعرفة مـن خـارج المنظمة وكيفيـة الحصـول عليهـا ومـن ثم نشرـ هـذه المعرفة وتعميمهـا داخلياً.

ج- إدارة المعرفة (80 علامة):

يجب على المنظمـة أن تقـوم بـالتخطيط السـليم لإدارة المعلومـات والمعرفة لضمان التطبيق الفاعـل لهـا والاستفادة مـن المعرفة الموجـودة داخلها، وعليها أن تضمن سرية وأمـن المعلومـات المخزنـة سـواء ورقيـاً أو إلكترونيـاً إلى جانـب القيـام بعمليـة مراجعـة وتقييم تطبيق إستراتيجية المعرفة التي تتبناها.

- التخطيط والتنفيذ (30 علامة):

إن من شأن التخطيط الصحيح لإدارة المعلومـات والمعرفـة الإسـهام بشـكل فاعل في تعزيز قدرة المنظمة على تحقيـق أهدافهـا الخاصـة بـإدارة المعرفـة وأهدافها المؤسسية. كمـا تسـاعد عمليـة التخطيط لإدارة المعرفـة على ضمان حسن تنفيذها واتخـاذ قـرارات تُبنـى عـلى معلومـات واضحـة وحقيقية.

- سرية وأمن المعلومات (20 علامة):

يجب على المنظمة حفظ المعلومـات بشكل ملائم بحيـث تضمن وصول الموظفين ذوي العلاقة إلى المعلومات التي يحتاجون إليها في الوقت المناسب. وعلى المنظمة العمل على حمايـة البيانـات والمعلومـات بوسـائل تضمن أمنها وسريتها من خلال استخدام برامج متخصصة لحماية البيانـات والمعلومـات المخزنة إلكترونيـاً من أي اختراق أو ضرر قد يلحق بهـا وحفظ البيانات والمعلومات المخزنة ورقياً بشكل يضمن أمنها وسريتها.

- التقييم والمراجعة (30 علامة):

لا بد أن تقوم المنظمة بتقييـم فاعلية تطبيق إستراتيجية المعرفة والاستفادة منها بهدف تحقيق الأهداف المرجوة. ولتعظيم فاعلية نظام إدارة المعرفة لديها يجب

عليها أن تراجع بانتظام متطلباتها وموجوداتها المعرفية وأن تحدد وترصد فرص التحسين في كيفية تحقيق الأهداف المعرفية.

المعيار الخامس - المالية (140 علامة):

يتناول هذا المعيار الإدارة المالية للمنظمة وعملية إعداد الموازنة، كما يُقيّم مدى فاعليتها بما يلي:

- إعداد موازنتها وتوزيع المخصصات المالية لتحقيق أهدافها.

- تصميم وتطبيق الأنظمة المحاسبية التي تضمن المساءلة المالية والاستخدام الأمثل للموارد المتاحة.

- تحليل أدائها المالي وانعكاس مخرجات عملية المراقبة والتدقيق بهدف التحسين المستمر على عملية إعداد الموازنة والإدارة المالية.

ويتكون معيار المالية من المعايير الفرعية التالية:

أ- التخطيط المالي (40 علامة):

يتناول هذا المعيار عملية التخطيط لإعداد موازنة المنظمة وتوزيع المخصصات المالية وقدرتها على جمع معلومات كافية ملائمة ذات صلة تساعد على اتخاذ قرارات سليمة حول مشروع الموازنة. كما ويقيم فعالية إجراءاتها في مجال إعداد مشروع الموازنة وتوزيع المخصصات المالية الضرورية لتحقيق أهدافها.

- التقديرات وإعداد مشروع الموازنة (20 علامة):

تعتمد الإدارة المالية المتميزة على قدرة المنظمة على وضع تقديرات دقيقة للإيرادات والنفقات لسنة قادمة واحدة أو أكثر. ويحتاج المديرون إلى بيانات موثوقة

عن الإيرادات المتوقعة للمنظمة، وتقديرات مدروسة جيداً لكلفة البـرامج والأنشطة للوحدات التنظيمية المختلفة. كـما يحتـاجون إلى تحديـد دقيـق وإدراك للأهداف الحالية والمستقبلية للمنظمة ليتمكنوا من اتخاذ قرارات سليمة لإعداد مشروع الموازنة.

- توزيع المخصصات المالية بعد التخصيص (20 علامة):

إن تطوير نهج تشاركي مـع الوحدات التنظيميـة المختلفـة يسـاعد المنظمات على توزيع المخصصات المالية بعـد التخصيص بمـا يتناسب مـع احتياجات هذه الوحدات وأهدافها.

ب- التطبيق (50 علامة):

يتنـاول هـذا المعيـار الإدارة الماليـة في المنظمـة، وفاعليـة نظامهـا المحاسبي للتأكد من استخدام الموارد المالية وفقاً للمخصصـات المرصودة، كما يقيم قدرتها عـلى تنسيق أنشطة المشتريات وإدارة المخـزون بحيـث تضمن توفّر اللوازم باستمرار والاستخدام الكفؤ للموارد المالية.

- الإدارة المالية (20 علامة):

إن تصميم نظام محاسبي فعال وفقاً لمعايير دولية معترف بها يعتبر عنصراً أساسياً لضمان حسن الإدارة المالية.

- المشتريات (15 علامة):

إن وجود نظام واضح ومحدد بدقة لشراء اللـوازم والخـدمات مـن مصادر خارجية يتطلب توثيقاً مناسباً لعمليـات الشراء واستخداماً فعالاً للسجلات مما يساعد المنظمة على ضبط ومراقبة نفقاتها.

- إدارة المخزون (15 علامة):

تهدف عملية إدارة المخزون بطريقة صحيحة إلى ضمان احتفاظ المنظمة بالمخزون الأمثل من اللوازم الضرورية لتنفيذ أعمالها.

ج- التقييم المالي (50 علامة):

يتناول هذا المعيار النظام الذي تتبعه المنظمة لمراجعة وتحسين عملية إعداد مشروع الموازنة وإجراءاتها وأنشطتها المحاسبية. كما يُقيّم فاعلية نظام المراقبة والتقييم الذي تتبعه للحصول على تغذية راجعة مستمرة عن عملية الإنفاق ومدى استفادتها من التغذية الراجعة عند تحديد أولويات إعداد مشروع الموازنة القادمة.

- المراقبة والتدقيق (25 علامة):

إن المراقبة الدائمة والتدقيق المنتظم للإدارة المالية للمنظمة تعتبران صمامي أمان لمنع سوء الإدارة المالية. كما أن وجود أنظمة مراقبة وتدقيق فاعلة لتقييم الأداء المالي يزود المديرين بمعلومات هامة يمكن استخدامها لمراجعة وتحديث الأولويات ويساهم في تحسين عملية إعداد مشروع الموازنة وتخصيص الأموال.

- التوصيات (25 علامة):

لضمان التحسين المستمر في عملية إعداد مشروع الموازنة يجب على المديرين الماليين وصانعي القرار أن يعملوا سوياً للاستفادة من الدروس المستقاة من عملية إعداد مشاريع الموازنات للسنوات السابقة والخروج بتوصيات بالشكل الذي يساعد المنظمة على مواجهة التحديات المالية الحالية والمستقبلية.

5- نظام إدارة الجودة ISO 9000: 2000

يرمز المصطلح (ISO) إلى منظمة المقاييس الدولية International Organization for Standardization * التـي تأسسـت عـام 1942 في جنيف بسويسرا وهي اتحاد فدرالي للهيئات القوميـة للتوحيـد القيـاسي في البلدان المختلفة تهدف إلى تطوير المواصفات القياسـية وتـرويج الأنشـطة المتعلقة بها لتسـهيل التبـادل التجـاري الـدولي للسـلع والخـدمات وتنميـة التعاون في مجال المعلومـات والعلـوم والتكنولوجيـا والنـواحي الاقتصـادية (محافظة وناصر، 2009).

فـالأيزو عبـارة عـن مجموعـة مـن المواصـفات والمعـايير التـي تـم اعتبارها متطلبات لأنظمة الجودة من منظمة المقاييس الدولية.

وقد كان أول إصدار للأيزو عام 1987، تـم التركيـز فيـه عـلى ضـبط الجودة Quality Control، أي اكتشاف الأخطاء وتصحيحها. أمـا الإصـدار الثاني فقد كان عام 1994 وبموجبه تم التركيز على تأكيد الجـودة Quality Assurance الذي يُعنى بتطبيق الأنشطة الضرورية لتوفير الثقة بأن المنتج يلبي متطلبات العميل، ومنع وقوع الأخطاء والوقاية منهـا. وركـز الإصـدار الثالث ISO 9000: 2000 الذي صدر عام 2000 على نظـام لإدارة الجـودة Quality Management System فانصب الاهتمام على التوجيه بعناصره المختلفة، وعلى العمليات إضافة إلى التحسين المستمر (جودة، 2009).

أما الإصدار الأخير ISO 9000: 2008 فكان عام 2008. وفيه تم توضيح بعض المفاهيم الواردة في الإصدار السابق إضافة إلى التركيز على بعض العناصر

* يرى بعض الباحثين أن كلمة الأيزو ISO مشتقة من أصل يونـاني (ISOS) وتعنـي التعادل أو التساوي (الحداد، 2009).

التي تساعد في تطبيق مواصفة الأيزو ISO-14000 الخاصة بالبيئة وخدمة المجتمع (ISO 9000: 2008) . وتتألف سلسلة الأيزو من ثلاثة مكونات:

- أساسيات نظام إدارة الجودة ومعاني المصطلحات فيه ISO:9000:2000.

- متطلبات نظام الجودة ISO:9001:2000.

- مرشد نظام إدارة الجودة ISO:9004:2000.

هناك ثمانية مبادئ لإدارة الجودة خاصة بمواصفة الأيزو وهي (Goetsch & Davis, 2002):

- التركيز على العملاء Customer Focus: ويتطلب ذلك دراسة احتياجات العملاء الحالية والمستقبلية وتلبيتها.

- القيادة Leadership: حيث تقوم الإدارة بوضع الأهداف للمنظمة وتوجيه أعضائها بالشكل السليم. وتقع على الإدارة مسؤولية إيجاد بيئة داخلية تحفز الأفراد للوصول لأهداف المنظمة.

- مشاركة الأفراد أو اندماجهم Involvement of People: حيث يساهم في الاستفادة من قدرات العاملين لمصلحة المنظمة.

- منهج العمليات Process Approach: من أجل الوصول لأهداف المنظمة بكفاءة أكبر، وبذلك يكون التركيز على العمليات وكيفية سيرها وليس على الأفراد.

- منهج النظام في الإدارة System Approach to Management: إدارة العلاقات الداخلية بين العمليات Interrelated process على أساس منهج النظام الذي يساهم في كفاءة وفعالية تحقيق الأهداف.

- التحسـين المسـتمر Continual Improvement: يجـب أن يكـون التحسين المستمر هدفاً تسعى اليه المنظمة.

- الاعتماد على الحقائق في اتخاذ القرارات Factual Approach to Decision Making: اتخاذ القرارات الفعالة المبنية على تحليل البيانـات والمعلومـات التـي يجـب أن تكـون دقيقـة وموثوقاً بهـا ومتاحة عند الحاجة.

- علاقات ذات مصلحة مشتركة مـع المـوردين Mutual Beneficial Supplier Relationships: وجود علاقات بـين المنظمـة والمـوردين تتصف بوجود المصالح المشتركة بينهما التي تعزز بدورها قدرة كـلا الطرفين على الاستفادة منها.

ومـن الملاحـظ أن مفهوم الأيـزو وإدارة الجـودة الشـاملة يعتبران مفهومين غير مترادفين رغم التشابه الكبـير بينهما. فإدارة الجـودة تشمل كافة العمليات في المنظمـة بمـا فيهـا الأنظمة المسـاعدة كالموارد البشريـة والمالية والتسويقية، وهي التي لا يشتمل عليها الأيزو. كما أن الأيزو يرتبط بإدارة الجودة الشاملة ويمكن استخدامه كجزء منها بينما لا تعتبر إدارة الجودة الشاملة متطلباً للحصول على الأيزو (Goetsch & Davis, 2006).

وبذلك يمكن القول أن تطبيق المعايير الدولية أيـزو 9000 هـو أحـد الأساليب التي تستطيع المنظمة أن تستخدمها لتوكيد الجودة حيث تمكن المنظمـة مـن التوثيـق والمتابعـة ومراجعـة الأداء بالإضـافة إلى التحسـين والتطوير الأمر الذي يساعد المنظمات على التقدم في سعيها نحو تطبيق إدارة الجودة الشاملة (المحافظة، ناصر، 2009).

معوقات تطبيق إدارة الجودة الشاملة في القطاع العام:

تواجه العديد من المنظمات في القطاع العام مجموعة من العقبات عند تطبيق مفهوم إدارة الجودة الشاملة منها(القحطاني،1993)، (Appleby & Clark, 1997)، (Goetsch & Stanly, 2002) ، (اللوزي، 2003)، (الرشيدي، 2004) :

1- عدم استقرار القيادات الإدارية: إن التغير المستمر في القيادات الإدارية يعرقل تطبيق أنموذج إدارة الجودة الشاملة الذي لا يفهم ولا يطبق في فترة قصيرة بل يحتاج إلى فترة كافية لترسيخه وقبوله والتدرب عليه. فكثرة التغيرات في القيادات الإدارية يؤثر سلبياً على حماس العاملين في تطبيق هذا المفهوم.

2- عدم إعطاء المنظمة هذا المفهوم فرصة كافية للتطبيق بسبب مقاومة التغيير الذي يعتبر من المشاكل الرئيسية التي تواجه المنظمات. إذ يتم رفض الأفكار الجديدة المتعلقة بتحسين الجودة من قبل بعض العاملين المجهضين للأفكار الجديدة إما لخوفهم من فقدان وظائفهم أو فقدان سيطرتهم على الأعمال أو زيادة أعباء أعمالهم.

3- يرتكز أنموذج إدارة الجودة الشاملة على إشباع حاجات المستفيد. وعند تطبيق هذا النموذج في المنظمات العامة سيواجه صعوبة في تحديد المستفيدين من خدماتها بدقة وخاصة في الدول النامية وذلك لصعوبة الحصول على المعلومات اللازمة وصعوبة الاتصال الإداري والجغرافي.

4- الاعتقاد الخاطئ بأن تطبيق إدارة الجودة الشاملة يحتاج إلى زيادة التكاليف.

5- الاعتماد على الإدارة الهرمية، فتسلسل الأوامر الإدارية يحبط روح الإبداع لدى العاملين ويزيد من خوفهم من الوقوع في الأخطاء.

6- صعوبة ترويج فكرة روح الفريق الواحد في بيروقراطيات القطاع العام.

7- عدم وجود منافسين لكثير من مؤسسـات القطـاع العـام يـؤدون نفـس الخدمة مما يفقدها الاهتمام بالتحسين المستمر.

8- عدم مرونة القـوانين والأنظمـة التـي تحكـم سـير العمـل في المـنظمات العامة.

9- ضعف مستوى التحفيز الذي يؤدي إلى تـدني مسـتوى الرضـا الـوظيفي وضعف الولاء التنظيمي.

10- الفشل في تغيير ثقافة المنظمة. فعدم قدرة القيادة عـلى خلـق ثقافـة يتم من خلالها تشجيع الأفراد على المساهمة بآرائهم وأفكارهم إضافة إلى عدم قدرة القيادة على تغيير أسـاليبها وطـرق انجازهـا للنشـاطات يؤدي إلى صعوبة تبني مدخل إدارة الجودة الشاملة.

11- توقع نتائج سريعة تظهر مـن تطبيـق مـدخل إدارة الجـودة الشـاملة. (Deming, 2007).

9

الفصل التاسع
إدارة المعرفــة

يقال إنه في أعقاب الحرب العالميـة الثانيـة، اسـتقبل رئـيس وزراء الهنـد جـواهر لال نهرو، السفير الياباني في نيودلهي، وقال له مواسياً: يبدو لي أنه لكي نكـون اليـوم دولـة عظمى فلا بد من أن تتوافر لنا ثلاث مقومات: مئات الملايـين مـن البشرـ ومسـاحات شاسعة من الأراضي، ورصيد هائل من الموارد الطبيعية. وكأنه يعني بأنه يستحيل على اليابان أن تصبح دولة عظمى، حيث لا تمتلك هذه المقومات. غـير أن السـفير اليابـاني رد قائلاً: أشكركم يا سيدي، بَيْد أننا نعتقد أن الحل يكمن تحت القبعة. ففي أقل من ثلاثين عامٍ من ذلك التاريخ، أصبحت اليابـان دولـةً تسـيطر عـلى 44% مـن صـادرات العام. ومن المؤكد أن الذي صنع هذه المعجزة هو الكنز الكامن تحت تلك القبعة؛ أي العقل البشري المكتشف للمعرفة والمُوَظِف لها في حل مشكلات الحياة، ودفـع عجلـة التنمية. (مدكور، 2003)

الفصل التاسع
إدارة المعرفــــة

حظيت المعرفة باهتمام الفلاسفة منذ عهود قديمة. وهي تعني في اللغة العلم والقدرة على الفهم والتمييز (ابن منظور، 2003). وقد تزايد الاهتمام بها في أواخر القرن العشرين من قبل المنظمات بسبب ما شهده العالم من تغيرات سياسية واقتصادية واجتماعية واسعة، مثل انحسار النظم الشمولية، وبروز ظاهرة العولمة، وزيادة حجم التجارة العالمية، وزيادة حدة المنافسة، وسرعة انتقال المعلومات، وسهولة انتقال رؤوس الأموال والعاملين بين دول العالم المختلفة، وما رافق ذلك من ضغوط متزايدة على المنظمات بهدف تحسين جودة منتجاتها من السلع والخدمات وخفض كفلتها لتمتلك ميزة تنافسية تمكنها من البقاء والاستمرارية في عالم متغير. فكان لزاماً على المنظمات لمواجهة تلك التحديات البحث عن أساليب إدارية حديثة تمكنها من البقاء والاستمرارية وزيادة قدرتها على تحقيق أهدافها بكفاءة وفاعلية، فظهر مفهوم "إدارة المعرفة"* knowledge Management الذي يُعنى بتحديد المعلومات ذات القيمة وكيفية الاستفادة منها، وفهم الموجودات المعرفية للمنظمة وكيفية استغلالها. فإدارة المعرفة تشكل عنصراً ضرورياً لبقاء المنظمة وتفوقها وتطوير أدائها وتحقيق أهدافها الإستراتيجية. وقد سعت التنظيمات الحديثة في كلا القطاعين العام والخاص إلى تطبيق هذا المفهوم، ففي عصر المعرفة أصبح استمرار المنظمة أو فناؤها يتوقف على قدرتها على إدارة ممتلكاتها المعرفية.

---

* يعتبر الدكتور دونالد مارشاند Donald Marchand وهو أستاذ أمريكي متخصص في مجال نظم المعلومات الإدارية أول من استخدم مصطلح إدارة المعرفة وذلك في ثمانينات القرن العشرين (الكبيسي، 2002).

لقد تعددت التعريفات التي تشرح مفهوم إدارة المعرفة تبعاً لتعدد الباحثين والزوايا التي ينظرون منها. فقد عرفها بعضهم بأنها "عمليـة تـراكم وتوليد المعرفة بكفاءة، وتسهيل المشاركة بالمعرفة وإدارة قاعدتها بحيث يمكن تطبيقها بفاعلية في المنظمة" (Turban, et al, 2004). وعرفهـا (laudon & Laudon, 2005) بأنها "عملية إدارة المعلومات المخزونة في المنظمة بصورة نظامية كفؤة". وعرفهـا (درة والصباغ، 2008) بأنها "التـزام المنظمـة بإيجاد معرفة جديدة ذات علاقة بمهامها ونشرها وتجسـيدها بشكل سـلع وخـدمات وأنظمـة". وعرفهـا (Singh, 2008) بأنها "عمليـة تسهيل المشاركة بالمعرفة تؤسس لعملية التعلم المستمر من خـلال المنظمـة". وعرفهـا (Bishop, et al, 2008) بأنها "عمليـة توليـد المعرفة واكتسـابها واستخدامها والمشاركة فيها بفاعلية لتعزيز تعلـم المنظمـة وتحسـين أدائها" . وعرفها (Manuel, 2008) بأنها "طريقة يمكن للمـنظمات مـن خلالهـا أن تحسـن عمليـة جمع المعرفة واستخدامها ونشرها لتعزيز ذاكرة المنظمـة وتحسـين الطريقـة التـي تستخدم فيها داخل المنظمة وخارجها، وإيجاد الآليات المناسبة لـربط العـاملين بمصادر المعرفة". وعرفها (بيدس، 2007) بأنها "مزيج من المعلومات والخبرات والقيم التي يمكن توظيفها واستخدامها في أعمال المنظمة المختلفة". ويعرفها (المعاني، 2009) بأنها "قدرة فريق المعرفة في المنظمة على استخدام تكنولوجيا المعرفة للقيام بعملية توليد المعرفة وخزنها وتوزيعها وتطبيقها لتحقيق الأداء المتميز". وهكذا نجد أن مفهوم المعرفـة Knowledge يختلـف عـن مفهـوم البيانات Data ومفهوم المعلومات Information. فالبيانات تعرف بأنها "مجموعة من المفاهيم والصور والرموز والأرقام التي لم تـتم معالجتها بعـد". وهي تشكل المـادة الأولية التـي يـتم استخراج المعلومـات منهـا، بينمـا المعلومـات تشير إلى "البيانات التي تم تنظيمها ومعالجتها مسبقاً لتصبح ذات معنى ودلالة وفائدة بعد تفسيرها". أماالمعرفةفهي"المحصلةالنهائيةلاستخدام المعلومات الجديدةالتي نجمت

عن معالجة البيانات بعد مزجها بالخبرات والمفاهيم العملية. ويمكن القول بأن المعلومات تبدأ من حيث تنتهي البيانات، وتبدأ المعرفة من حيث تنتهي المعلومات (الحسنية، 1997)، (بيدس، 2007). غير أن المعرفة وحدها لا تكون كافية فهناك دور مهم تلعبه الحكمة Wisdom التي تعني الجاهزية وإدراك الإمكانات والتركيز على البيئة الاجتماعية المحيطة بمكان العمل*. فليس المطلوب تطوير المعرفة وحسب، وإنما المطلوب أن تصاحبها الحكمة. ويمكن النظر للمعرفة كسلسلة متكاملة ومترابطة من المراحل تبدأ بالبيانات ثم المعلومات ثم المعرفة ثم الحكمة التي هي قمة المعرفة (أبو جزر، 2005).

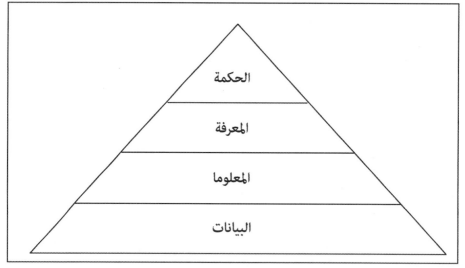

المصدر: (أبو جزر، 2005) نقلاً عن (Cong & Pandya, 2003)

شكل (10)

التسلسل من البيانات إلى الحكمة

---

* تعتبر الحكمة وفقاً للفكر الإسلامي درجة أعلى من العلم فهي تعني معرفة الحق والعمل به.

فوائد إدارة المعرفة:

تسـعى إدارة المعرفـة إلى تحقيـق الأمـور التاليـة (أبو جـزر، 2005)، (Mathew, 2008)، (السلمي، 2002)، (أبو قبة، 2004):

1- المساهمة في رفع كفاءة الأداء وتحسين جودة المنتج أو الخدمة المقدمة.

2- توفير مناخ إيجابي يحفز العاملين ذوي المعرفة عـلى الإبـداع وإطلاق معارفهم الكامنة وإتاحتها للمنظمة.

3- السعي إلى إيجاد قيادة فاعلة قادرة على بنـاء وتطبيـق مـدخل إدارة المعرفة.

4- تحسين عملية اتخاذ القرارات التنظيمية في المنظمة.

5- تمكين العاملين وزيادة قدراتهم على أداء مهامهم بكفاءة وفاعلية.

6- تحسين عمليات الاتصال والتنسيق وزيادة التعاون بـين العـاملين مـما يسهم في رفع سوية الأداء.

7- تنميـة قـدرة المنظمـة عـلى التعامـل مـع المتغـيرات وزيـادة إحساسـها بمشكلات التغيير وتوقعها في وقت مبكر مـما يسـمح لـلإدارة الإستعداد لمواجهتها.

8- خفض التكاليف، وزيادة القدرة التنافسية للمنظمة.

9- زيادة سرعـة التعلم التنظيمـي وشمـوله مختلـف قطاعـات ومسـتويات المنظمة بحيث تصبح المعرفة الدالة عـلى نتـائج الأداء وخـبرات الآخـرين متاحة، مما يدفع العـاملين بـدرجات متفاوتـة تبعـاً لقدراتهم الفكريـة وطاقاتهم المعرفية إلى اكتساب المعرفة الجديدة وتمثلها في بناءهم المعرفي الذاتي، ومن ثمَّ انعكاسـها عـلى أنمـاط ومسـتويات الأداء بما يـؤدي إلى التحسين والتطوير وتجنب الفشل.

أنواع المعرفة Knowledge Types:

تنقسم المعرفة إلى نوعين رئيسيين هـما (المـومني، 2005)، (بيـدس، 2007)، (أبو جزر، 2005):

أ- المعرفة الظاهرة Explicit Knowledge:

وهي المعرفة الرسمية المصنفة ضمن مسـتندات المنظمـة أو قواعـد البيانات الخاصـة بهـا المتاحـة لكـل مـن يرغـب في الوصـول إليهـا، وهـي مخزونة في الكتب والوثائق المختلفة ومتاحة في وسـائط متعددة الأشكال توفرهـا تقنيـات الاتصـالات والمعلومـات، ويـتم التعامـل معهـا بالتبـادل والتحـديث والاسـتخدام بمختلـف الوسـائل وحسـب رغبـات ومتطلبـات المسـتخدمين. وقد سـميت بالمعرفة الراسخة Leaky knowledge نظراً لسـهولة استخلاصها مـن الشـخص أو المسـتفيد أو المنظمـة، بالإضافة إلى إمكانية توثيقها بسرعة ودقة (بيدس، 2007). وقد لاقى هـذا النـوع مـن المعرفة الاهتمام الكبير من قبل المنظمات منذ زمن طويل حيث سـعت إلى بناء نظم معلومـات وقواعـد بيانـات يمكـن مـن خلالهـا تنظيم وتصنيف وتبويب المعرفة والمعلومات الصريحة والمكتوبة (Gray, 2000).

ب- المعرفة الضمنية Tacit Knowledge:

وهي المعرفة التي يختزنها أصحابها في عقولهم ولم يعبروا عنها بـأي صيغة من الصيغ، فهي غـير معلومـة ولا متاحـة للآخـرين، وتظل حبيسـة عقول أصحابها وقد تموت معهم ولا يُقدّر لها الظهور. وفي أحيان أخرى قـد تتهيأ لأصحاب تلك المعرفة الفرص والحوافز التـي تـدفعهم للتصريـح بهـا وإظهارها للآخرين بدرجات مختلفة من الوضوح.

وتتمثـل في الخبـرات الشخصـية والمؤسسـية والقصـص والتصـورات والفطنة وطرق التعلم والمهارات والفهم والثقافة التنظيمية. ويشيـر (Daft, 2006) إلى أن ما يقارب 80% من المعرفة في المنظمة هـي معرفـة ضـمنية مختزنة في عقول العاملين فيها وهم الذين يطلق عليهم رأس المال الفكري Intellectual Capital. وقد شبهت المعرفة بجبل الجليـد المعـروف الجـزء الظاهر منه الذي يمثل المعرفة الصريحة بينما الجـزء الأعظـم المخفـي منـه يمثل المعرفة الضمنية.

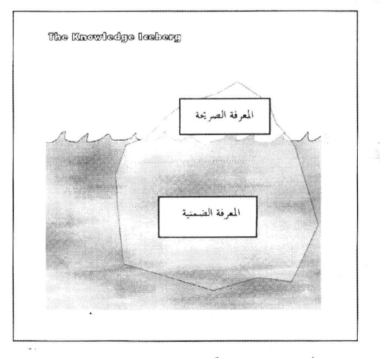

المصدر: (أبو جزر، 2005) نقلاً عن (Khalidi, 2003)

شكل (11)

المعرفة تمثل جبل جليدي الجزء الظاهر منه يشكل المعرفة الصريحة

والجدول التالي يبين أبرز الفروق بين خصائص المعرفة الصريحة والضمنية.

الفرق بين خصائص المعرفة الصريحة والمعرفة الضمنية

وجه المقارنة	المعرفة الصريحة	المعرفة الضمنية
الطبيعة	معرفة رسمية (مهيكلة)	معرفة غير رسمية (غير مهيكلة)
المصدر	المستندات والبرامج الحاسوبية وقواعد البيانات وبراءات الاختراع	عقول الأشخاص
قابلية التوثيق	يمكن توثيقها أو تدوينها	يصعب توثيقها
قابلية التداول	يسهل تداولها والتشارك فيها باستخدام آليات التنقيب عن المعرفة وشبكات الاتصال	يصعب تداولها وتخضع المشاركة للرغبة الشخصية من خلال التفاعلات الشخصية والمحاكاة
قابلية الفهم	مفهومه حيث يمكن التعبير عنها بالكتابة وبالأرقام وبالأشكال وغير ذلك	ليست مفهومة بشكل جيد لصعوبة التعبير عنها في بعض الأحيان أو صعوبة تدوينها
الشكل	أدلة التعليمات وتقارير نتائج الأبحاث وأدلة إجراءات العمل والخطط وغير ذلك مما يمكن تدوينه مسبقاً	الخبرات والأفكار والمعتقدات ووجهات النظر والمهارات الشخصية المضمنة في عقول الأشخاص
الاستخلاص	يسهل استخلاصها من مصدرها	يصعب استخلاصها من مصدرها
قابلية القياس	قابلة للقياس	يصعب قياسها
الوصف	جماعية أو منظمية	فردية أو ذاتية

المصدر : (المومني، 2005) (بيدس، 2007)، (نجم، 2005) ، (Laudon and Laudon, 2005), (Turban, et. Al., 2004)

شكل (12)

عناصر إدارة المعرفة:

ويمكن تحديد أبرز عناصر إدارة المعرفـة بمـا يلـي (Martensson, 2000)، (باسردة، 2006)، (نجم، 2005) :

1- عمليات إدارة المعرفة Knowledge Management Processes وتشمل العمليات التالية:

أ‌- توليـد المعرفـة Knowledge Creation: وهـي خلـق المعرفـة واشـتقاقها وتكوينهـا داخل المنظمة. وتعتبر من أكثر عمليـات إدارة المعرفـة أهميـة حيث تضمن المنظمة من خلالها امتلاك المعرفة اللازمة لتحقيق أهدافها. ويتم خلق المعرفة من المصادر الداخلية: كالوثائق والسجلات والعاملين، أو من المصادر الخارجية: كالشراء أو الاستئجار أو الاندماج أو الانترنت.

ب‌- خزن المعرفة Knowledge Storage: وتشير إلى حفظ المعرفة من الضياع. وتتضمن حفظ المعلومات التي يمتلكهـا العـاملون وذلك بالمحافظـة عـلى العـاملين المميـزين بالمعرفـة في المنظمـة، وتحويـل هـذه المعرفـة إلى بنـاء داخلي يتضمن إخراج المعرفة الضمنية Tacit Knowledge مـن أذهـانهم عـن طريـق التـدريب والحـوار وتنظيمهـا بشـكل يكـون في متنـاول أفـراد المنظمة. وكذلك حفظ المعرفة الظاهرة Explicit Knowledge الموجـودة في المنظمة كالوثائق والسجلات والكتيبات المتعلقة بالسياسات والإجراءات وتوثيقها باستخدام وسائط التخزين المتطورة.

ج‌- توزيع المعرفة Knowledge Distribution: وتعنـي تبـادل الأفكـار والخـبرات والمهارات بين العاملين. وتتطلب أن يقوم العـاملون بالاتصـال بعضـهم بـبعض واستعمال ما يعرفونه لحل المشكلات بشكل مبدع. فالمعرفة حقيقة تنمو عندما

يتم تقاسمها واستعمالها". وقد أصبح توزيع المعرفة أمراً أكـثر ســهولة باستخدام التقنيات المتطورة كالإنترنت وشبكات الاتصال المتطورة.

د- تطبيـق المعرفـة Knowledge Application: الاسـتفادة الفعليـة مـن المعرفة بطريقة فعالة تضمن تحقيق أهداف المنظمة بكفاءة وفاعليـة. وهذا يتطلب تفويض العاملين صلاحيات واسـعة وإعطاءهم الحريـة الكافية لتطبيق معارفهم.

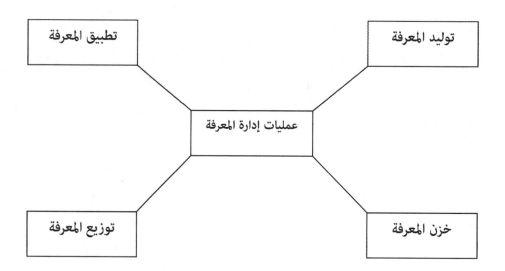

شكل (13)

عمليات إدارة المعرفة

" من تعلم علماً فكتمه ألجمه الله بلجام من نار يوم القيامة " . حديث شريف

2- تكنولوجيا إدارة المعرفة Knowledge Management Technology: وتعني "الوسائل والأساليب والأفعال المستخدمة لتحويل المدخلات التنظيمية إلى مخرجات" (Daft, 2006). وتشير إلى أبرز التطورات في تكنولوجيا المعلومات والاتصالات التي أسهمت في نشوؤ إدارة المعرفة وتطورها مثل نظم عمل المعرفة Knowledge Work Systems، ونظم أتمتة المكاتب Office Automation Systems، ونظم دعم القرارات المستندة إلى المعرفة Knowledge - Based Decision Support Systems وغيرها.

3- فريق المعرفة Knowledge Team: ويمثل المرتكز الأساسي الذي يساعد على التقاط المعرفة وتوليدها ونشرها وتطبيقها في المنظمة. ويتكون من صانعي المعرفة ومديريها وإدارة معرفة الزبائن. فصانعو المعرفة Knowledge Workers هم الباحثون والمصممون والكتاب ومحللو النظم والمبرمجون وغيرهم، وهم مسؤولون عن توليد المعرفة الجديدة وتطويرها وتضمينها مع المعرفة القائمة. أما مديرو المعرفة Managers Knowledge فهم مديرو المعرفة الظاهرة وهم الموظفون الذين يقومون بعمليات توليد المعرفة وتصنيفها ونقلها. أما مديرو المعرفة الضمنية فهم الذين يركزون على العملية التي تسهّل التفاعل بين صناع المعرفة والخبراء. أما إدارة معرفة الزبائن Management Customer Knowledge فتتمثل في إدارة البناء الخارجي للمنظمة، وتعبر عن معرفة المستفيدين الخارجيين للمنظمة. فهي إدارة تهدف إلى اكتساب المعرفة الموجودة عند المستفيدين وإدخالهم كشركاء في المعرفة وتقاسمها معهم وتحقيق الفائدة لهم وللمنظمة على حد سواء (باسردة، 2006).

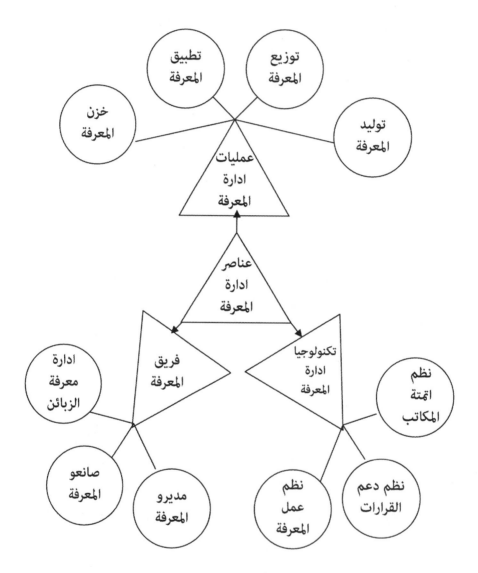

شكل (14)

عناصر إدارة المعرفة

معوقات تطبيق إدارة المعرفة:

تواجه المنظمات معوقات عديدة تحـول دون تطبيـق مفهـوم إدارة المعرفة لعل من أبرزها ما يـلي (Chua & Lam, 2005) ، (Akhavan, et al, 2005)، (حجازي، 2005)، (بيدس، 2007) :

1- عدم دعم الإدارة العليا في المنظمة والتزامهـا بتطبيـق مفهـوم إدارة المعرفة.

2- ضعف إدراك مفهوم إدارة المعرفة وأهمية دوره في المنظمة.

3- الافتقار إلى التدريب المناسب في مجال إدارة المعرفة.

4- الاختيار غير المناسب لأعضاء فريق إدارة المعرفـة وعـدم اختيـارهم من العاملين الذين تتوافر لديهم القدرة والمعرفة والرغبة في العمل في هذا المجال.

5- عدم توفر ميزانية كافية لمشروع إدارة المعرفة.

6- وجود ثقافة تنظيمية غير تعاونية لا تشجع على تبني مفهوم إدارة المعرفة.

7- مقاومة العاملين للتغيير مـما يحـد مـن قـدرة المنظمـة عـلى تبنـي تطبيق مفهوم إدارة المعرفة.

10

الفصل العاشر
الحكمانيــــة

الحكمانية الجيدة **Good Governance** وهي التي تُعنى بتقـدم الإدارة وتطورهـا مـن إدارة تقليديـة إلى إدارة تتجـاوب مـع متطلبـات المــواطنين، وتسـتخدم الآليــات والعمليــات المناسبة لتحقيق الأهداف المرجوة من المشاريع بشفافية ومسؤولية أمام المواطنين.

UNDP

الفصل العاشر
الحكمانية

شاع استخدام مصطلح "الحكمانية" Governance مع بداية عقد التسعينات من القرن العشرين من قبل المنظمات الدولية كمنهج لتحقيق التنمية المجتمعية في الدول النامية بسبب قصور الإدارات الحكومية عن تحقيق الطموحات الشمولية للتنمية وإدامتها بكفاية وفاعلية.

لقد تعددت التعريفات التي تبحث في هذا المفهوم؛ فقد عرفها البنك الدولي بأنها "الطريقة التي تتم من خلالها إدارة الموارد الإقتصادية والإجتماعية للمجتمع لتحقيق هدف التنمية" (World Bank, 1992). وعرفها (Report, 1999) بأنها "العمليات والهياكل التي تتخذها المؤسسات لإدارة وتوجيه عملياتها العامة ومختلف أنشطة برامجها". ويعرفها (Agere, 2000) بأنها "ممارسة السلطات الإقتصادية والسياسية والإدارية لإدارة شؤون المجتمع بمختلف مستوياته". ويعرفها (الندوي، 2010) بأنها "فلسفة جديدة للتغيير، لها مضمون اقتصادي ومالي واجتماعي وسياسي باعتبارها النهج الأكثر نجاعة لتسيير الشأن العام ". كما عرفت بأنها " الحكم الذي يصون رفاه الإنسان ويعزز من فرصه وحريته الاقتصادية والاجتماعية والسياسية، وخاصة أفراد المجتمع الأكثر فقراً وتهميشاً " (التعمري، 2004).

ويؤكد مفهوم الحكمانية على تكامل أدوار الإدارة الحكومية والقطاع الخاص ومؤسسات المجتمع المدني وتعزيز المشاركة فيما بينها وذلك من خلال

---

* ويدعى كذلك : الحاكمية، إدارة الدولة والمجتمع، الإدارة العامة المتجددة، الإدارة المجتمعية، الحوكمة، الحكم الصالح، إدارة الحكم، الحكامة، الحكم الرشيد.
** استخدم مصطلح الحكمانية لأول مرة من قبل البنك الدولي عام 1989 .

إعادة رسم الأدوار لكل منها ليتسنى تحقيق التنمية المجتمعية بكفاية وفاعلية استجابة لطموحات المواطنين وتحقيق الشفافية، والمساءلة، والمشاركة في رسم السياسات، وتحمل المسؤولية، وتعزيز دولة القانون، وانتهاج اللامركزية في صنع القرارات.

إن عجز الإدارة الحكومية عن تحقيق طموحات المواطنين وعدم الثقة بها عزز الحاجة إلى فكرة الحكمانية كونها تتواءم مع فكرة تطوير الإدارة التقليدية إلى إدارة تتجاوب مع متطلبات المواطنين، واستخدام الآليات المناسبة لتحقيق الأهداف المرجوة من التنمية بشفافية ومسؤولية أمامهم. ولأن الاهتمام والعناية بالأمور العامة لا يقتصر على الحكومة التي هي مجرد شريك ضمن شركاء عديدين في إدارة شؤون الدولة والمجتمع ظهرت الحاجة إلى إعادة النظر في أدوار الحكومات والقطاع الخاص والمؤسسات المدنية، وكثر الحديث عن الشراكة بين الحكومة والقطاع الأهلي (الخاص والمدني)، وحلَّ مصطلح الحكمانية محل الإدارة العامة كأداة لتحقيق التنمية المستدامة (الكايد، 2003).

مكونات الحكمانية :

تتضمن الحكمانية ثلاثة ميادين رئيسية هي: الحكومة، والقطاع الخاص، ومؤسسات المجتمع المدني وتتحدد أدوارها بما يلي (القريوتي [2]، 2006)، (الكايد، 2003)، (الندوي، 2010) :

1- دور الحكومة:

تهيء الحكومة البيئة السياسية والقانونية المناسبة، فهي معنية بوضع الإطار العام القانوني والتشريعي لأنشطة القطاع العام والخاص على حدٍ سواء، وهي المعنية بتأكيد الاستقرار والعدالة في السوق، والاهتمام بالخدمات العامة التي لا يُقبل عليها القطاع الخاص فتعمل على تهيئة البيئة المساعدة على التنمية البشرية في المجتمع. لكن هذا الـدور يحتـاج إلى أن تعمل السلطة التشريعية والعمليات الانتخابية وسلطة القضاء بشكل جيد، فالبرلمانات التي يتم انتخاب أعضائها بحرية وعدالة ليمثلوا الأحزاب أو الجهات والمناطق المختلفة في المجتمع تعتبر أساسية لتوفير المشاركة الشعبية وتحقيق مبدأ المساءلة الحكومية.

إن الحكمانية الجيدة Good Governance في هذا القرن تحتم على حكومات الدول المتقدمة والنامية على حدٍ سواء أن تعيد النظر في مفهـوم دورهـا في الأنشـطة الإقتصـادية والإجتماعيـة لمواجهـة تحـديات العصر.

2- دور القطاع الخاص:

لقد شهدت بـدايات القرن العشرـين زيـادة في نشـاط الـدول وتدخلها في ميادين الحياة المختلفة. ولكن تراجعاً أخـذ يظهـر في نهايـاته حيث أخـذ عـدد مـن الـدول يعتمد عـلى مؤسسـات المجتمـع الخاصـة لمواجهـة متطلبـات الأفـراد نتيجـة التحـولات العالميـة كالعولمـة وفتح الأسواق، وأصبحت الدول تدرك بأن القطاع الخاص يمثل المـورد الرئيسي- للفرص التي تفتح المجالات الاقتصادية لتشغيل الأيـدي العاملـة إضافة إلى تأهيلها لتحقيق النتائج الإيجابية التي تساهم في التنمية الإقتصادية

للمجتمع، ورفع سوية المعيشة للمواطنين، وتحسين مستوى الخدمات المقدمة لهم. وتستطيع الحكومة تقوية وتطوير القطاع الخاص من خلال اتباع الآليات التالية:

- خلق البيئة الإقتصادية المستقرة.

- إدامة التنافسية في الأسواق.

- التأكد من سهولة حصول الفقراء والفئات ذات الفرص والإمكانات القليلة على التسهيلات المالية والفنية للمساهمة الإنتاجية في المجتمع وتحسين مستوى دخولهم ومعيشتهم.

- تعزيز المشاريع التي تؤدي إلى خلق الفرص الجديدة للعمل.

- استقطاب الإستثمارات والمساعدة على نقل المعرفة والتكنولوجيا وبخاصة للطبقات الفقيرة.

- تنفيذ القوانين والإلتزام بها.

- التحفيز لتنمية الموارد البشرية.

- المحافظة على البيئة والموارد البشرية.

3- دور مؤسسات المجتمع المدني:

يشكل المجتمع المدني رأس المال الإجتماعي Social Capital، حيث يعمل الناس مع بعضهم البعض لتحقيق غايات مشتركة وعامة تعتبر أساسية للحكمانية. فمؤسسات المجتمع المدني كالصحافة، والاتحادات، والجمعيات، والنقابات، والأحزاب، والمؤسسات التطوعية غير الحكومية NGO التي لا تسعى لتحقيق

الربح، كلها تكمل دور الحكومة في تحقيق التنمية المستدامة*، بالإضافة إلى دور القطاع الخاص. وتعمل هـذه المؤسسـات عـلى اشـتراك الأفراد في الأنشطة الأقتصادية والاجتماعية وتنظيمهم في جماعات ذات تأثير قـوي في السياسات العامة، مما يسـاعد عـلى تحقيـق إدارة هـي أكـثر عقلانيـة مـن خلال علاقاتها بين الفـرد والحكومـة، ومـن خـلال تعبئتها لأفضل الجهـود الفردية والجماعية التي يمكن استخدامها وفق الآليات التالية:

- التأثير على السياسة العامة من خلال تعبئة جهود قطاعات من المواطنين وحملها على المشاركة في الشؤون العامة.

- تعميق المساءلة والشفافية بنشر المعلومات عـلى نطـاق واسـع والسـماح بتداولها.

- مسـاعدة الحكومـة عـلى أداء أفضـل للخـدمات العامـة، وتحقيـق رضـا المواطنين في مجال العمل المباشر، أو التمويل، أو الخبرة.

- العمل على تحقيق العدالة والمساواة أمام القانون، وحماية المواطنين مـن تعسف السلطة.

- تربية المواطنين على ثقافة مفهوم الديمقراطية من خلال اكساب أعضائها قيم الحوار والتحاور، والمشاركة في الانتخابات، والتعبير الحر عن الرأي.

---

* التنمية المستدامة Continuous Development : التنمية التي توفر حاجات الحاضر دون التضحية بحاجات الأجيال القادمة .

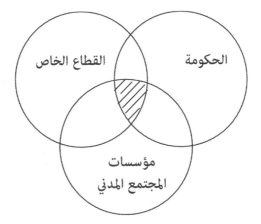

شكل (15)

مكونات الحكمانية الجيدة

عناصر الحكمانية: تتسم الحكمانية الجيدة بعدد من العناصر من أبرزها ما يلي (ESCAP, 2009)، (الكايد، 2003) ، (القريوتي [2]، 2006):

1- خدماتية Service - Oriented، تهتم بضمان تقديم الخدمات الأساسية للمواطنين وبخاصة لذوي الدخول المتدنية وفئات الاحتياجات الخاصة، والاحياء الفقيرة من المجتمع.

2- المشاركة Participation: حق المواطنين في المشاركة في اتخاذ القرارات. إما بشكل مباشر أو بوساطة مؤسسات شرعية تمثل مصالحهم، وحقهم في حرية الحديث وحرية التجمع.

3- الاســتمرارية Sustainable: إمكانيــة إدامــة نشـاطات الحكمانيــة وإدامة التنمية الشمولية على المدى البعيـد مـما يسـهم في تقليص حدة الفقر وتنمية الموارد البشرية.

4- الشرعية Legitimacy: تعزيز سـلطة حكـم القـانون بحيـث تكـون القرارات المتخذة مقبولة لدى العامة.

5- الشفافية Transparency: حرية تدفق المعلومات بشكل شفاف لتكون في متناول المعنيين بهـا، وتمكيـنهم مـن فهـم ومتابعـة العمليـات في تلك المؤسسات.

6- العدالة والمساواة Equity & Equality: توفر الفرص أمـام الجميـع وبخاصة الفقراء وفئات المجتمع الأقل حظاً لتوفير الرفاهية لهم.

7- المسـاءلة Accountability: بحيـث يكـون متخـذو القـرارات في القطاعات المختلفة مسؤولين أمام الجمهور أو من يمثلهم عـن تلك القرارات.

8- القـدرة عـلى تطـوير المـوارد والأسـاليب اللازمـة لنجـاح الحكمانيـة واستخدامها بكفاءة تضمن إدامتها.

9- تعزيز سلطة القانون Rule of Low بحيث تكون القوانين والأنظمة عادلة وتنفذ بنزاهة وتجرد سيما ما يتعلق منها بحقوق الإنسان.

10- الكفاية والفعالية في استخدام المـوارد Effectiveness & Efficiency : أي حسن استغلال المؤسسـات للمـوارد البشـرية والمادية مـن قبـل المؤسسات لتلبية الاحتياجات المحددة.

11- التمكين Empowerment: تعزيز جميع الأطراف المكونة للحكمانيـة لمتابعـة الأهـداف المشـروعة لضـمان تحقيقهـا، وإنشـاء البيئـة التـي تمكنهم من تحقيق أقصى قدر ممكن من النجاح والرخاء للجميع.

12- القدرة على تحديد المشاكل التي تواجه المواطنين وتبني حلولها.

13- اللامركزية Decentralization: بحيث يتم تركيز الإدارة العليا عـلى الإشراف والمتابعة وترك أمـور التنفيـذ والرقابـة للمسـتويات الإداريـة الأدنى.

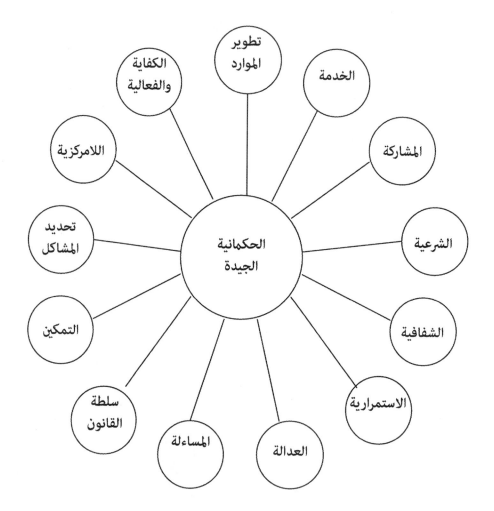

شكل (16)

عناصر الحكمانية الجيدة

11 الفصل الحادي عشر
الحكومة الالكترونية

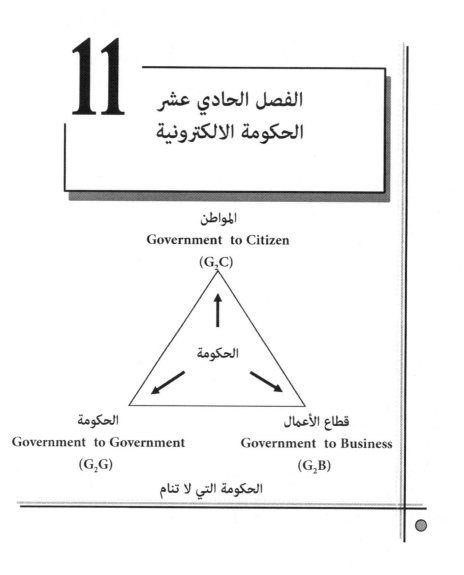

المواطن
Government to Citizen
(G_2C)

الحكومة

الحكومة
Government to Government
(G_2G)

قطاع الأعمال
Government to Business
(G_2B)

الحكومة التي لا تنام

الفصل الحادي عشر
الحكومة الإلكترونية

شهد العالم في نهاية القرن العشرين ثورة تكنولوجية كبيرة كان لها أثر بالغ في حياة الأفراد والمنظمات على حدٍ سواء. فظهرت التقنية الرقمية، وتطورت تكنولوجيا الاتصالات وأنظمة المعلومات بشكل لم يسبق له مثيل مما دفع العديد من الحكومات في دول العالم المختلفة للإستفادة من هذا التطور لتسهيل تقديم خدماتها للمستفيدين بأقل وقت وكلفة وجهد كفلسفة إدارية حديثة فرضتها الثورة الرقمية وتوجهات العولمة مما يحقق لها الكفاية والفاعلية. فظهر مفهوم الحكومة الإلكترونية (-E Government) بهدف بناء منظمات حكومية الكترونية تسهل الإجراءات، وتزيد من جودة الخدمات المقدمة، وتخفيض كلفتها، وتضمن الشفافية في العمل، وتعزز مشاركة المواطنين في الرقابة والمساءلة، مما جعل تطبيق الحكومة الإلكترونية في هذه الأيام مطلباً ملحاً وليست ترفاً وحسب.

لقد تعددت التعريفات التي تبحث في هذا المفهوم، فقد عرفت بأنها "تقديم الخدمات والمعلومات للمواطنين الكترونياً" (ياسين، 2005). كما عرفت بأنها "أتمتة التعامل فيما بين الادارات الحكومية بعضها ببعض وبينها وبين القطاع الخاص والمواطنين باستخدام البرمجيات الحديثة المستخدمة في تكنولوجيا الانترنت" (العزام، 2001). وعرفت بأنها الإنتقال من انجاز المعاملات وتقديم الخدمات العامة من الطريقة التقليدية اليدوية إلى الشكل الإلكتروني باستخدام أمثل للوقت والمال والجهد" (خالد، 2010).

وعرفها العواملة بأنها "استخدام نتاج ثورة المعلومات والإتصالات من هاتف، وفاكس، وحاسوب، وانترنت وغيرها لتقديم خدمات حكومية ذات جودة وكفاءة وفعالية، إضافة إلى تسهيل عملية الوصول للمعلومات، وتفعيل دور المواطن ومشاركته في عمليتي الرقابة والمساءلة" (عواملة، 2002). كما عرفت بأنها "تمكين الأجهزة الحكومية المختلفة من تقديم خدماتها في إطار تكاملي لكل فئات المستفيدين دون اشتراط التواصل المكاني أو الزماني، باستخدام التقنية الالكترونية المتطورة، واستهداف الجودة والتميز، وضمان الأمن المعلوماتي" (أبو مغايض، 2004). ويعرفها الشيخي بأنها: "تمكين الأجهزة الحكومية من تقديم خدماتها على مدار الساعة باستخدام الوسائل الإلكترونية (الإنترنت والهاتف الآلي والرسائل القصيرة وغيرها) بالإعتماد على مخرجات الإتصالات وتقنية المعلومات، وتسهيل الوصول للمعلومات وتبادلها ومشاركتها من أي مكان وفي أي وقت، بدقة وشفافية ومساواة" (الشيخي، 2007) . فالحكومة الإلكترونية تهدف إلى استخدام تكنولوجيا المعلومات والإتصالات لتعزيز العلاقات الإيجابية وتسهيل الإتصال فيما بينها وبين الفئات التالية (Seitrt and Thorson, 2003) :

1- المواطنين: حيث تقوم الحكومة بتقديم الخدمات العامة إلى الأفراد، وتتيح لهم إنهاء معاملاتهم دون الحاجة إلى حضورهم الشخصي.

2- المنظمات الخاصة: وتقوم الحكومة بتقديم العديد من الخدمات التي يحتاجها القطاع الخاص الكترونياً، مثل تعبئة النماذج، وطرح المناقصات، ودفع رسوم المعاملات وغيرها.

3- المـنظمات العامـة: حيـث يـتم تبـادل المعلومـات والبيانـات بـين مـنظمات القطـاع العـام والتنسـيق فـيما بينهـا لإنجـاز المعـاملات بكفاءة وايجابية.

مقومات الحكومة الإلكترونية:

يعتبر أُنموذج الحكومة الإلكترونية نقلة نوعيـة في طريقـة التواصـل فيما بين الحكومة والمواطنين، ويتطلب تطبيقه العديد من المقومـات ومـن أهمها (Ke and Kee, 2004) ، (الشيخي، 2007):

أولاً: متطلبات تقنية، وتتمثل في الأمور التالية:

1- البنية التحتية التقنية وتشمل:

أ- تـوافر الحواسـيب المتطـورة، سـواء في المـنظمات الحكوميـة ولـدى المواطنين.

ب- شبكات الحاسب الآلي المترابطة، وتعتمد عـلى التواصـل بـين عـدد مـن الحواسيب التي يتم تبادل المعلومات فيما بينها، والتي يتم عن طريقها الوصول إلى البيانات والتقارير. ومن أنواعها:

- الشبكة الداخلية (Intranet): وهي التي تربط بين عـدد مـن أجهـزة الحاسـب الآلي داخـل المنظمـة الواحـدة فيسـتخدمها موظفـو تلـك المنظمة.

- الشبكة الخارجية (Extranet):وهي شبكةمكونةمن مجموعةشبكات انترانت ترتبط بعضهاببعض عـن طريـق الإنترنـت.فهـي تقـوم بـربط مجموعـةمن المـنظمات التـي تجمعهـا عـمال مشـتركةوتؤمن لهـا تبـادل المعلومـات

والمشاركة فيها، والمحافظة على خصوصية الإنترانت المحلية لكل منظمة. (السالمي، 2005).

- الشبكة العالمية (Internet): وهي الشبكة العنكبوتية العالمية التي تتواصل فيها ملايين الحاسبات والشبكات المنتشرة حول العالم المتصلة مع بعضها البعض بواسطة خطوط هاتفية لتشكل شبكة عملاقة لتبادل المعلومات. ويمكن لأي حاسوب شخصي- PC متصل بأحد الحواسيب في هذه الشبكة أن يصل إلى المعلومات المخزونة في غيرها من حواسيب الشبكة. كما توفر شبكة الإنترنت خدمة البريد الإلكتروني E-mail التي تعتبر من أسرع وسائل الإتصال الحديثة وأكثرها مرونة وأرخصها كلفة (السالمي، 2005).

2- توفير خدمات الإنترنت وإيصالها إلى مختلف مناطق الدولة.

3- إنشاء موقع حكومي واحد على الشبكة العالمية "الإنترنت" يضم جميع المنظمات الحكومية يمكن للمستفيد من خلاله النفاذ إلى أي منظمة حكومية يود الإنتفاع بخدماتها.

ثانياً: متطلبات إدارية: تستدعي إعادة النظر في تحديث الطرق التقليدية التي تعمل بموجبها المنظمات العامة لتتناسب مع عمل الحكومة الإلكترونية وبخاصة في الأمور التالية:

أ- تصميم الهياكل التنظيمية للمنظمات العامة بشكل يتلاءم مع متطلبات الحكومة الإلكترونية.

ب- إعادة توزيع الصلاحيات بين الأقسام الإدارية المختلفة.

جـ- إعـادة ترتيـب نظـم الإتصـال الإداري بـين الأقسـام داخـل المنظمـة الواحدة.

د- إعادة وصف المهام المطلوب تنفيذها في بعض الوظائف.

هـ- تطوير طرق سير الإجراءات الإدارية وتبسيطها.

و- وضع خطط تدريبية شاملة ومستمرة لتمكين جميع الموظفين.

ز- الإتجاه نحو اللامركزية وبناء فرق العمل.

ي- إضافة رؤى وقيم جديدة إلى الثقافة التنظيمية.

ثالثاً: مقومـات سياسـية: أي تـوفير دعـم سـياسي قـوي لمشـروع الحكومـة الإلكترونية يسهم بشكل كبير في نجاحه واستمراريته.

رابعاً: مقومات قانونية: وهي استحداث التشريـعات التـي تسـهل تطبيـق الحكومة الإلكترونية، وضمان أمـن وسريـة المعلومـات، وتعـديل القـوانين والأنظمة القائمة التي تتعارض مع هذا النهج الجديد.

خامساً: متطلبات مالية: ولأن تطبيق مشروع الحكومة الالكترونية يتطلـب تكاليف مالية كبيرة لبناء البنية التحتية المناسبة، أو لتـدريب العـاملين، أو لدعم أسعار الإتصالات، أو غيرها، لذلك يجب رصـد الأمـوال الكافيـة التـي تضمن تنفيذ هذا المشروع واستمراريته.

سادساً: المـوارد البشرـية: إن التحـول نحو الحكومـة الإلكترونيـة يتطلب توجيه التنظيمـات نحو اللامركزيـة، والتمكـين الإداري، وبنـاء فـرق العمـل وغيرهـا من المفاهيم الإداريـة الحديثـة، التـي تتطلب وجـود عنصرـ بشرـي مؤهل ومدرب يمكـن الاعتمـاد عليـه في انجـاح هـذا المشرـوع. الأمر الـذي يستوجب التنظيمـات إيـلاء موضـوع المـوارد البشرـية فيهـا جـل اهتمامهـا وتعهـدها بالعنايـة والتـدريب والتعلـيم وفقـاً لـبرامج علميـة مدروسـة، وبخاصة في مجال تقنية المعلومات، وإعطـاء العاملـين الحريـة والمسؤوليـة والصلاحية الكاملة في اتخـاذ القرارات ذات العلاقـة بـأعمالهم ووظائفهم واستثمار كافة قدراتهم وامكانياتهم لرفع مستوى الأداء الفردي والمؤسسي.

سابعاً: العلاقات العامة: فلا بد من وجـوب نشرـ الثقافـة الإلكترونيـة بـين المواطنـين وتعـريفهم بتطبيقـات الحكومـة الإلكترونيـة وأهـدافها وعوامـل نجاحهـا وفوائـدها، وذلـك مـن خـلال وسـائل الإعـلام المختلفـة، ونشرـ الملصقات، وإقامة المحاضرات والندوات وغيرها، التي تسهّل نجـاح تنفيـذ هذا المشروع وتَحدُّ من مقاومة التغيير.

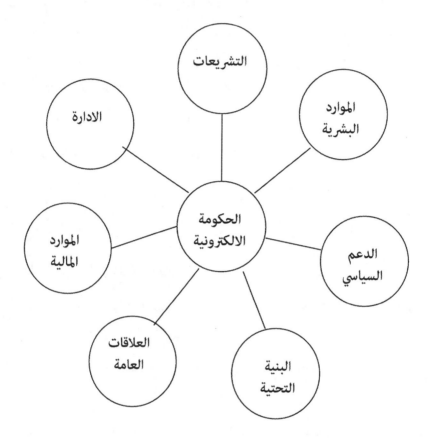

شكل رقم (17)
مقومات وجود حكومة الكترونية

مراحل تطبيق الحكومة الإلكترونية: تمر عملية التحول نحو الحكومة الالكترونية بعدد من المراحل المتتابعة وبشكل تدرجي لضمان استيعاب المواطنين والعاملين لها والحد من مقاومتها. وهذه المراحل هي (أبو مغايض، 2004) ، (أبو سديرة، 2001)، (الشيخي، 2007):

1- مرحلة الوجود: وتعمد الحكومة فيها إلى ما يلي:

أ- بناء بوابة حكومية أساسية على الانترنت تُخصص لاستخدام الخدمات الحكومية بحيث تتوافر فيها كافة المعلومات والبيانات الخاصة بمتطلبات الحصول على تلك الخدمات التي يتوقع أن يحتاج إليها المستفيد.

ب- الإعلان عن بدء توفير الخدمات الكترونياً بوسائل الإعلام المختلفة.

2- مرحلة التفاعل: ويتم فيها تبادل المعلومات بين طالب الخدمة ومقدمها، ومن عناصر هذه المرحلة:

أ- إتاحة إمكانية ملء النماذج بعد طباعتها من شبكة الانترنت وقبولها لدى جهات تقديم الخدمة.

ب- توفير الخدمة الصوتية للخدمات الحكومية المسجلة على شبكة الانترنت وذلك باستخدام خط هاتفي يتيح للمستخدم التعرف على متطلبات إجراء الخدمة، والرسوم المطلوبة، والوقت المقرر لإنجاز الخدمة.

3- مرحلة التنفيذ: أي مرحلة تمكين الجمهور من تنفيذ بعض المعاملات الحكومية بشكل كلي أو جزئي.

4- مرحلـة التكامـل: وفيهـا تتكامـل الأعـمال الحكوميـة بتحقيـق الـربط الإلكتروني بين قواعد البيانات الحكومية لإتمام جميع المعاملات والخدمات مباشرة وتوفيرها من موقع واحد- البوابة الإلكترونيـة-، وتصنيفها بحسـب الحاجات وليس بحسب الإدارات وبأسلوب موحد في التعامل.

فوائد الحكومية الإلكترونية (Kaplan, 2002)، (ياسـين، 2005)، (رضـوان، 2001)، (العتيبي، 2004) :

تعتبر الحكومة الإلكترونية وسيلة تسـعى الحكومـة مـن خلالهـا إلى تذليل الصعاب التي قد تواجه المسـتفيدين مـن خـدماتها، ورفـع سـويتها. ومن أبرز فوائد تطبيق الحكومة الإلكترونية ما يلي:

1- سهولة الحصـول عـلى الخدمـة مـن خـلال شـبكات الإتصالات في أي مكان وأي وقت دون الحاجة لمراجعة الإدارات الحكومية، مما يحقق راحة للمواطن وبخاصة ذوي الظروف الخاصة.

2- تحقيق طفرة هائلة في انسياب البيانـات والمعلومـات بـين الحكومـة وطالبي الخدمة أو العكس بأقل كلفة وأعلى كفاءة وأسرع وقت.

3- انخفاض عدد الوثائق الورقية المستخدمة في إنجاز المعـاملات، حيـث تصبح الرسالة الإلكترونية الوثيقة الوحيدة المتاحة أمام الطرفين، مـما يعجّل في خفض الكلفة وسرعة إنجازها.

4- وضوح الأداء، الذي يسمح للمواطن الوصول إلى المعلومات التي تخصه أو يريد الإطلاع عليها بشكل سريع ودقيق، فيتعزز دوره في المشاركة في الرقابة والمساءلة (Wong and Welch, 2004).

5- الحد من الفساد الإداري حيث تحد أجهزة الحاسب والبرمجيات من الواسطة والمحسوبية وغيرها من الممارسات غير الأخلاقية.

6- تحقيق التنسيق بين المنظمات الحكومية بعضها ببعض، من خلال الانترنت وتبادل المعلومات بين الجهات الحكومية مما يساعد على سرعة الإجراءات.

7- تقديم الخدمات على مدار الساعة، طيلة أيام السنة مما يتيح خدمة العملاء في غير ساعات العمل الرسمية، وتقديم ذات الخدمة بشكل جماعي ويسرّع الإنجاز.

8- ترشيد الانفاق الحكومي، بسبب خفض كلفة الخدمات الحكومية المتعلقة بطرق تقديمها وأساليب ايصالها.

سلبيات الحكومة الإلكترونية:

وقد يصاحب تطبيق مفهوم الحكومة الإلكترونية العديد من المثالب، ومن أبرزها:

1- ضعف النواحي الأمنية لبعض تطبيقات الحكومة الإلكترونية، مما يجعلها عرضة للإختراق.

2- التأثير السلبي على معدلات التوظيف في إدارات القطاع العام مما يرفع من معدلات البطالة.

3- شعور الموظفين الحكوميين بالإغتراب والعزلة وافتقادهم العلاقات الاجتماعية التي تنشأ في أماكن التجمع والعمل.

4- صعوبة مواكبة سرعة التغيير في تكنولوجيا الاتصالات والمعلومات.

12

الفصل الثاني عشر
إعادة اختراع الحكومـة

لا يعنـي الاصـلاح الإداري مجـرّد اسـتبدال أفـراد بآخرين، أو أجراءات بغيرهـا، أو قـانون بـآخر، وإنمـا يعني فكـر إداري حـديث وملائـم، وقيـادات إداريـة مؤمنةً بهذا الفكر تتبناه وتتحمس له.

علي لطفي
رئيس وزراء مصر الأسبق

الفصل الثاني عشر
إعادة اختراع الحكومة

شهدت محاولات الإصلاح الإداري في العديد من الدول في أواخر القرن العشرين تحولاً مهماً يتمثل بإعطاء أولوية الإصلاح لعلاقة الإدارة العامة بالمواطنين بتلبية حاجاتهم وتقديم أفضل الخدمات الممكنة لهم، باعتبار أن خدمتهم هي في النتيجة الهدف الأساسي لكل نظام ديمقراطي، وأنه هو الذي يمول نشاطات الدولة. فمن الطبيعي أن يتوقع منها تقديم الخدمات اللازمة له بتجرد وجودة.

وهنالك أسباب عديدة أدّت إلى هذا التحوّل الذي نشهده في كثير من الدول، ومن أهمها انتشار الأنظمة الديمقراطية، والإهتمام المتزايد بقضايا حقوق الإنسان في جميع المجالات السياسية والإقتصادية والإجتماعية والإدارية، وإزدياد قدرة المواطنين من خلال مؤسسات المجتمع الأهلي في التأثير على سياسات الدولة والإدارة، وتوجيهها نحو خدمة الحاجات الحقيقية لهم.

ومن أسباب هذا التحول أيضاً، التوجه العالمي نحو " الخصخصة " الذي أُعتبر في كثير من الأحيان أنه الطريقة الفضلى لخدمة المواطن بشكل فعّال وبأقل كلفة ممكنة. فإذا كانت الدولة تستعين بالقطاع الخاص لتأمين خدمات أفضل للمواطن، فمن البديهي إذاً أن تتبع نفس السياسة في مؤسساتها الحكومية بغية تحسين خدماتها له.

لجـأت كثيـر مـن الـدول* في محاولاتهـا لتحقيـق الاصـلاح في الإدارة العامة إلى تطبيق نماذج إصلاحية** تناسب بيئاتها مستوحاة مـن النموذج الإصلاحـي الـذي ناصرتـه منظمـة التعـاون الاقتصـادي والتنميـة (OECD) الذي يشتمل على العناصر التالية (جائزة الملك عبد الله الثاني لتميـز الأداء الحكومي والشفافية، 2008) :

- حكومة تركز على أدوارها الأساسية.

- إدارة تستند إلى النتائج.

- مراقبة وتقييم قوي للمخرجات والنتائج.

- قدر أكبر من الاستقلالية، والمساءلة للمديرين.

- حوافز مرتبطة بالأداء.

- التعامل مع المواطنين كمالكين ومستفيدين من الخدمة.

- شراكات قوية مع المستفيدين.

- أنظمة وتعليمات مرنة للموارد البشرية.

- نظام مشتريات عام يتصف بالشفافية.

- موازنات تستند على الأداء.

---

* من هذه الدول: بريطانيا، نيوزلندا، استراليا، هولندا، السويد، كندا، الولايات المتحدة الأمريكية.

** من هذه النماذج: الإدارة العامة الجديدة (Hood, 1991)، أنمـوذج مـا بعـد البيروقراطيـة (Barzelay,1992)، أنمـوذج الإدارة العامـة المبنـي عـلى نظـام السـوق (Lan and Rosetnbloom, 1992)، أنموذج إعادة اختراع الحكومة (Osborne and Gaebler,1992)، أنموذج الخدمة العامة الحديثة (Denhardt and Denhardt, 2000) ، أنمـوذج إعادة اختراع الحكومة للقرن الواحد والعشرين (Rondinelli and cheema, 2003) .

ومن أبرز نماذج الإصلاح في القطاع العام ما يأتي:

1- أنمـوذج الإدارة العامـة الجديـدة New public Management (NPM):

وقـام بتطـوير هـذا النمـوذج في بريطانيـا الـدكتور كرسـتوفر هـود Christopher Hood عام 1989 (Laurence and Lynn, 2009) . الـذي حدد العناصر التالية لنموذجه (Hood, 1991):

1- الاحتراف بالإدارة.

2- معايير واضحة لقياس الأداء.

3- التأكيد على رقابة المخرجات.

4- تخصيص الموارد والمكافآت مرتبطةً بالأداء.

5- التحول نحو اللامركزية.

6- التنافسية.

7- التأكيد على أساليب القطاع الخاص في العمل.

8- المرونة العالية في عمليات التوظيف والتحفيز.

9- التركيز على الاقتصاد في استخدام الموارد.

10- الفصل بين السياسة وتقديم الخدمات.

2- أنموذج إعادة اختراع الحكومة Reinventing Government:

يعتبر مفهوم إعادة اختراع الحكومـة مـن المـداخل الهامـة في عمليـات الإصلاح الإداري وتحسين أداء المنظمات الحكومية في العصر الحديث، فقد تـم

تطوير هذا النموذج في الولايات المتحدة الأمريكية* من قبل الباحثين ديفيد أسبورن وتد جيبلر عام 1993. إذ يؤكدان على أن الحكومة تتغيّر، وأن واجباتها تتطور، وأن الإدارة الحكومية- مثل إدارة القطاع الخاص- قادرة على التكيف مع روح العصر وإعادة تطوير نفسها من حين لآخر لتساير عصر المعلومات.

وتنطلق فكرة إعادة اختراع الحكومة من المبادىء التالية (Osborne and Gaebler, 1992):

1- أن الحكومة ليست شراً لا بد منه كما يتصور الكثيرون**، فهي ضرورية وهامة لكل المجتمعات المتحضرة.

2- أن حكومة عصر الصناعة بمركزيتها وبيروقراطيتها التي تعمل بطرق روتينية لا تستطيع أن ترقى إلى مستوى التحديات والمتغيرات السريعة التي تواكب عصر المعلومات.

3- أن العاملين في الحكومة ليسوا هم أساس المشكلة المتمثلة في تراجع الإنتاج والخدمات، إنما النظام الإداري هو السبب. فكثيراً ممن يفشلون في الإدارة الحكومية ينجحون في القطاع الخاص. ويرى إدوارد ديمنج Edward Deming أن 85% من مشاكل الإدارة هي ناجمة عن الأنظمة بينما 15% منها فقط ناجمة عن الأفراد (الماضي،2009).

* طُوّر هذا الانموذج إبان حكم الرئيس الأمريكي الأسبق بيل كلنتون Bill Clinton الذي حكم خلال الفترة من 1993-2001 .

** وصف الرئيس الأمريكي الأسبق جيمي كارتر James Eral Carter حكومته بالصخرة المناهضة للحكومة Anti Government Platform ، فهو يعتقد أنه لا توجد مشاكل تحلها الحكومة، بل المشكلة تتمثل في الحكومة نفسها. ومن ثم فلا بُد من تقليص دورها. وكان حكمة في الفترة من 1977-1981 .

4- أن المشكلات التي يواجهها القطاع العام في العصر الحاضر، ليست بسبب الإدارة الليبرالية ولا بسبب الإدارة المحافظة، بل هي بسبب افتقاد تلك الإدارة للفعالية.

5- إن نجاح أي حكومة في مسعاها للتطور لا يتأثر إلاّ من خلال هدفها الأسمى المتمثل في العدالة وتكافؤ الفرص.

ويقوم أنموذج إعادة اختراع الحكومة على الأسس التالية (اسبورن وجيبلر، 1994)، (ساعاتي،1999):

1- حكومة مساندة: تعمل الإدارة على توجيه ومساندة الجهود غير الحكومية لتقديم الخدمات من خلال منظمات المجتمع المحلي لاعتقادها بأنها أكثر التزاماً تجاه مواطنيها، وأكثر معرفة بمشكلاتها المحلية، وأكثر مرونة وفعالية في العمل. فهي تدير الدفة ولا تجدف*، فبدلاً من القاء جميع المشكلات على كاهل المنظمات الحكومية، يمكن منح المجتمع السلطة الكافية ليحل مشاكله بنفسه.

2- حكومة منافسة: تستطيع المنافسة ليس فقط فيما بينها وبين القطاع الخاص بل والمنافسة يضاً مع القطاع العام. فالمنافسة تخفض التكاليف،وترغم المحتكرين على الإستجابة طلبات العملاء ، وتشجع التطوير والإبداع ، وترفع الروح

* يرى (Denhardt and Denhardt, 2000) في أنموذجهما The New Public Service: Serving Rather than Steering أن على الحكومة تقديم الخدمات للمواطنين وتحقيق مطالبهم بطرق مبتكرة تتميز بالفاعلية، وبناء أواصر الثقة معهم ووضع مصالحهم قبل مصالح المستثمرين بدلاً من إدارة الدفة ومحاولة التحكم أو توجيه المجتمع.

المعنوية لموظفي الحكومة. وفي الإدارات التي لا منافسة فيها مثل خدمات الأمن وغيرها يمكن خلق نوع من المنافسة النفسية أو السلوكية في الأداء من خلال المقارنة مع الإدارات الأخرى ومنح حوافز مادية ومعنوية للإدارات التي تحقق أفضل النتائج (Osborne and plastrik, 1997).

3- حكومة ذات رسالة: تعني الرسالة التركيز على الغرض الأساسي، ووضع الأهداف للوحدة الحكومية بحيث تكون مكتوبة واضحة وموجزة.

إن الحكومة الموجهة برسالة تعتبر أكثر كفاءة وفعالية ومرونة من الحكومات التي تعمل بموجب أنظمة جامدة.

4- حكومة تدار بالنتائج: أي التركيز على المخرجات الملموسة وقياس مدى مساهمة المخرجات في تحقيق النتائج المطلوبة.

5- حكومة يسيرها عملاؤها: العمل على تحقيق احتياجات العملاء وتلبية رغباتهم والاستماع لهم عبر وسائل الإتصال المختلفة ومعاملتهم كأصدقاء. إن المنظمات المسيّرة بالعميل تحقق نتائج هامة، فهي ترغم مقدمي الخدمات على الاهتمام بالعملاء، وتؤدي إلى الابتكار والتطوير، وخفض التكاليف، وإلى مزيد من العدالة والمساواة والشفافية. ومن المداخل الهامة التي تدفع المنظمات الحكومية للتركيز على العميل مدخل الجودة بنظرة العميل، وفيه يتم وضع معايير لجودة الخدمة المقدمة ثم مكافأة المنظمات التي تصل لأفضل هذه المعايير (أسبورن وبلاستريك، 1997).

6- حكومة تعمل بعقلية رجال الأعمال: يمكن للمنظمات الحكومية التي تعمل بعقلية رجال الأعمال تحقيق إيرادات تفوق نفقاتها إن أمكنها استثمار ما

لديها من موارد. ويتطلب ذلك جعل الموظف الحكومي يفكر بطريقة رجل الأعمال، وتحديد التكاليف الحقيقية للخدمات.

7- حكومة النظرة المستقبلية: حكومة تتطلع إلى المستقبل والإستعداد له، مما يتطلب إيلاء التخطيط الاستراتيجي- طويل الأجل - أهمية خاصة.

8- حكومة لا مركزية: تعتبر اللامركزية ضرورة عصرية، ويستلزم هذا تحول الجهاز الحكومي من البنية الهرمية إلى هيكل المشاركة وعمل الفريق، وتوسيع نطاق التعاون، وإيجاد مؤسسات ذات الهياكل التنظيميه قليلة الطبقات.

9- حكومة يحركها السوق: باستخدام وسائل متنوعة مثل: الضرائب والرسوم وسن التشريعات التي تتلاءم مع احتياجات السوق. ولا توجد سوق خالية من التدخل الحكومي، فالسوق الوحيدة الحرة هي السوق السوداء، والحرية المطلقة تعني الفوضى.

إن تبني أنموذج اعادة اختراع الحكومة لا يعني إلغاء دور الحكومة، وإنما هو محاولة جادة لتطوير أداء الإدارة العامة من أجل تحقيق التنمية الشاملة في المجتمع.

3- أنموذج تميز الأداء الحكومي:

لقد طُوِّر هذا النموذج من قبل جائزة الملك عبد الله الثاني لتميز الأداء الحكومي والشفافية بهدف اصلاح الإدارة العامة في الأردن ويقوم النموذج على ثلاثة أسس رئيسة تشكل أفضل الممارسات الحكومية (كما تجسدها معايير جائزة الملك عبد الله الثاني لتميز الأداء الحكومي والشفافية). وهذه الأسس هي (جائزة الملك عبد الله الثاني لتميز الأداء الحكومي والشفافية، 2008):

1. حكومة تركز على متلقي الخدمة:

يقع على عاتق الحكومة الاهتمام بشكل أساسي بمتلقي الخدمة باعتبارهم المستفيدين النهائيين من الحكومة مما يتطلب من الحكومة ما يلي:

1- أن تصغي إليهم وأن تأخذ باقتراحاتهم لدى وضع سياساتها العامة وتنفيذها.

2- ضرورة معاملتهم كمستفيدين ومشاركين في العمليات الحكومية (كناخبين ودافعي ضرائب)، إضافة إلى كونهم متلقين للخدمات التي تقدمها الحكومة لهم.

فالمواطنون يستحقون الحصول على قيمة لقاء ما يدفعونه من ضرائب. كما يستحقون أن تتاح لهم الخدمات الحكومية بشكل فعّال، والحصول على وصف واضح للقرارات والسياسات التي تضعها الحكومة وتنفذها، مع إتاحة الفرصة لهم للتعبير عن آرائهم حيال القرارات التي يتم اتخاذها.

3- تقليص التسلسل الإداري الوظيفي والحد من البيروقراطية والتركيز على موظفي الخط الأول الذين يتعاملون مباشرة مع الجمهور، والتأكد من أن هؤلاء الموظفين قد تلقوا تدريباً جيداً ومناسباً وبالتالي المحافظة عليهم وإشراكهم في عملية صنع القرارات على كافة المستويات لتحسين فعالية أداء المؤسسات.

4- الاعتماد على الحكومة الإلكترونية من خلال تقديم خدمات حكومية تتمتع بالشفافية ويَسهُل الوصول إليها عبر شبكة الإنترنت. فالحكومة الالكترونية تركز على متلقي الخدمة واستخدام شبكة الإنترنت لتمكينهم

والسماح لهم بالوصول إلى الخدمات وطلب المعلومات الجاهزة لتلبية طلباتهم، أو فهم الإجراءات الحكومية عندما يحتاجون إليها، وليس فقط عندما تريد الحكومة أن تزودهم بها. فالتطبيق الفاعل لتقنية المعلومات يمكنه تحسين أداء المؤسسة من خلال تيسير سبل الوصول إلى المعلومات العامة، وتقليل الإزدواجية، وتنسيق الجهـود وتكاملها مع المؤسسات الأخرى.

5- التشاور المستمر مع متلقي الخدمة: إن تحديد أسلوب التحاور مع المستفيدين وإدامته أمر ضروري لتلبية احتياجات متلقي الخدمـة وتوقعاتهم. لذا يجب أن يصـبح رضى متلقـي الخدمـة والمعلومـات والتغذية الراجعة أساساً لتحسين الطريقة التي تنفذ بها المؤسسـات مسؤولياتها.

وإذا مـا أرادت المؤسسـات أن تنشـيء حكومـة فاعلـة تركـز عـلى متلقـي الخدمة وتدعم ثقافة التميز، فإن عليها أن تركز عـلى حاجات والتزامـات عدة أطراف، وهم:

• **متلقو الخدمة**: وهذا يتطلب تدخلاً سريعاً للخدمات الشاملة السريعة إما عبر الإنترنت أو عن طريق موظفين مؤهلين لـديهم السلطة لاتخاذ القرار.

• **قطـاع الأعـمال**: وهـذا يتطلـب وضـوح القـوانين والأنظمـة والسجلات والفـرص، إضافة إلى إشراك المسـتفيدين في مناقشـة القضايا التنظيمية أو السياسات التي لها تأثير عليهم.

• **المستثمر**: ويتطلب ذلك الاستمرارية والشفافية والوعي بالفرص المتاحة.

- **العلاقات ما بين المؤسسات الحكومية**: حيـث تتطلـب اتصالاً فاعلاً بين المؤسسات حـول الأهـداف المشـتركة والمجـالات التـي يحتاجون فيها إلى التفاعل مع نفس جمهور متلقي الخدمة.

- **التنسيق ضمن المؤسسة الواحدة**: وهذا يتطلب تنسيقاً مستمراً للوظائف بهدف الحصول على خدمات وقرارات سريعة.

وفيما يلي نماذج مـن الطريقـة التـي تعكـس مفهـوم "التركيـز عـلى متلقي الخدمة" في كل معيار من المعايير الخمسة التالية لجائزة الملك عبد الله الثاني لتميز الأداء الحكومي والشفافية:

- **القيادة**: إن القيادة التي تركز على متلقي الخدمـة تعمـل عـلى وضع الأهداف والخطط والاستراتيجيات الخاصة بالمؤسسة التـي ستفضي ـ في النهايـة إلى مصلحة متلقـي الخدمـة، حيـث تكـون نشاطات المؤسسة موجهة في هذا الاتجاه.

- **الأفـراد**: أي وجـود مـوارد بشـرية تركـز عـلى متلقـي الخدمـة، وتأهيل موظفي الحكومة الذين يتعاملون مباشرة مع الجمهـور للاستجابة لاحتياجات المتعاملين مع المؤسسة بسرعة وانتظام.

- **المعرفة**: تشمل المعرفة التـي تركـز عـلى متلقي الخدمـة تـوفير سبل الوصول إلى الخدمات الحكومية والأنظمة والسياسات.

- **العمليات**: وتضمن العمليـات التـي تركـز عـلى متلقـي الخدمـة التسهيل على المستفيدين من الخدمات الحكوميـة في التفاعـل بكفاءة وفعالية مع الوظائف الحكومية.

- **المالية:** وهذا يتطلب التمويل الذي يركـز عـلى متلقي الخدمـة، وتخفيض نفقات القطاع العام، وإنفاق الأمـوال المحـدودة التـي يقدمها دافعوا الضرائب بحكمة.

2. حكومة تركز على تحقيق النتائج:

وهذا يتطلب من المؤسسات الحكومية التركيز على تحقيق أهـداف ملموسة، والعمل على تحسين الأداء الحكومي، وتقليل التكاليف. وتتطلب فهماً واضحاً لرسالة المؤسسة ورؤيتها وقيمها وتوحيـد أهـدافها المؤسسية، والاستفادة القصوى من الموارد لتحقيق الأهداف المعلنـة، وترجمـة الرؤيـة إلى حقيقة واقعية.

وتؤكـد الحكومـة الهادفـة إلى تحقيـق النتـائج عـلى المخرجـات الملموسة، فتقيس مساهمة هذه المخرجـات في تحقيـق النتـائج المطلوبة، كما تتطلب منهجاً شاملاً يركز على تحقيق الأهـداف المؤسسية باستخدام مقاييس أداء واضحة وتقارير تساعد الإدارة والمسؤولين والجمهـور عـلى تقييم مدى نجاح المؤسسة في تحقيق رسالتها.

ويمكن للحكومة أن تأخذ أشكالاً متعددة لتحقيق النتـائج. فعـلاوة على وضع المعايير للأداء الحكومي والمحافظة عليها، فإنها بحاجة إلى عملية تستخدم بواسطتها المعلومات للحصول على أعـلى قيمـة ممكنـة منهـا. إن الحكومة الهادفة إلى تحقيق النتائج تتطلب ما يلي:

- تحديد أهداف أو نتائج كبيرة يحرص متلقو الخدمة عليها.

- وضع مقاييس للأداء لتحقيق تلك الأهداف الكبيرة.

- قياس مدى التقدم تجاه نفسها وتجاه الآخرين.

- إجراء مسوحات حول آراء متلقي الخدمة كجزء من نظام القياس لديها للتعرف على مستوى رضاهم.

- إشراك المستفيدين من خلال الشراكات في الأداء.

- طلب الحصول على موارد مالية للتركيز على النتائج من خلال وضع موازنة تستند إلى النتائج.

- ربط أنظمة شؤون الموظفين بالنتائج من خلال اتفاقيات وأنظمة رواتب مرتبطة بالأداء.

- تقييم البرامج من خلال التدقيق على مستوى الأداء.

- استخدام النتائج لإحداث تحسينات مستمرة.

- تشجيع الموظفين على إيجاد طرق للتقليل من التكرار غير المبرر، وتنسيق الجهود والترويج لعملية التحول وتحسين الحس الوظيفي.

- البحث عن توازن صحي بين العمل والحياة الخاصة، وهو أمر حيوي لتوفير بيئة عمل منتجة ومبدعة.

- تشجيع الاتصالات المفتوحة وتبادل المعلومات داخل المؤسسة.

- منح الموظفين قدراً مناسباً من الاستقلال الذاتي لتطوير أنفسهم وتقديم نتائج فاعلة.

- التقييم المستمر لأداء الوحدات الإدارية من حيث المخرجات المتحققة.

فيما يلي نماذج عن الطريقة التي تعكس مفهوم "حكومة تركز على تحقيق النتائج" في كل معيار من المعايير الخمسة التالية لجائزة الملك عبد الله الثاني لتميز الأداء الحكومي والشفافية:

- **القيادة:** تعني القيادة الموجهة نحو تحقيق النتائج اتخاذ قرارات حول النتائج الأساسية التي تعتزم المؤسسة التركيز على تحقيقها.
- **الأفراد:** حيث تتطلب الموارد البشرية الموجهة نحو تحقيق النتائج تأهيل الموظفين ووضعهم أمام مسؤولياتهم لتحقيق أهداف محددة سلفاً.
- **المعرفة:** وتركز إدارة المعرفة الموجهة نحو تحقيق النتائج على اكتساب المعرفة المؤسسية، وعلى توفيرها في الوقت والمكان المناسبين للإفادة منها في تحسين عملية اتخاذ القرار.
- **العمليات:** تنظم العمليات الموجهة نحو تحقيق النتائج الإجراءات المتعلقة بزيادة الكفاءة. وتخضع الإجراءات البيروقراطية لفحص دقيق وصارم يهدف إلى التعرف على العائد مقابل الكلفة.
- **المالية:** ويهدف التمويل الموجه نحو تحقيق النتائج إلى زيادة الموارد المتاحة لمبادرات تهدف إلى تحقيق النتائج المرجوة واستبعاد المبادرات الأقل نجاحاً.

3. حكومة ذات شفافية :

تعني الشفافية منح جميع المعنيين الفرصة الكافية للإطلاع والتعرف على المعلومات والقرارات ذات العلاقة، متضمنة مبررات اتخاذ الجهات المسؤولة لها والنتائج المترتبة عليها.

والشفافية عنصر أساسي للمساءلة حيث يطالب متلقو الخدمة بنتائج متزايدة من موظفي الخدمة المدنية والمؤسسات الحكومية. وهي تدور حول مبادىء الحقوق العامة والتزامات الحكومة.

- **الحقوق العامة:** فالجمهور هو الذي يمتلك الحكومة، ولذا فإن أية معلومات حكومية يقدمها موظفو الحكومة أو يجمعونها لحساب الحكومة كجزء من واجباتهم الرسمية، وبغض النظر عن الصيغة التي تنشر بها، يجب أن تتوافر للجمهور، إلا إذا نصت القوانين صراحةً على حجبها عنهم، ذلك أن من حق الجمهور الحصول على هذه المعلومات. وهذا الحق عنصر أساسي لضمان حصول الجمهور على الفرصة لمراقبة سلسلة الأنشطة الحكومية والمشاركة فيها.

- **التزامات الحكومة:** الحكومة ملزمة بتوفير بيانات موثوقة وصادقة وزمنية. وينبغي عليها ألا تسمح فقط بتوفيرها بل تعمل أيضاً على تشجيع المشاركة العامة في العملية الديمقراطية عن طريق الترويج باستخدام المعلومات الرسمية من خلال جهود نشر نشطة. كما أن الحكومة ملزمة بضمان المحافظة على المعلومات الرسمية للأجيال القادمة.

أ. الشفافية المالية :

- **تقييم البرامج:** إن توفير سبل الوصول إلى المعلومات حول برامج الحكومة وأداء المؤسسات الحكومية أمر بالغ الأهمية. فلا يمكن تطبيق المساءلة إلا إذا عرف الجمهور ما هي الفوائد التي يقدمها البرنامج أو الدائرة. وإن المواطنين بصفتهم دافعي ضرائب فهم "المالكون" الشرعيون للحكومة ولهم

الحق في معرفة طرق إنفاق هذه الضرائب وأوجه صرفها. كما وأن كلفة البرنامج لتغطية إنجازاته هي عنصرـ حاسم لقياس نجاح البرنامج أو فشله. والبرامج التي تشتمل على مؤشرات مناسبة لقياس النتائج تتيح إجراء عملية محاسبية شفافة للكلفة، الأمر الذي يمكن المواطنين وصانعي القرار في الحكومة من تفحص برامج الحكومة بشكل دقيق.

وإذا ما تسلحت الحكومة بالمؤشرات الملائمة لقياس النتائج والمعلومات الدقيقة حول كلفة البرامج، فإنها ستكون قادرة على اتخاذ أفضل أوجه قرارات الإنفاق في ظل الموارد الشحيحة، وسيكون للمواطنين والمستفيدين رأيهم في هذه القرارات. والمحصلة النهائية هي أن صانعي القرار سيكونون قادرين على تمويل البرامج والاستراتيجيات الفاعلة، واستبعاد البرامج التي تفتقر إلى الكفاءة والفعالية. فبدون الشفافية المالية الكاملة تكون تقييمات البرامج في الغالب غير دقيقة، بل تكون أدنى من المتوقع المأمول.

ب. شفافية العمليات :

- **الخدمات الحكومية:** ينبغي أن تكون سبل الوصول إلى الخدمات الحكومية واضحة وشفافة للمواطنين والمستثمرين، بحيث لا يضطر المستثمرون لسلوك طريق متعرج من خلال الروتين الحكومي أثناء عملية تسجيل مشاريعهم واستثمار الأموال ودفع عجلة النمو الاقتصادي. وبالمثل يجب أن تكون كافة الخدمات التي تقدمها الحكومة كفؤة من خلال عمليات واضحة منسقة بين جميع المسؤولين الذين يتولون إدارة الخدمات، وللجمهور الذي يلمس نتائج هذه الخدمات.

- **القرارات التنظيمية والسياسات:** إن الشفافية في اتخاذ القرارات التنظيمية وتلك المتعلقة بالسياسات ضرورية لتعزيز الكفاءة الاقتصادية والنمو والتنافسية. والمعلومات الشفافة الواضحة حول القوانين والسياسات والبرامج وتخصيص الموارد تمكن القطاع الخاص من اتخاذ قرارات اقتصادية سليمة وطويلة الأمد، كما أن توفر معلومات رسمية يساعد على زيادة توافر المعرفة فيما يتعلق بالقضايا التنظيمية والتنموية والسياسات - ليس ذلك في أوساط الباحثين والمؤسسات الأكاديمية فحسب- بل وفي أوساط القطاع الخاص والجمهور. إن الالتزام بعملية شفافة في اتخاذ القرارات يشجع الحوار البناء والواعي بين الحكومة والمستفيدين، وهذا بدوره يساعد على بناء إجماع حول تصميم السياسات والأهداف، ويضمن تدخلات حكومية مدروسة تحظى بدعم قاعدة جماهيرية عريضة صلبة. لذا فإن الشفافية الحكومية عنصر أساسي في خلق بيئة مواتية لنمو اقتصادي مطرد يقوده القطاع الخاص.

- **المشتريات:** يجب على الحكومة أن تضمن شراء كميات كبيرة من البضائع والخدمات لتنفيذ أنشطتها. فالحكومات في مختلف أنحاء العالم تقوم بتنظيم عملياتها وأنشطتها بشكل متزايد، مع التركيز على القيام بالوظائف الأساسية، والتعاقد مع القطاع الخاص الذي يمكن أن يقدم الخدمات الحكومية الأخرى بطريقة أكثر فاعلية. وإذا ما أريد تهيئة ساحة مستوية لمختلف الفعاليات الاقتصادية، وتشجيع المنافسة بين موردين محتملين فإن من الضروري أن تنفذ المؤسسات الحكومية المشتريات بطريقة عادلة وشفافة.

إن الشفافية المالية وشفافية العمليات هما عنصران أساسيان لمؤسسات حكومية تتمتع بشفافية كاملة. والشفافية المالية تساعد على تقييم البرامج وتعمل كـرادع للفسـاد. أمـا شـفافيـة العمليـات الحكوميـة فهي ضرورة أساسية لتقديم خدمات حكومية فاعلة واتخاذ قرارات واعية حـول الأمـور التنظيميـة وإقـرار السياسـات وضـمان النظـام الواضـح العـادل لمشتريـات الحكومة.

وفيما يلي نماذج عن الطريقة التي تنعكس فيها ركيزة "الشفافية" على كل معيار من المعايير الخمسة التالية لجـائزة الملـك عبـد الله الثاني لتميـز الأداء الحكومي والشفافية:

- **القيادة**: القيادة التي تتمتـع بالشـفافية تعنـي اتصـالات منتظمـة ومفتوحـة وأمينـة مـع المسـتفيدين المتعـاملين مـع المؤسسة ومـع الجمهور بشكل عام.

- **الأفراد**: وجود مـوارد بشرـية تسـتفيد مـن الشـفافية يعنـي إيجـاد توقعات واضحة عن أداء الموظفين وتقديم تغذية راجعـة منتظمـة لهم عن أدائهم، وترقية الموظفين استناداً إلى استحقاقهم فقط.

- **المعرفة**: تشمل الحصول علـى المعلومـات وتبادلهـا علـى المسـتويين الداخلي والخارجي.

- **العمليات**: الشفافية في العمليات وذلك عن طريق تـوفير إجـراءات واضحة للموظفين ومتلقي الخدمة تسـمح بـإجراء تـدقيق للمـوارد التي يتم تخصيصها.

• **المالية:** تخصيص المـوارد بطريقـة شـفافة يُمكِّن صنّاع القرار في الحكومة من اتخاذ قرارات مدروسة حول تخصيص الموارد، وتسمح للمواطنين بالإطلاع عـن كثب عـلى التعامـل الحكـومي مـع أمـوال الضرائب التي يدفعونها.

إن الإدارة الحكومية - مثل القطاع الخاص- لا بـد أن تكون قـادرة على التكيف مع روح العصر، وأن تكون أكثر كفاءة وفعاليـة وانفتاحاً، وأن تتصف بالقدرة على التطور والإنتاجية والمنافسة وإعادة تجديد نفسها من وقت إلى آخر. فقـد أثبتـت الدراسـات الميدانيـة أن المـواطنين يرغبـون في وجود مؤسسات تابعة للدولـة تتسـم بالديمقراطيـة والكفـاءة في اسـتخدام الموارد العامة، كما تتسم بالفعالية في توفير السلع العامـة. ويرغبـون في أن تتصرف الحكومة كعامل محفز اجتماعي واقتصادي قادر على كفالة توزيع الفـرص بشـكل عـادل وتحقيـق إدارة مسـتدامة للمـوارد والاسـتفادة مـن الفرص بشكل عادل في كافة النواحي السياسـية والاقتصـادية والاجتماعيـة والثقافية (UNDP, 2001).

معجم المصطلحات

Glossary of Terms

الإدارة: Management

وهي إنجاز أهداف المنظمة بأسلوب يتميز بالكفاءة والفاعلية من خلال التخطيط والتنظيم والقيادة والرقابة للموارد التنظيمية.

الإدارة العامة: Public Administration

وهي تنسيق المجهودات الفردية والجماعية لتنفيذ السياسة العامة للدولة.

إدارة الأعمال: Business Administration

النشاط الإداري في المشاريع الصناعية والتجارية في القطاع الخاص.

المنظمة: Organization

وهي عبارة عن مجموعة أفراد يعملون معاً لتحقيق هدف محدد.

منظمة بيروقراطية: Bureaucratic Organization

وهي المنظمة العظيمة في وفرة معداتها وكثرة عامليها التي تقدم خدمات متخصصة مستلزمة قواعد الإدارة العلمية وملزمة أفرادها بالطابع الرسمي والتعليمات المكتوبة.

البيروقراطي: Bureaucrat

وهو عضو المنظمة البيروقراطية المتأثر بميزات البيروقراطية في نشاطه الوظيفي.

موظف عام: Public Administrator

وهو الموظف الذي يساهم في تنفيذ السياسة العامة للدولة ويعمل في بعض دوائرها أو مؤسساتها أو مرافقها العامة لخدمة الجمهور.

القطاع العام: Public Sector

تدخل الدولة لتنفيذ وإدارة المشاريع الإنتاجية والخدمية في المجتمع.

الصالح العام: Public Interest

مجموعة الأفكار والنشاطات والخدمات والمشاريع ذات النتائج المفيدة لمعظم المواطنين في الدولة.

الشخصية المعنوية: Independent Identity

مجموعة من الأشخاص تستهدف تحقيق غرض معين أو مجموعة من الأموال تخصص لغرض معين ويعترف القانون لهذه المجموعة بالشخصية القانونية المقررة للإنسان.

الإدارة الإستراتيجية: Strategic Management

عملية تقوم من خلالها الإدارة بتحديد الأهداف على المدى البعيد وتطوير سياسات لإنجاز هذه الأهداف ضمن المعطيات الداخلية والخارجية للتنظيم.

المركزية الإدارية: Centralization

تركز النشاط الإداري بيد السلطة المركزية التي يشمل اختصاصها على كافة أنشطة الدولة فتقوم الحكومة في المركز أو فروعها في بقية المناطق بإنجاز كافة الوظائف والمهمات.

المركزية المتشددة: Concentration

ومعناها حصر جميع النشاطات الإدارية بالإدارة المركزية، وعدم السماح لفروعها في الأقاليم بالانفراد في اتخاذ القرارات والبت فيها.

المركزية المعتدلة: Deconcentration

توزيع الوظيفة الإدارية فيما بين الإدارة المركزية في العاصمة وبين فروعها في مناطق الدولة، وذلك بتفويض الموظفين الممثلين للوزارات أو الدوائر المركزية في أقاليم الدولة صلاحية اتخاذ بعض القرارات، والبت في بعض الأمور الإدارية.

اللامركزية الإدارية: Administrative Decentralization

توزيع الوظيفة الإدارية بين الجهاز الإداري المركزي وبين شخصيات معنوية عامة في الدولة - محلية أو مرفقية - تباشر وظيفتها بإشراف السلطة المركزية.

اللامركزية الإقليمية Regional Decentralization أو الإدارة المحلية: Local Administration

توزيع الوظيفة الإدارية للدولة بين الحكومة المركزية وبين هيئات محلية منتخبة تمارس نشاطها بإشراف الحكومة المركزية.

اللامركزية الوظيفية: Functional Decentralization أو المؤسسات العامة: Public Corporation

أسلوب من أساليب إدارة المرافق العامة من خلال هيئة إدارية يمنحها القانون الشخصية المعنوية وتكون مستقلة عن السلطة التي أنشأتها إدارياً ومالياً وفنياً ولكنها تعمل تحت إشراف السلطة المركزية.

الاستقلال المالي: Financial Independence

أن يكون للمؤسسة العامة مواردها المالية الخاصة بها واختيار الأسلوب الأنسب لاستغلال هذه الموارد.

الاستقلال الإداري: Administrative Independence

حق الإدارة في المؤسسة العامة باتخاذ القرارات التي تؤدي إلى تنفيذ الخطط والأهداف المحددة للمؤسسة بدرجة عالية من الكفاءة والفعالية.

التأميم: Nationalization

نزع ملكية القطاع الخاص سواء محلياً أو أجنبياً لاعتبارات عديدة من أجل تحقيق المصلحة العامة.

المساعدات الحكومية: Government Aid

مبالغ نقدية تقدمها الحكومة المركزية للمؤسسات العامة أو الادارات المحلية من أجل مساعدتها على تغطية جزء من نفقاتها.

التبرعات: Donation

وهي مبالغ مالية أو عينية يقدمها المواطنون أو تنظيمات خاصة مساهمة منهم في تعزيز موارد المؤسسات العامة أو الادارات المحلية.

الرقابة: Control

ضمان سير العمل وفقاً لما خطط له من خلال مقارنة النتائج الفعلية مع المعايير التي تم تحديدها مسبقاً بهدف كشف الانحرافات إن وجدت وتصويبها، ثم محاسبة ومساءلة المتسببين في تلك الانحرافات.

الرقابة الرئاسية: Administrative Supervision

هـي الرقابـة التـي يمارسـها الرؤسـاء الإداريـون في المنظمـات عـلى مرؤوسـيهم وعـلى الأعـمال التـي يقومـون بهـا مـن أجـل ضبط وكشـف الانحرافات وتصويبها ومساءلة مرتكبيها.

الوصاية الإدارية: Trusteeship

وهي مجموعة السلطات الممنوحة للإدارة المركزية بموجب القانون للقيام بالإشراف على نشاط الهيئات اللامركزية وأعمالها من أجـل المصـلحة العامة.

الرقابة الشعبية: Popular Control

رقابة الجمهور على نشاط الإدارة العامة بطرق مختلفة.

القيادة: Leadership

القدرة على التأثير في سلوك الآخرين مـن أجـل تحقيـق الأهـداف، وتعني القدرة والرؤية المستقبلية في كيفية تنسيق جهود الأفراد وتوجيههم وحفزهم على العمل لتحقيق أهداف المنظمة.

الإبداع الإداري: Administrative Innovation

تقديم منـتج جديـد عـلى شـكل سـلعة أو خدمـة تسـهم في إشباع حاجات الناس.

الدمج التنظيمي: Organizational Integration

دمج مؤسستين أو أكثر تمارس نشاطاً مماثلاً في مؤسسة واحدة مـن أجل تحقيق الأهداف بأعلى درجات الكفاءة والفعالية.

التخاصية: Privatization

عملية منهجية منظمة مستمرة مدعومة بإرادة سياسية قوية
تهدف إلى تهيئة البيئة الداعمة لتحقيق نمو اقتصادي مستدام من خلال
إعادة توزيع الأدوار بين القطاعين العام والخاص بحيث تتفرغ الحكومة
لمهماتها الأساسية في رسم السياسات العامة والرقابة والتنظيم بينما تتسع
دائرة نشاط القطاع الخاص لتشمل مشاريع القطاع العام التي يمكن أن
تدار على أسس تجارية ومالية.

الاستبدال: Replacement

إجراء سلبي تتخلى بموجبه الحكومة بالتدريج عن المشروعات
العامة للقطاع الخاص من أجل تطوير السوق ليلبي حاجات الجمهور.

الاستبدال بالانكماش: Displacement by Default

عندما ينمو دور القطاع الخاص ويتقلص دور الدولة نتيجة عجز
القطاع العام من ناحية وإدراك القطاع الخاص حجم الطلب على السلع أو
الخدمات المعينة.

الاستبدال بالانسحاب: Displacement by Withdrawal

عندما يكون أحجام القطاع العام عن التدخل في النشاط الاقتصادي
مقصوداً ومخططاً له. ويتم ذلك بإغلاق المؤسسات المتعثرة أو إلغاء
المعونات المقدمة لها وتشجيع القطاع الخاص على التوسع في ذلك الحقل.

التفويض: Delegation

قيام الدولة بتفويض القطاع الخاص إنتاج سلع أو تقديم خدمات
معينة بشكل جزئي أو كلي، مع احتفاظ الدولة بحقها في الإشراف والرقابة
والمساءلة.

الاستغناء عن طريق التصفية: Divestment by liquidation

إنهـاء ملكيـة الدولـة لـبعض مشـروعاتها ذات الأداء الضـعيف عـن طريق بيع الأصول.

مرافق عامة: Public Utilities

نشاط تباشره سلطة عامة للوفاء بحاجة ذات نفع عام.

الأداء: Performance

وهو مدى قيام الأفراد أو المنظمات بمسؤولياتهم واستخدام المصادر المتاحة بأفضل صورة ممكنة.

المرونة: Flexibility

قدرة المنظمة على مواجهة الظروف المتغيرة والتأقلم معها إيجابياً.

الكفاءة: Efficiency

العمليـات التـي يقـوم فيهـا التنظيـم بتحقيـق الحـد الأعـلى مـن الأهداف باستخدام الحد الأدنى من الموارد.

الفاعلية: Effectiveness

مدى تحقيق التنظيم لأهدافه من خلال الموارد المتوافرة.

المناخ التنظيمي: Organizational Climate

البيئة الداخلية – مادية وغير مادية – التي يعمل الفرد في إطارها.

الموازنة: Budget

خطة النشاط المالي المتوقع خلال فترة زمنية محددة – سنة في الغالب – تتضمن الأهداف والنشاطات والإيرادات والنفقات.

النفقات الجارية: Current Expenditures

النفقات التي تصرف دورياً أو يتم استهلاكها خلال سنة مالية معينة مثل الرواتب والأجور والخدمات المختلفة.

النفقات الرأسمالية: Capital Expenditures

النفقات المدفوعة لأغراض الاستثمار في مشاريع ذات أجل طويل نسبياً وتتصف بأنها غير متكررة بصورة منتظمة كشراء الأبنية والأجهزة والمعدات.

الكساد الاقتصادي: Depression

الانخفاض الحاد في النشاطات الاقتصادية والتجارية لفترة طويلة نسبياً. وتتميز هذه الحالة بانخفاض كبير في معدل العمالة والتوظيف وفي معدل الدخل القومي والفردي مقارنة بالمستوى الاحتمالي الممكن.

التضخم: Inflation

ارتفاع عام مضطرد في مستوى أسعار المواد المختلفة.

الشفافية: Transparency

إنجاز الأعمال في المنظمات بطرق تتسم بالوضوح والصراحة في جميع الإجراءات التي تلزم لإنجازها من قبل الموظف الذي يقوم بها أمام الجمهور، ودون إخفاء الحقائق أو المعلومات.

وظيفة: Position

مركز أو منصب مدني يشغله موظف عليه واجبات ومسؤوليات معينة وذو مواصفات ومؤهلات محددة.

تصنيف الوظائف: Position Classification

ترتيب الوظائف في مجموعات معينة على أساس تشابهها في المؤهلات والواجبات والحقوق والمسؤوليات.

التوازن التنظيمي: organizational Equilibrium

مبدأ الانسجام بين الموظف والتنظيم بحيث يقدم الموظف خدماته ومهاراته وإخلاصه للتنظيم ويحصل مقابل ذلك على مكافأة مادية ومعنوية تمكنه من تحقيق الاستقرار الاقتصادي والنفسي.

أهداف التنظيم: Organizational Goals

أهداف وغايات يطلب من أفراد التنظيم التعاون على تحقيقها.

هدف رئيسي: Primary Goal

الهدف الرئيسي للمنظمة كتقديم خدمة أو إنتاج سلعة أو إنجاز مهمة أو تحقيق غاية.

خريطة تنظيمية: Organizational Chart

خريطة تبين خطوط السلطة الرسمية في المنظمة، وعلاقات المستويات الوظيفية مع بعضها وخطوط الاتصال ومستويات الرقابة والتنسيق الإداري.

التنظيم الهرمي: Line Organization

تنظيم تعتمد فيه السلطة على التدرج الإداري هرمياً من المستويات القيادية العليا نزولاً وبالتدرج إلى المستويات الدنيا، بحيث يخضع كل مستوى إداري إلى المستوى الذي يعلوه مباشرة.

الاقتصاد المختلط: Mixed Economy

الاقتصاد الذي يلعب فيه القطاعين العام والخاص أدواراً مؤثرة في الاقتصاد القومي.

الاقتصاد الحر: Free Economy

النظام الاقتصادي الذي لا توجهه الدولة وغالباً ما يكون في الدول الرأسمالية.

اقتصاد موجه: Controlled Economy

هو النظام الاقتصادي الذي تتبناه الحكومة.

دولة الإدارة: Administrative state

الدولة في القرن العشرين، أصبحت تعرف بهذا الاسم نظراً لازدياد تدخلها في حياة المواطن الاقتصادية والاجتماعية، عن طريق التشريعات المختلفة والمشاريع الإنمائية وتقدم مستوى الخدمات.

التنمية: development

عملية مجتمعية متفاعلة بشكل مستمر وموجهة لإيجاد تحولات في البنى السياسية والاقتصادية والاجتماعية والثقافية والإدارية، بهدف بناء الفرد وتطوير كفاءته، واستغلال الموارد المتاحة بشكل أمثل.

تنمية المجتمع: Community Development

هـي عمليـة تتكـاتف فيهـا جهـود أفـراد المجتمـع المحلي وجهـود السلطات الحكوميـة مـن أجـل تحسـين الأحـوال الاقتصادية والاجتماعيـة والثقافية للمجتمع فتتكامل حياة المجتمع وحياة الأمة التـي ينتمـي إليهـا، وتمكنه من العطاء الفعال الذي يحقق التطور والتقدم.

التنمية المستدامة: Continuous Development

هي التنمية التي تهدف إلى تـوفير حاجات الأجيـال الحـاضرة دون التضحية بحاجـات الأجيـال القادمـة. أي إلى تحسـين مسـتويات المعيشـة للسـكان في الحـاضر دون أن يكون ذلك عـلى حسـاب مسـتوى معيشـة الأجيال في المستقبل.

التعاون: Cooperation

وهو تظافر الجهود الإنسانية الفردية والجماعيـة في سـبيل تحقيـق غرض مشترك.

ديوان المحاسبة: Audit Burean

وهو عبـارة عـن منظمـة حكوميـة متفرغـة تقـوم بـأعمال تـدقيق حسابات دوائر الدولة ومراجعة كافة سجلاتها المالية.

نظام موحد: Unitary System

وهو نظام سياسي مركزي يعني وجود كيان (حكومة) مركزي يمارس وظائف الدولة التشريعية والتنفيذية والقضائية.

النظام الاتحادي: Federal System

هو نظام سياسي يقوم على اللامركزية السياسية، وتوزيع وظائف الدولة التشريعية والقضائية والتنفيذية بين حكومة اتحادية (مركزية) وحكومات محلية وفقاً لتقسيمات دستورية محددة.

البيانات: Data

مجموعة من المفاهيم والصور والرموز والإحصاءات التي لم تخضع للمعالجة.

المعلومات: Information

البيانات التي تم تنظيمها ومعالجتها مسبقاً لتصبح ذات معنى ودلالة وفائدة بعد تفسيرها.

نظام المحسوبية: Spoils system

وهو نظام يتأثر بالاعتبارات السياسية أو الحزبية أو الاجتماعية أو اعتبارات القربى أو العلاقات الشخصية بدلاً من اعتماد الكفاءة.

البنية التحتية: Infrastructure

وهي مجموعة الخدمات اللازمة لأجل البناء الاقتصادي والاجتماعي المتكامل. التي تشمل العديد من المجالات كالطرق والاتصال والطاقة والمياه وغيرها.

محافظة: Government

وهي وحدة إدارية هامة يوكل إليها إدارة جميع المصالح الحكومية في إقليم محلي من الدولة.

إقليم: Region

وهو الوحدة الإدارية من أجزاء الدولة.

دولة الرفاهية: Welfare State

وهي الدولة الحديثة المعروفة "بدولة الخدمات العامة" التي تـوفر للفرد مستوى معيناً من الرفاهية عـن طريـق خدمتـه والسـهر عـلى تلبيـة حاجاته وضمان مصالحه.

المعرفة: Knowledge

وهي قدرة ذوي المهارات الفكرية عـلى ترجمـة المعلومـات إلى أداء لتحقيق مهمات محددة.

المعرفة الظاهرة: Explicit Knowledge

وهي المعرفة الرسمية المصنفة ضمن مستندات المنظمـة أو قواعـد البيانات الخاصة بها، والمتاحة لكل من يبحث عنها.

المعرفة الضمنية: Tacit Knowledge

وهي المعرفة المختزنة في عقول أصحابها وغـير المتـاح للتعبـير عنهـا بأي صيغة من الصيغ.

إدارة المعرفة: Knowledge Management

وهي عمليات التطوير والتنظيم وتبـادل المعرفة التـي تتسـلح بهـا المنظمات لتحقيق الميزة التنافسية.

توليد المعرفة: Knowledge Creation

وهي خلق المعرفة واشتقاقها وتكوينها داخل المنظمة.

خزن المعرفة: Knowledge Storage

ومعناها حفظ المعرفة من الضياع.

توزيع المعرفة: Knowledge Distribution

وتعني تبادل الأفكار والخبرات والمهارات فيما بين العاملين داخل المنظمة.

تطبيق المعرفة: Knowledge Application

وتعني الاستفادة الفعلية من المعرفة بطريقة فعالة تضمن تحقيق أهداف المنظمة بكفاءة وفاعلية.

قائد المعرفة: Knowledge leader

الشخص المسؤول عن إدارة برنامج المعرفة في المنظمة.

نظام المعلومات: Information System

أي الاستفادة من تكنولوجيا المعلومات في جمع وتنظيم وتوزيع البيانات لاستخدامها في اتخاذ القرارات.

المنظمة المتعلمة: Learning Organization

المنظمة القادرة على التطوّر والتكيف المستمر المستفاد من الدروس والخبرات التي سبق أن مرت بها.

الحكومة الالكترونية: E – Government

وتعني التحول من تقديم الخدمات العامة والمعاملات بشكلها الروتيني إلى الشكل الالكتروني عبر شبكة الانترنت أو غيرها.

الحكمانية: Governance

الطريقة التي تتم بها إدارة الموارد الاقتصادية والاجتماعية لتحقيق هدف التنمية للمجتمع.

إعادة هندسة نظم العمل (الهندرة): Reengineering

وهي إعادة هيكلة البناء التنظيمي جذرياً وإعادة تقييم العمليات الأساسية بهدف تحقيق تطوير جوهري يكفل سرعة الأداء وخفض الكلفة وجودة المنتج.

شهادة الآيزو: ISO Certification

وهي شهادة مقدمة من منظمة المقاييس العالمية لتبين مدى التطابق مع المحددات الموضوعة للمقاييس النوعية.

التمكين الإداري: Empowerment

إستراتيجية تنظيمية تهدف إلى منح العاملين حرية واسعة داخل المنظمة في اتخاذ القرارات وحل المشكلات وذلك من خلال توسيع نطاق تفويض السلطة وتدريب العاملين وزيادة مشاركتهم في إدارة المنظمة وحفزهم والتأكيد على أهمية العمل الجماعي، وتوفير الموارد اللازمة وبيئة العمل المناسبة لتحقيقه.

التدريب: Training

وهو سائر النشاطات التي توفر فرصة الحصول على المهارات المتعلقة بالوظيفة وتحسينها.

فجوة الأداء: Performance

الفجوة بين الحالة الأدائية الموجودة والحالة المرغوبة، أي بين ما هو كائن وبين ما ينبغي أن يكون.

التكنوقراطيين: Technostructure

مجموعة الخبراء الفنيين المتخصصين في مجالات العلوم المختلفة.

المحسوبية: Favoritism

وهي اعتبار الصداقة والمعرفة والقرابة، ومنحها درجة خاصة، على حساب الكفاءة والجدارة العلمية عند تعيين أو ترفيع الموظفين أو تقدير كفاءاتهم في تقاريرهم السنوية.

حقوق الإنسان: Human Rights

وهي حقوق الفرد الأساسية في إطار الدولة التي ينتمي إليها، ومنها الحق في الحياة والحرية والعمل وتحقيق الرفاهية والسعادة.

العقيدة: Ideology

وهي الفلسفة الفكرية أو السياسية أو الاجتماعية التي تنعكس عن معتقدات الجماعة وقيمها في محيط معين.

الرأي العام: Public opinion

وهو الرأي العام الموحد الذي يؤمن به الجمهور في قضية سياسية أو اقتصادية أو اجتماعية أو ثقافية.

السياسة العامة: Public Policy

وهـي الخطـوط العريضـة الواجـب إتباعهـا وتنفيـذها في الدولـة أو التنظيم.

المسؤولية العامة: Public Responsibility

وهي مسؤولية الموظف العام عما يقوم بـه مـن أعمـال وتصرفات أمام القضاء والجمهور.

الخدمة العامة: Public Service

وهي الخدمة الحكومية التي تقدمها مؤسسات الدولة للمواطنين.

مراقبة الجودة: Quality Control

وهي مراقبة مدى إتقان العمل وجودته في التنظيم.

السلوك الرشيد: Rational Behavior

وهو التصرف السليم للموظف المتفق مع القواعدالاجتماعية والإدارية.

المكافأة: Reward

وهي المنح المادية المقدمة للموظفين لقاء قيامهم بخدمات معينة.

حكم القانون: Rule of law

أي الخضوع لسيادة القانون بالنسبة للمواطن وخضـوع الإدارة للرقابـة القضائية.

الفريق: Team

وهو مجموعة من الأفراد يتعاونون في مجال معين لتحقيق أهـداف مشتركة.

روح الفريق: Team Spirit

وهـي الـروح الجماعيـة المتمثلـة في التعـاون لتحقيـق الأهداف المشتركة.

العمل الجماعي: Team work

وهـو التعـاون الجماعـي بـين أفـراد المنظمـة لتحقيـق الأهداف المشتركة.

الجدارة: Competency

وهي الأهلية للقيام بعمل معين.

السياسة الإدارية: Administrative Policy

وهي سياسة تحديد الأهداف الإدارية ووضع سبل اتباعها.

الإصلاح الإداري: Administrative Reform

ويعنـي وضـع وتنفيـذ البـرامج لإصـلاح الإدارة الحكوميـة وتحسـين مستوى أداء الموظفين فيها.

الفساد الإداري: Administrative Corruption

وهو الفساد في أجهزة الخدمة الحكومية الحاصل عـن عـدم التـزام بعض الموظفين بقواعد وأنظمة الإدارة.

الرشوة: Bribery

وهـي تقديم الهـدايا أو المـال للموظـف لتحقيـق المصالـح الخاصـة لفرد أو لمجموعة من الأفراد.

تقسيم العمل: Division of labor

وهو تجزئة العمل وفق التخصص من أجل استغلال الطاقة البشرية بطريقة أمثل.

الولاء التنظيمي: Organizational Commitment

وهو انجذاب الأفراد وتعلقهم بأهداف التنظيم وقيمه بغض النظر عما يقدمه لهم من قيم مادية.

حلقات الجودة: Quality Circles

وهي مجموعة تطوعية من العاملين تتراوح بين 7 - 12 فرداً تضم في الغالب عمالاً، ومهندسين، وفاحصين، ورجال بيع .... الخ وتجتمع دورياً بالمشرف لمناقشة المشكلات العملية وحلها مثل الجودة، والتكلفة، والإنتاجية. وينسب هذا المفهوم إلى العالم الياباني Ishikawa.

المعايرة: Standardization

وهي وضع المعايير للعملية أو الشيء المراد تحسينه، وينفذ التحسين بتوثيق المراحل والخطوات، ويدرب المنفذون على إتقان عملية التحسين، ثم تقاس النتائج مع المعايير الموضوعية.

الشبكة المحلية: Local Area Network

وهي الشبكة التي تربط بين عدة حاسبات داخل منطقة جغرافية ضيقة مثل مبنى واحد أو عدة مباني متجاورة.

منظمة لا تستهدف الربح: Non – profit Organization

وهي هيئة خاصة أو عامة غايتها تحقيق النفع العام للمجتمع مثل الجامعات ومراكز البحث العلمي وغيرها.

الإنتاجية: productivity

أي القدرة النسبية في استخدام المدخلات لتحقيق أفضل العوائد كماً ونوعاً.

المسؤولية: Responsibility

وهي مجموعة المهام والأدوار والتوقعات التي تنبثق عن مركز وظيفي محدد وفقاً للقانون.

المسؤولية الاجتماعية: Social Responsibility

وهي مراعاة المصلحة المجتمعية بمفهومها الواسع وخصوصاً من قبل الأفراد والمؤسسات الخاصة. وتتضمن الالتزام بما يحقق النفع العام وعدم الإضرار بالمجتمع أو البيئة المحيطة.

الامتياز: Concession

اتفاق بين الإدارة وأحد الأفراد أو الشركات يتعهد الملتزم بمقتضاه تقديم خدمة عامة للجمهور على نفقته ومسؤوليته طبقاً لشروط ذلك الاتفاق سواء من حيث السعر أو من حيث الكيفية التي تؤدى بها الخدمة، وذلك مقابل التصريح لهذا الملتزم أو لهذه الشركة باستثمار المشروع مدة معينة من الزمن، وتحصيل رسوم معينة من المنتفعين بالمشروع.

نظام البناء والتشغيل والتمويل: Build - Operate - Transfer (BOT)

عقد تعهد الدولة بموجبه إلى إحدى شركات القطاع الخاص القيام بمهمة تصميم وبناء مرفق من مرافق البنية الأساسية مقابل منحها امتيازاً بإدارة هذا المرفق واستثماره فترة زمنية تكفي لاسترداد أصل التمويل إضافة على ما تتوقعه من الأرباح، والتزامها بنقل أصول ملكية ذلك المشروع إلى الدولة عند نهاية مدة الترخيص وفق شروط التعاقد.

الاستغناء: Divestment

وهو من أساليب التخاصية ويقصد به طرح الملكية العامة للبيع أو تمليكها للعامة أو تصفيتها.

العولمة: Globalization

زيادة الاعتماد المتبادل فيما بين الناس حول العالم، وهي عملية اندماج كل من الاقتصاد، والثقافات، والتكنولوجيا.

الإجراء التصحيحي: Corrective Action

الخطوات المتخذة لإزالة مسببات حالات عدم التطابق الموجودة أو الأخرى غير المرغوب بها.

إدارة التغيير: Change Management

المنهجية التي يتم من خلالها تنفيذ التغييرات في المنظمة بشكل محكم من خلال إتباع عمليات أو إطار عمل معروف مسبقاً، لدعم تحقيق الأهداف الإستراتيجية. فهي إدارة تمكن الانتقال من الوضع الحالي إلى الوضع المستقبلي المرغوب فيه.

الإدارة العليا: Top Management

شخص أو مجموعة من الأشخاص يوجهون المنظمة ويعملون على قيادة مواردها البشرية نحو تحقيق رؤيتها ورسالتها. وتضم القائمين على المنظمة على أعلى مستوى بما في ذلك المديرين ومساعديهم، وكل من يتحمل مسؤولية قيادية.

إدارة المخاطر: Risk Management

عملية تحديد وتحليل جميع المخاطر التي قد تحول دون تحقيق الأهداف ووضع الخطط للحد من أثرها، ومراقبتها وتقييمها.

التخطيط الإحلالي / التعاقبي Succession Planning

وهو أسلوب إداري يقوم على مبدأ تحديد وصقل وتنمية القيادات داخل المنظمة لإعدادهم لملء الوظائف الشاغرة في المستقبل على المستوى الإداري الإشرافي والقيادي.

التدقيق: Audit

وهي عملية منتظمة تهدف للتأكد من مدى الوفاء والالتزام بالمتطلبات المعنية.

تفويض الصلاحيات: Authorization

وهي العملية التي ينقل بها القادة بعض صلاحياتهم إلى مرؤوسيهم.

تكافؤ الفرص: Equal Opportunities

وهـي المـمارسـة التـي تضمـن أن كافـة المـوظفين ومتلقـي الخدمـة يتلقون معامـلة منصفة ومتسـاوية بغـض النظر عـن اعتبـارات الجنـس، والعمر، والعرق، والجنسية، والدين أو الاحتياجات الخاصة.

التميز: Excellence

وهو المحافظة على مستويات الأداء المتفوقة التي تلبـي احتياجـات وتوقعات جميع أصحاب العلاقة المعنيين.

خطة العمل: Action Plan

إجراءات محددة موضوعة لخطة تسعى لتحقيق الأهداف طويلـة المدى أو قصيرة المدى التي تحتـوي عـلى تفاصيـل المـوارد اللازمـة والأطر الزمنية المطلوبة لإنجاز هذه الإجراءات ومؤشرات الأداء لتحقيق الأنشطة.

الرسالة: Mission

بيان يشمل وصفاً لنشـاط المنظمـة والغايـة مـن إنشائها وطبيعـة عملها المتفق عليها من جميع الأطراف المعنية، ويفضل أن تكون الرسالة قصيرة، واضحة وسهلة الاستيعاب.

الرؤية: Vision

وهي وصف للرؤية التي تريد المنظمة تحقيقها في المستقبل البعيد التي تعتبرها كموجه واضح لاختيار مجموعة الأنشطة الحالية والمستقبلية، والتي تعتبر الأساس للاستراتيجيات والسياسات.

الشراكة: partnership

وهي علاقة عمل طويلة المدى بين المنظمة والشركاء، تعمل على إيجاد وتشارك القيمة المضافة لكلا الطرفين، والشراكات التي تعنيها من الموردين، الموزعين، والجهات التعليمية أو العملاء التي تدعم الأهداف الإستراتيجية للمنظمة بشكل معين.

الشريك: partner

طرف خارجي تختاره المنظمة استراتيجياً للعمل معه، لتحقيق أهداف مشتركة ومنفعة متبادلة مستدامة.

العملية: process

مجموعة من الأنشطة التي تتفاعل مع بعضها البعض لتضيف قيمة من خلال تحويل المدخلات إلى مخرجات باستخدام الموارد.

القيم: Values

فلسفات ومبادئ العمل التي تقود السلوك والتصرف الداخلي للمنظمة إضافة إلى العلاقة مع العالم الخارجي. وتقدم إرشاداً وتوجيهاً للأفراد بما هو جيد ومرغوب به وما هو غير ذلك. وتفرض تأثيراً كبيراً على سلوك الأفراد والفرق كدليل شامل في كل المواقف.

متلقي الخدمة: Customer

أي جهة تقدم لها الخدمة من قبل المنظمة، وقد يكون متلقي الخدمة مواطناً أو مستثمراً أو منظمة أو أي جهة أخرى.

قائمة المراجع

أولاً - المراجع العربية:

أ- الكتب:

- ابن منظور، جمال الدين، 2003. **لسان العرب**، تحقيق: عامر أحمد، المجلد 9، بيروت: دار الكتب العلمية.

- أبو بكر، فاتن، 2000. **نظم الإدارة المفتوحة: ثورة الأعمال القادمة للقرن الحادي والعشرين**، القاهرة: ايتراك للنشر والتوزيع.

- أفندي، عطية، 2003. **تمكين العاملين: مدخل للتحسين والتطوير المستمر**. القاهرة: المنظمة العربية للتنمية الإدارية.

- أنيس، إبراهيم وآخرون، 1972. **المعجم الوسيط**، الجزء الثاني، القاهرة: المكتبة الإسلامية.

- باور، جوزيف، 1997. **فن الإدارة**، ترجمة أسعد أبو لبدة، عمان: دار البشير.

- برنوطي، سعاد، 2005. **الإدارة: أساسيات إدارة الأعمال**، عمان: دار وائل للنشر.

- بينيس، وارن، 1996. **القيادة الإدارية: آراء مجموعة من كبار المدراء التنفيذيين**، ترجمة هشام عبدالله، عمان: دار البشير.

- بوحوش، عمار، 1982. **دور البيروقراطية في المجتمعات المعاصرة**، عمان: المنظمة العربية للعلوم الإدارية.

- جـودة، محفـوظ 2009. إدارة الجـودة الشـاملة: مفـاهيم وتطبيقـات، عمان: دار وائل للنشر.

- جـورج، سـتيفن ويمـرز كيرتـش، ارنولـد 1998. إدارة الجـودة الشـاملة، ترجمة حسين حسنين، عمان: دار البشير.

- الحداد، عواطف، 2009. إدارة الجودة الشاملة، عمان: دار الفكر.

- الحسـينة، إبـراهيم، 1997. نظـم المعلومـات الإداريـة، عمـان: مؤسسـة الوراق للنشر.

- حمود، خضير، 2007. إدارة الجودة وخدمة العملاء، عمان: دار المسيرة.

- حمور، ميرغني، 2000. إدارة المؤسسـات العامـة وتخاصيتها، الخرطـوم: المؤلف.

- الحياري، عادل، 1972. القـانون الدسـتوري والنظـام الدسـتوري الأردني: دراسة مقارنة، عمان: المؤلف.

- خطار، علي، 2003. الوجيز في القانون الإداري، عمان: دار وائل للنشر.

- خطار، علي، 2007. الإدارة المحلية، عمان: دار وائل للنشر.

- درة، عبد الباري والصباغ، زهـير 2008. إدارة المـوارد البشـرية في القرن الحادي والعشرين، عمان: دار وائل للنشر.

- درويش، عبد الكريم، تكلا، ليلى، 1980. أصـول الإدارة العامـة، القـاهرة: مكتبة الانجلو المصرية.

- رضوان، رأفت، 2001. الحكومة الالكترونية: التحديات والآفاق، في قضايا معاصرة في الإدارة العامـة، القـاهرة: مركـز دراسـات واستشارات الإدارة العامة، جامعة القاهرة.

- روبنز، لويد وكراوفورد، ماسون 1979. **إدارة الجودة: التقدم والحكمة وفلسفة ديمنج**، ترجمة حسين عبد الواحد، القاهرة: الجمعية المصرية لنشر المعرفة والثقافة العالمية.
- رونغون، بيير، 1954. **تاريخ القرن العشرين**، ترجمة نور الدين حاطوم، دمشق: الجامعة السورية.
- ساعاتي، أمين، 1999. **إعادة اختراع الحكومة: الثورة الإدارية في القرن الحادي والعشرين**، القاهرة: دار الفكر العربي.
- سالم، بول، 1996. **اللامركزية الإدارية: اتجاهات عالمية ومبادئ تحليل، في اللامركزية الإدارية في لبنان**. بيروت: المركز اللبناني للدراسات.
- السالمي، علاء، السالمي، حسين، 2005. **شبكات الإدارة الالكترونية**، عمان: دار وائل للنشر.
- السلطان، فهد، 2009. **إعادة هندسة نظم العمل: النظرية والتطبيق**، الرياض: المؤلف.
- السلمي، علي، 2002. **إدارة التميز: نماذج وتقنيات الإدارة في عصر المعرفة**، القاهرة: دار غريب للنشر.
- الشيخ، عصمت، 2002. **مبادئ ونظريات القانون الإداري**، حلوان: جامعة حلوان.
- الطماوي، سليمان، 1991. **الأسس العامة للعقود الإدارية**، القاهرة: دار الفكر العربي.
- الطويل، هاني، 2006. **السلوك المنظمي: سلوك الأفراد والجماعات في النظم**، عمان: دار وائل للنشر.

- عبـاس، صـلاح، 2003. **الخصخصـة: المصـطلح والتطبيـق**، الإسكندرية: مؤسسة شباب الجامعة.

- عبد الفتاح، محمـد، 1987. **الإدارة العامة**، الإسكندرية: المكتـب العربي الحديث.

- عبـد الوهـاب، سمـير، 2000. **إدارة المـوارد البشريـة**، القـاهرة: جامعـة القاهرة.

- عقـيلي، عمـر، 2009. **مـدخل إلى المنهجيـة المتكاملـة لإدارة الجـودة الشاملة**، عمان: دار وائل للنشر.

- عقيلي، عمر، 2005. **إدارة الموارد البشرية المعاصرة**، عمان: دار وائل للنشر.

- العميان، محمـود، 2010. **السلوك التنظيمي في منظمات الأعمال**، عـمان: دار وائل للنشر.

- العواملـة، نائـل، 2002. **إدارة المؤسسـات العامـة وتطبيقاتهـا في الأردن**، عمان: ياسين للخدمات الطلابية.

- الفرحان، أمل، المعاني، أيمن، أبو فارس، محمـود، 2001. **إدارة المؤسسـات العامة**، عمان: الجامعة الأردنية.

- قباني، خالد، 1981. **اللامركزية ومسألة تطبيقها في لبنان**، بيروت: عويدات.

- القريوتي، محمد، 2006. **مبادئ الإدارة: النظريات والعمليات والوظائف**، عمان: دار وائل للنشر.

- القريوتي، محمد، 2006. **مقدمة في الإدارة العامة**، عمان: دار وائل للنشر.

- الكايـد، زهـير، 2003. **الحكمانيـة: قضايا وتطبيقـات**، القـاهرة: المنظمـة العربية للتنمية الإدارية.

- كاير، جوزيف، ويسلر، لـويس، 1996. **الإدارة العامـة: التغـير الاجتماعـي والإدارة المتكيفة**، ترجمة محمود الخطيب، عمان: دار البشير.

- كسرواني، مارون، 1996 "نحو لا مركزية إنمائية موسـعة: دراسـة مقارنـة"، **في اللامركزية الإدارية في لبنان**، بيروت: المركز اللبناني للدراسات.

- كشاكش، كريم، 1997. **التنظيم الإداري المحلي: المركزيـة واللامركزيـة**: إربـد: د.ن.

- كنعان، نواف، وألبنا، محمود، 1984. **إدارة المؤسسات العامة في المملكـة العربية السعودية**، الرياض: مطابع الفرزدق.

- اللوزي، موسى، 2010. **التنظيم الإداري: الأساليب والاستشـارات**، عـمان: زمزم ناشرون وموزعون.

- ماتيسون، مايكل، ايفانسـيڤش، جـون، 1999. **كلاسـيكيات الإدارة والسـلوك التنظيمي**، ترجمة هشام عبدالله، عمان: الأهلية للنشر والتوزيع.

- ماهر، أحمد، 1999. **دليل المدير إلى التخاصية**، الإسكندرية: الـدار الجامعيـة للنشر.

- المبيضين، عقلة، 1999، **النظام المحاسبي الحكومي وإدارته**، عـمان: دار وائـل للنشر.

- محمد، موفق، 2006. **الإدارة الحكومية وتطبيقاتها في سلطنة عُـمان**، عـمان: دار قنديل.

- مدكور، حمد، 2003. **التربية وثقافة التكنولوجيا**، القاهرة: دار الفكر العربي.

- المصري، أحمد، 1986. **الإدارة المحلية**، الإسكندرية: مؤسسة شباب الجامعة.

- المعاني، أيمن، 1996. **الولاء التنظيمي**، عمان: ياسين للخدمات الطلابية.

- المعـاني، أيمـن، 2005. **المؤسسـات العامـة: أسـس وإدارة**، عـمان: ياسـين للخدمات الطلابية.

- المعاني، أيمن، 2010. **الإدارة المحلية**، عمان: دار وائل للنشر.

- ملحم، يحيى، 2006. **التمكين كمفهوم إداري معاصر**. القاهرة: المنظمـة العربية للتنمية الإدارية.

- نجم، عبـود، 2005. **إدارة المعرفـة: المفـاهيم والاسـتراتيجية والعمليـات**، عمان: دار الوراق للنشر والتوزيع.

- هامر، مايكل، وشامبي، جـيمس، 1995. **إعـادة هندسـة نظـم العمـل في المنظمات**، ترجمة شمس الدين عثمان، القاهرة: الشركة العربيـة للإعـلام العلمي "شعاع".

- الهيتي، خالد، 2005. **إدارة الموارد البشرية**، عمان: دار وائل للنشر.

- هيدي، فيريل، 2002. **الإدارة العامـة المقارنـة**، ترجمـة محمـد القريـوتي، عمان: المترجم.

- وولف، تشارلز، 1999. **الأسواق أم الحكومات**، ترجمة علي حسين، عمان: دار البشير.

- ياغي، محمد، 2010. **مبادئ الإدارة العامة**، عمان: دار وائل للنشر.

- ياغي، محمد، 2010. **اتخاذ القرارات التنظيمية**، عمان: دار وائل للنشر.

ب- الدراسات:

- أحمـد، أحمـد، 2009. "تطبيـق نظـام البنـاء والتملـك في تعمـير الأوقـاف والمرافق العامة"، منظمة المؤتمر الإسلامي، مجمع الفقه الإسلامي، الدورة التاسعة عشرة 26 – 30 نيسان، إمارة الشارقة، الإمارات العربية المتحدة، ص ص 1 – 27.

- أبو جـزر، أمـاني، 2005. "مشـروع مقـترح لإدارة المعرفـة في الجامعـات الرسمية الأردنية"، أطروحة دكتوراه، جامعة عمان العربية للدراسـات العليا، عمان، الأردن.

- أبـو سـديرة، محمـود، 2001. الحكومـة الالكترونيـة، نـدوة الحكومـة الالكترونية، مايو 2001، الدوحة، قطر.

- أبو قبة، عاهد، 2004. "مدى تطبيق إدارة المعرفة والمعلومات في الـوزارات المركزية في الأردن"، رسالة ماجستير، الجامعة الأردنية، عمان، الأردن.

- أبو مغايض، يحيى، 2004. "الحكومة الالكترونية في المؤسسات العامـة في المملكة العربية السعودية: دراسة مسحية ميدانية"، رسالة ماجستير، جامعة الملك سعود، الرياض، المملكة العربية السعودية.

- أسبورن، ديفد، جيبلر، تـد، 1994. إعادة اخـتراع الحكومـة، في خلاصات كتب المدير ورجل الأعمال، القـاهرة: الشركة العربية للإعلام العلمـي (شعاع)، السنة الثانية، العدد 6، ص ص 1 – 7.

- أسبورن، ديفد، بلاستريك، بيتر، 1997. إبعـاد شبح البيروقراطية: خمـس استراتيجيات لإعادة اختراع الحكومـة، في خلاصـات كتب المـدير ورجل الأعـمال، القـاهرة: الشركـة العربيـة للإعـلام العلمـي (شعاع)، السـنة الخامسة، العدد 18، ص ص 1 – 8.

- أفنـدي، عطيـة، 1998. "حـال المعرفـة في مجـال الإدارة العامـة"، **أحـوال مصرــية**، القاهرة، مركـز الدراسـات السياسـية والاسـتراتيجية، مؤسسـة الأهرام، السنة الأولى، العدد 2.

- أوهـاشي، تيـد، 1996. "تسـويق المشرـوعات المملوكـة للدولـة"، ترجمـة محمد غنيم،   **مجلة العمل العربية**، العدد 64، ص ص 239 – 247.

- باسردة، توفيق 1006. " تكامل إدارة المعرفة والجودة الشاملة وأثره عـلى الأداء"،   **أطروحة دكتوراه**، جامعة دمشق، سوريا.

- بركات، عبدالله، 2008. "تجربة الأردن في تخصيص مؤسسـات القطاع العـام: النتائج والتحديات"، **مجلة علوم إنسانية**، السنة السادسة، العدد 39،

  online at http://www. 4/um. N1 / d140. html.

- البستنجي، نبيل 2001. "اتجاهـات المديرين نحـو تطبيـق مبادئ إدارة الجـودة الشـاملة في المؤسسـات العامـة في الأردن". **رسـالة ماجسـتير**، الجامعة الأردنية، عمان.

- البنك الدولي، 1997. "تخاصية سكك الحديد في الأرجنتين"، ترجمـة نزيـه برقاوي،   **أخبار التخاصية**، العدد 3، ص ص 11 – 12.

- بـوم، أنـدريا، 1985. "مؤسسـات القطاع العـام: مفهومهـا، تعريفهـا، تصنيفها"، **مجلة المؤسسة العامة**، مجلد 1، عدد 1، ص ص 131 – 137.

- بيدس، عادل، 2007. "استخدام الأسـاليب والبرامج العلمية الحديثة لإدارة المعرفة في اتخاذ القرارات مـن قبـل مـديري شركات الاتصـال الأردنيـة"، **رسالة ماجستير**، الجامعة الأردنية، عمان، الأردن.

- "تخاصية خدمات مؤسسة النقل العام"، 2000. **أخبـار التخاصية**، العـدد 8، ص 21.

- التعمـري، يـاسر، 2004. "اتجاهـات المجـالس البلديـة في المملكـة الأردنيـة الهاشميةنحوخصائص الحكمانية"، **رسالة ماجستير**،جامعةمؤتة،الكرك، الأردن.

- تيشوري، عبد الرحمن، 2009. "الهندرة – إعادة هندسة الإدارة –"

Retrieved 5 – 3-2010 from http: //www. Syruasteps.com.

- حجازي، هيثم، 2005. " قياس أثر إدراك المعرفة في توظيفها لـدى المنظمات الأردنية"، **أطروحة دكتوراه**، جامعة عمان العربية للدراسـات العليا، عمـان، الأردن.

- الحراحشـة، محمـد والهيتـي، صـلاح، 2006. " أثر التمكين الإداري والـدعم التنظيمـي في السـلوك الإبـداعي كـما يـراه العـاملون في شركـة الاتصـالات الأردنية: دراسة ميدانية"   **دراسات: العلوم الإدارية**، المجلـد 33، العـدد 2، ص ص 240 – 266.

- الحواجرة، كامل، 1998. "التخاصية: الأهداف والمعوقات: دراسة تطبيقيـة في المؤسسات العامة"، **رسالة ماجستير**، الجامعة الأردنية، عمان، الأردن.

- خالد، حمزة، 2010. "المفهوم الشامل لتطبيق الإدارة الالكترونية"،

Retrieved 28 – 3 – 2010 from http: //www.ar. wikibooks. Org/wiki.

- خرابشة، عبد، 1996. "التخصيص"، ورقة مقدمة للمؤتمر الثاني للإدارة العامـة في الأردن، جامعة اليرموك، 25 – 27 تشرين ثاني.

- الـدوسري، جاسـم 2001. " اتجاهـات العـاملين نحـو تطبيـق إدارة الجـودة الشاملة في الإدارة العاملة للمرور بدولة البحرين"، **رسالة ماجستير**، الجامعة الأردنية، عمان.

- الرفاعي، طالـب، 2000. "التخاصية"، ورقـة مقدمـة في نـدوة التخاصيـة، مؤسسة عبد الحميد شومان، 3 نيسان.

- الرشيدي، سالم. 2004. " أثر الأنماط القيادية على تطبيق إدارة الجودة الشاملة في القطاع الحكومي بالمملكة العربية السعودية"، **رسالة ماجستير**، الجامعة الأردنية، عمان.

- الزيدانيين، محمد، 2006. "أثر التمكين الإداري في تطبيق مبادئ إدارة الجودة الشاملة في المؤسسات المالية الأردنية". **رسالة ماجستير**، جامعة مؤتة، الكرك، الأردن.

- سافاس،إي، إس، 1993."التحويل إلى القطاع الخاص في الدول الاشتراكية سابقاً"،ترجمةوحيدالهندي،**مجلةالإدارة العامة**،العدد81،ص ص 109 – 139.

- سالم، أكرم، 2009. "إعادة هندسة الأعمال من منظور استراتيجي"، **الحوار المتمدن**، العدد 2869. كانون الأول. Online at http: //www. Ahewar.org.

- سالم، سليم، 2007. "اتجاهات العاملين نحو خصخصة البريد الأردني"، **رسالة ماجستير**، الجامعة الأردنية، عمان، الأردن.

- السويطي، أحمد، 1998. "الشراكة الاستراتيجية: المفهوم والمبررات"، **أخبار التخاصية**، مجلد 1، العدد 6، ص ص 14 – 16.

- شومان، عدنان، 1998. "القطاع العام والانفتاح الاقتصادي في سورية"، **مجلة دراسات عربية**، عدد 3 – 4، ص ص 28 – 42.

- الشيخي، طارق، 2007. "اتجاهات موظفي الوزارات نحو تطبيق الحكومة الالكترونية في المملكة العربية السعودية"، **رسالة ماجستير**، الجامعة الأردنية، عمان، الأردن.

- الطراونة، حسين 2006. "العلاقة بين التمكين الإداري وفاعلية عملية اتخاذ القرارات لدى مدراء المدارس الحكومية في إقليم جنوب الأردن"، **رسالة ماجستير**، جامعة مؤتة، الكرك، الأردن.

- الطعامنة، محمد 2001. "إدارة الجودة الشاملة في القطاع الحكومي"، **أبحاث اليرموك**، مجلد 17، عدد 1، ص 86 – 112.

- عبد المجيد، هاشم، 2010. "تطوير الصيغ التعاقدية لتفعيل خصخصة الخدمات والمرافق العامة" :Retrieved 25 – 3 – 2010 from http //www. Almaktabah.net.

- العتيبي، سعد 2009. "إعادة الهندسة في القطاع العام: العوامل الحاسمة للنجاح". ص ص 1 – 16. online at http: //faculty.ksu..sal/ salotaibi.

- العتيبي، علي، 2004. "مقومات تطبيق الحكومة الالكترونية من وجهة نظر العاملين في القطاع الحكومي الأردني"، **رسالة ماجستير**، كلية الاقتصاد والعلوم الإدارية، جامعة اليرموك، إربد، الأردن.

- العتيبي، هلا 2007. " العلاقة بين الأنماط القيادية والتمكين الإداري: دراسة اتجاهات المديرين في المؤسسات العامة الأردنية "، **رسالة ماجستير**، الجامعة الأردنية، عمان، الأردن.

- العزام، أحمد، 2001. "الحكومة الالكترونية في الأردن: إمكانيات التطبيق"، **رسالة ماجستير**، كلية الاقتصاد والعلوم الإدارية، جامعة اليرموك، إربد، الأردن.

- العطية، عبد الحسين، 1998. "الخصخصة في البلدان النامية: إيجابيات وسلبيات"، **دراسات**، مجلد 25، عدد 1.

- الغماس، عبد العزيز، 2006. "أثر استخدام تكنولوجيا المعلومات على جودة الخدمة في الوزارات الأردنية"، **رسالة ماجستير**، الجامعة الأردنية، عمان، الأردن.

- الفــاعوري، رفعــت، جولـو، هنـد. 1998. "خصخصـة المؤسسـة القطريـة للاتصالات السـلكية واللاسـلكية والآثار المترتبـة عليهـا"، **مجلـة الإدارة العامة**، مجلد 37، عدد 4،   ص ص 713 – 745.

- الفانـك، فهــد، 1997. "التخاصــية والمســتثمر الأجنبــي والشريــك الاستراتيجي"، **أخبار التخاصية**، مجلد 1، عدد 3، ص ص 8 – 10.

- الفانك، فهد، 2000. "التخاصية والشريك الاستراتيجي"، **أخبـار التخاصية**، عدد 8،   ص ص 14 – 15.

- القحطـاني، سـالم 1993. "إدارة الجـودة الشـاملة وإمكانيـة تطبيقهـا في القطاع الحكومـي"   **مجلة الإدارة العامة**، مجلـد 78، عـدد 1، ص ص 7 – 39.

- القضـاة، عـادل، 2002. تجربـة التخاصيـة في الأردن ونظـرة مسـتقبلية، محاضرة في كلية إدارة الأعمال،الجامعة الأردنية، 21نيسان،ص ص 5 – 6.

- القضـاة، عــادل، 1997. "مسـيرة التخاصـية في الأردن – الأهــداف والإنجازات"،   **أخبار التخاصية**، مجلد 1، عدد 3، ص ص 3 – 5.

- قندح، عدلي، 1999. "التخاصية وشبكة الأمان الاجتماعي"، **مجلة العمـل**، العددان   85 – 86، ص ص 96 – 101.

- الكبيسـيـ صـلاح الـدين، 2002. " إدارة المعرفـة وأثرهـا في الابـداع التنظيمـي"، **اطروحـة دكتـوراه** ، كليـة الادارة والاقتصـاد، الجامعـة المستنصرية، بغداد، العراق.

- اللوزي، موسى، 2003. إدارة الجودة الشاملة في أجهـزة الخدمـة المدنيـة الأردنية"، **مؤتة للبحوث والدراسات**، المجلد 18، العدد 4، ص ص 151 – 185.

- الماضي، ثائرة، 2009. "أثر التمكـين الإداري عـلى تطبيق إدارة الجـودة الشاملة في مستشـفى الجامعـة الأردنيـة"، **رسالة ماجسـتير**، الجامعـة الأردنية، عمان، الأردن.

- محافظة، سامح، ناصر، خيرة، 2009. "أثر تطبيق نظـام إدارة الجودة في فاعلية أداء مـديريات التربيـة والتعلـيم في محافظة الزرقـاء"، **دراسـات**، المجلد 36، ص ص 41 – 63.

- المخلافي، عبد الواسع 2007. " إدارة الجودة الشـاملة ودورهـا في تحقيـق الإصلاح الإداري"، **أطروحة دكتوراه**، جامعة دمشق، دمشق، سوريا.

- المعاني، أيمن، 2009. "اتجاهات المديرين في مراكز الوزارات الأردنية لـدور إدارة المعرفـة في الأداء الـوظيفي"، **المجلـة الأردنيـة في إدارة الأعـمال**، المجلد 5، العدد 3،   ص ص 371 – 402.

- المعاني، أيمن، أخو ارشيدة، عبد الحكيم، 2009. "التمكـين الإداري وآثاره في إبداع العاملين في الجامعة الأردنية"، **المجلة الأردنية في إدارة الأعـمال**، المجلد 5، العدد 2،   ص ص 234 – 259.

- المعاني، أيمن، أخو ارشيدة، عبد الحكيم، 2008. "اتجاهات العـاملين في أمانـة عـمان الكـبرى لـدور إدارة الجودة الشاملة في الرضا الـوظيفي"، **دراسات: العلوم الإدارية**، المجلد 35، العدد 2، ص ص 469 – 492.

- مقبل، محمد، 1999. "الخصخصة: الاتجاهات المؤيدة والمعارضة"، **مجلـة جامعة عدن للعلوم الاجتماعية والإنسانية**، مجلد 2، عدد 4.

- المملكـة الأردنيـة الهاشـمية، جـائزة الملـك عبـدالله الثاني لتميـز الأداء الحكومي والشفافية، 2008. عمان: مركز الملك عبدالله الثاني للتميز.

- المملكـة الأردنيـة الهاشـمية، جـائزة الملـك عبـدالله الثـاني لتميـز الأداء الحكومي والشفافية، 2010. عمان: مركز الملك عبدالله الثاني للتميز.

- المملكـة الأردنيـة الهاشـمية، الهيئـة التنفيذيـة للتخاصيـة، الإسـتراتيجية الوطنية للتخاصية. 2000.

- المملكـة الأردنيـة الهاشـمية، 1986. الدسـتور الأردني لسـنة 1952 وتعديلاته، عمان: مجلس الأمة.

- المملكـة الأردنيـة الهاشـمية، قـانون التخاصيـة رقـم 25 لسـنة 2000. الجريدة الرسمية، العدد 4443، صفحة 2656، تاريخ 2 تموز 2000.

- المملكة الأردنية الهاشمية، نظام صندوق عوائد التخاصية رقم 24 لسنة 2002. الجريدة الرسمية، العدد 4540، الصفحة 1417، تاريخ 16 نيسـان 2002.

- المناصير، علي 1994. " إدارة الجودة الشاملة: دراسة ميدانية عـلى سـلطة الكهرباء الأردنية"، **رسالة ماجستير**، الجامعة الأردنية، عمان.

- المومني، حسان 2005. " اتجاهـات المـديرين نحـو تطبيـق إدارة المعرفـة في المؤسسات العامة في الأردن"، **رسالة ماجستير**، جامعة آل البيت، المفرق، الأردن.

- الندوي، محسن، 2010. "دور الحكامة لمحلية في تدبير الشأن المحلي بالمغرب"، Retrieved 7-3-2010 from http: //www.almarrakchia.net.

- الهاشم، ليلى، 2009. "إعادة هندسة نظم العمل"، Retrieved 2-3-2010 from http: // faculty.ksu.ksu.edu.sa.

- هيجان، عبد الرحمن، 1994. منهج علمي لتطبيق مفاهيم إدارة الجودة الكلية، **الإدارة العامة**، الرياض، مجلد 1، عدد 3، ص 405 – 441.

- وايتلي، ريتشارد، 1992. العميل يدير الشركة، في خلاصـات كتـب المـدير ورجل الأعمال، القاهرة: الشركة العربية للإعلام العلمـي (**شعاع**)، السـنة الأولى، العدد الأول، ص ص 1 – 8.

- الوزني، خالـد، 1996. "التخاصـية: نحـو بـديل لرفع الفعاليـة والكفـاءة"، ورقة مقدمة للمؤتمر الثاني للإدارة العامة في الأردن، جامعة اليرمـوك، 25 – 27 تشرين ثاني.

- ياسين، أحمد، 2005. "مـدى جاهزيـة القطـاع الحكـومي الأردني لتطبيـق مشروع الحكومة الالكترونية"، **رسالة ماجستير**، كليـة الاقتصـاد والعلـوم الإدارية، جامعة اليرموك، إربد، الأردن.

ثانياً:- المراجع الأجنبية:-

- Agere, Sam., 2000. *Promoting Good Governance: Principles, Practices, and Perspectives*. London: Commonwealth Secretariat.

- Agnew, John, 1990. "Symposium on Political Centralization And Decentralization: Introduction", *Policy Studies* Vol. 18, No3.

- Akgum, S. and Al. Assaf, A. 2009. *Apractice Based Handbook on Healthcare Quality*, 2nd edition, without published.

- Akhavan, P. Jafari, M and Fathian, M. 2005. "Exploring Failure – Factors of Implementing Knowledge Management Systems in Organizations "*Journal of Knowledge Management practice* Vol.6, No. 2 , http:// www.tlainc.com/jkmp.htm.

- Appleby, Alex. and Clark, Antony, 1997. "Quality Management In Local Government, The Same As In The Private Sector But Different", *Leadership Organization Development Journal* V. 18, No.1 pp 29 – 38.

- Bank, john, 1992. *Essencc of Total Quality Management*, Prentice – Hall Inc, New York, U.S.A.

- Bennis, warren and Mische, Michael, 1997. *The 21st century Organization*, Jossey – Bass Inc., Publishers, California, U.S.A.

- Chua, A., Lam, W., 2005. "Why KM Projects Fail: Amulti-Case Analysis" *Journal of Knowledge Management*. Vol. 9, No. 3,   pp. 6 – 17.

- Daft, R., 2006. *Organization Theory and Design*, Thomson Learning, South – Western, U.S.A.

- Danbom, Dan, 2007. "Equal Opportunity Empowerment", *Business Performance Management*, P 32.

- Davenport, Thomas, H. 1993. *Process Innovation: Reengineering work Though Information Technology*, Harvard Business school press, New York.

- Deming, W.E, 1986. *Out of Crisis*: Cambridge University Press, Cambridge, U.S.A.

- Dermott, Lynda, Brawely, Nolan, Waite, William, 1998. *World – Class Teams: Working Across Borders*, New York: John Wiley and Sons Inc.

- - Denhardt, Robert and Denhardt, Janet, 2000. "The New public Service: Serving Rather than Steering", *Public Administration Review*, Vol. 60, No. 6, pp 549 – 559.

- Dimitriades, Z., 2005. "Employee Empowerment in the Greek Context", *International Journal Manpower*, Vol. 26, Issue. 1 pp.   80 – 92.

- Drummond, Helga, 1992. *The T.Q.M. Movement: What T.Q.M. Really All About*, VBC pub, New Delhi.

- Finin, D. Baker. Marshall, G., and Anderson, R. 1996. Total Quality Management and Internat Customers: Measuring Internal Service Quality. *Journal of Marketing: Theory and Practice*, Vol. 4, No. 3, p 36 – 51.

- Gatiss, Gordan, F. 1996. *Total Quality Management: A Total Quality Approach*, UK: Gassell in Association with the ISM Great Britain.

- Goetsch, David & Davis, Stanley, 2002. *Understanding And Implementing ISO 9000: 2000*, Prentice Hall, New Jersey Ohio.

- Goetsch, David & Davis, Stanley, 2006. *Quality Management*, Pearson Education, Inc. New Jersey.

- Gray, peter, 2000. "The Effects of knowledge Management systems on Emergent Teams: Towards a Research Model", *Journal of Strategic Information Systems*, Vol. 9, No 2-3, pp 175 – 191.

- Greasley, K., Bryman, A., Dainty A., Price, A., Soetanto, R., King N. 2005. "Employee Perceptions of Empowerment", *Employee Relations*, Vol. 27, Issue. 4, PP 354 – 368.

- Hackman, J. 1987. The Design of Work Teams, In Lorsch, Jay, W. (ed) Handbook of Organizational Behavior. Prentice Hall Inc, New Jersey.

- Heady, Ferrel, 2001. *Public Administration: A comparative Perspective*, New York: Marcel Dekke: Inc.

- Hitt, Michael, porter, Lyman, Black, Stewart, 2009. *Management*, Prentice Hall.

- Hood, C, A. 1991. "Public Management for all Seasons", *Public Administration*, Vol. 69, No. 1, pp. 3 – 19.

- ISO 9000: Quality Management System, 2000. Fundamental and Vocabulary. Geneva.

- Kaplan, Jeffery, 2002. Roadmap For E- Government in the Developing World, *Pacifi Council on International Policy*, NewYork, U.S.A.

- Ke, Weiling and Kee, Wet, 2004. "Successful E-Government In Singapore" , *Communication of The ACM*, Vol. 47, No. 6, pp. 95-99.

- Keck, Mary, E, 1996. "T.Q.M Team in The Office of Administrative Services", *International Journal of Administration* Vol. 19, No 10. p 1811 – 1844.

- Kinicki, A. Williams, B. 2006. *Management: A Practical Instruction*, Mc Grew Hill, Irwin.

- Kreitner, R. & Kinichia, & Cole, n. 2003. *Fundamentals of Organizational Behavior*, Higher Education, Mc Grew Hill, Canada.

- Laudon, K., & Laudon, L., 2005. *Management "Information Systems: Managing Digital Firm*. Prentice Hall Inc, New Jersey. U.S.A.

- Lawler, E., 1994. "Total Quality Management and Employee Involvement: Are They Compatible" *The Academy of Management Executive*, Vol. 8, Issue. 1 pp. 68 – 76.

- Little, Jim. And Ferris, Stephen, 2002. "Self – Funding Improvement Teams", *Industrial Management* Vol. 44, Issue 6.   p. 23.

- Luck, Jeff, and Peabody John, 2000. "Improving the public sector: can reengineering identify how to Boost efficiency and effectiveness at a VA Medical center"?, *Health care Management Review*, vol. 25, Issue 2, p.p 34 – 44.

- Lynn, Laurence E. 2009. *Public Management: Old and New*, New York Routledge, U.S.A.

- Manuel, E., 2008. "The Knowledge Management in SADC Countries "The Icfai Journal of knowledge Management Vol. 6, No. 1, pp. 46 – 55.

- Martensson, Maria, 2000. "A Critical Review of Knowledge Management as a Management Tool", *Journal of Knowledge Management* Vol. 4, Issue: 3, pp. 204 – 216.

- Al-Mashari, M. and Irani, Z and Zairi, M 2002. "Business process reengineering: a survey of international experience", *Business process Management Journal*, Vol. 7, No. 5, pp. 437 – 455.

- Mathew, V., 2008. Knowledge Management progression, Issues and Approaches for Organization Effectiveness in Manufacturing Industry: An Implementation Agenda", *The Icfai Journal of Knowledge Management* Vol. 6, No. 1, pp. 20 – 45.

- Mawhood, Philip, 1983, *Local Government in the Third World*, New York: John Wiley and Sons.

- Moorhead, Gregry & Griffin, Ricky, 2001. *Organizational Behavior: Managing People and organization*, Houghton Mifflin Company, Boston.

- Murrell, K., & Meredith, M., 2000 *Empowering Employee*, McGraw – Hill, New York.

- Nigro, Felix, 2000. *Public personnel Administration*, New York: Peacock publishers Inc.

- Noe, R., H., Hollenbeck, J., Gerhart, B., Wright, P. 2008. *Human Resource Management*, McGraw Hill, Irwin.

- Osborne, David and Gaebler, Ted, 1993. *Reinventing Government*, New York: penguin Group, U.S.A.

- Osborne, David and plastrik, peter, 1997. *Banishing Bureaucracy*, Addison – wesley, U.S.A.

- Phiffner, John and persthus, Robert, 1967. *Public Administration*. New York: The Ronald press company.

- Report, Broadben, 1999. *Building on Strength: Improving Governance and accountability in canada's voluntary sector*, Institute on Governance, Ottawa, Canada.

- Robbins, S. Coulter, M. 2003. *Management*, Prentice Hall Inc, New Jersey.

- Robbins, S. and Judge, T., 2007. *Organizational Behavior*, Pearson prentice – Hall, New Jersey.

- Rondinelli, Dennis and cheema, shabbir, 2003. Reinventing Government for the Twenty – First century, Kumarian press. Inc. U.S.A.

- Savas, E.S., 1992 Privatization in post Socialist Countries, *Public Administration Review*, Vol. 52, No 6 p.p 573 – 581.

- Schermerhorn, J., Hunt, J., Obson, R., 2000. *Organization Behavior*, McGraw – Hill, New York.

- Schmidit, Vivien, 2007. *Democratizing France: The Political And Administrative History of Decentralization*, New York: Cambridge University Press.

- Schonberg, Richard, 1992. "Total Quality Management cut A Board Swath Through Manufacturing And Beyond", *Organizational Dynamic*, Vol. 20, No 2, p 1- 17.

- Seitrt, G. Matthew, Thorson, 2003. The Transformation potential of E – Government: The Role of political leadership, European International Relations conference, V.K.

- Singh, S., 2008. "Role of leadership in knowledge management" *Journal of Knowledge management*. Vol. 12, No. 4, pp. 3 – 15.

- Tang, K.H. and Zairi, M. 1998. "Benchmarking quality implementation in a service context: a comparative analysis of financial services and institutions of higher education", *Total Quality Management*, Vol. 9, No. 6, pp. 407 – 420.

- The European Foundation for Quality Management (EFQM), 2010. *Excellence Model*, p.p 1 – 32.

- Turban, E., Mclean, E., and Wether, J. 2004. *Information Technology for Management*. New York: John Wiley & Sons. Inc, U.S.A.

- UNESCAP, 2009. "*What is Good Governance*" online at http. //www. unescap. org/huset/gg/governance.htm.

- Vuylsteke, charles, 1988. *Techniques of privatization of state - Owned Enterprises*, Vol 1, Washington D.C. The World Bank.

- Whitely, Richard, 1991. *The Customer Driven Company*, Addison Wesley, U.S.A.

- Wong, W. Eric, W. 2004. "Does E – Government promote Accountability? *An International Journal of policy Administration And Institution*, Vol. 17, No. 2 p.p 275 – 297.

- World Bank, 1992. *Governance and Development*, The world Bank publication, Washington, D.C.

- http://en. Wikipedia. Org/wiki / W – Edwards, Deming. 2007.

- https://www. Menafn. Com.

- http://en. Wikipedia – org /wiki.

- http://www. Unescap. Org / pdd / prs/

T0102967